Editora Gente

Xavier Amador, Ph.D.
Judith Kiersky, Ph.D.

Ser Solteiro(a)

num mundo de casados

Tradução:
Dinah de Abreu Azevedo

Editora Gente

Editora	*Rosely M. Boschini*
Assistente editorial	*Rosângela Barbosa*
Produção	*Tiago Cintra Silva*
Capa	*Luís Negreiros*
Projeto gráfico	*Marcelo Souza Almeida*
Diagramação	*Eliana Moreira*
Preparação	*Maria Cecília Caropreso*
Revisão	*Maria Margarida Negro*
Impressão e acabamento	*Prol Gráfica*

Dados Internacionais de Catalogação na Publicação (CIP)
(Câmara Brasileira do Livro, SP, Brasil)

Amador, Xavier Francisco
Ser solteiro(a) : num mundo de casados / Xavier Amador, Judith Kiersky ; tradução Dinah de Abreu Azevedo – São Paulo : Editora Gente, 2003.

ISBN 85-7312-396-6

1. Casamento 2. Relações interpessoais 3.Solteiros - Atitudes 4. Solteiros - psicologia I. Kiersky, Judith II. Título.

03-2405 CDD-646.7008652

Índices para catálogo sistemático:

1. Solteiros : Atitudes : Vida pessoal : Vida familiar 646.7008652

Rua Pedro Soares de Almeida, 114. São Paulo, SP
CEP 05029-030. Telefax: (11) 3675-2505
Site: http://www.editoragente.com.br
E-mail: gente@editoragente.com.br

A Susan Arellano, com gratidão

Sumário

Prefácio

por Dr. Amador

A idéia de escrever este livro me ocorreu durante uma época em que eu estava solteiro. Tenho de reconhecer que, durante alguns anos, me senti muito infeliz por estar sozinho. Tinha 30 e poucos anos e nunca me casara. Sentia-me um fracassado. Sentia-me deslocado com meus amigos e parentes casados, e, a cada decepção depois de um encontro marcado com uma desconhecida, eu me preocupava cada vez mais com a possibilidade de "acabar completamente sozinho". Às vezes, tinha certeza de que o problema era das mulheres com quem me encontrava. No entanto, na maioria das vezes, achava que havia algo de errado comigo. Sentia-me anormal.

Mas tinha certeza de não ser o único a sentir essas coisas. A maioria dos solteiros que eu conhecia eram atormentados, num momento ou outro de suas vidas, por dúvidas e sentimentos de alienação parecidos. Não, eu não era tão estranho assim. Essa questão foi repisada em muitas sessões de psicoterapia com clientes solteiros que tinham muitos desses mesmos sentimentos, só que bem mais intensos. Desde então, comecei uma viagem de descoberta pessoal e tenho de reconhecer que aprendi com meus pacientes muita coisa que poderia aplicar à minha própria vida. Espero que minha honestidade o tranqüilize, em vez de inquietá-lo. Como um cardiologista vulnerável à mesma doença do coração que seus pacientes sofrem, aprendi com o êxito de meus clientes a preservar minha felicidade.

No final desse período de auto-exame, descobri por que me sentia infeliz, descobri a verdade a respeito dos motivos de eu estar solteiro e, no processo, tornei-me muito mais alegre e aberto para o amor. Foi a essa altura que a idéia de escrever *Ser solteiro(a) num mundo de casados* me passou pela cabeça pela primeira vez.

Empolgado com a perspectiva de escrever um livro para solteiros e sobre eles, apresentei a idéia a vários amigos. Mas, para minha surpresa, tivi dois tipos muito diferentes de reação. Uma amiga, por exemplo, observou: "Mas existe um milhão de livros sobre solteiros. Já não vimos esse filme antes?". Ela estava se referindo à superabundância de livros que giram em torno de dizer às pessoas o que estão fazendo de errado, na tentativa de ajudá-las a se "curar" de sua solteirice. Estão querendo se casar. Na verdade, os livros de que minha amiga estava falando agravam exatamente os problemas que eu planejava ajudar a resolver em meu livro, porque vêem o casamento como o único meio de você ficar de bem com a vida. Com isso ajudam a transformar em infelicidade a experiência de viver sozinho, e a promover o casamento por todos os motivos errados. Outra amiga, que também é psicoterapeuta, compreendeu imediatamente a minha idéia, dizendo: "Conheço tanta gente que se sentiria aliviadíssima só de saber que outra pessoa entende o que é estar solteiro e viver num mundo de casais!". Essa amiga é a co-autora deste livro, Judith Kiersky.

Embora seja verdade que *Ser solteiro(a) num mundo de casados* vai ajudar na busca de alguém para estar a seu lado a vida inteira, este é essencialmente um livro sobre a condição de solteiro. Quer por um mês, um ano, ou décadas, estar solteiro pode ser uma época maravilhosa e plena de sua vida. Mas só se você compreender e considerar que forças estão em jogo e quais podem fazer você se sentir mal a respeito de seu estado civil. Sei que posso falar em nome de Judith também ao dizer que este livro foi uma obra de amor. Já vi pessoas mal consigo mesmas muitas e muitas vezes, pessimistas a respeito de suas perspectivas amorosas e em descompasso com a cultura, pois não entendiam realmente o motivo pelo qual estavam solteiras. Para piorar as coisas, estavam assinando embaixo de noções antiquadas relativas ao que significa ser uma mulher ou um homem solteiro hoje em dia. Neste livro você vai descobrir que está em muito boa companhia. Quer nunca tenha se casado, quer se encontre sozinho de novo após um divórcio ou morte do cônjuge, você não é o único. Mais importante ainda: você não é anormal. Muito provavelmente, nunca questionou algumas idéias que alimentou durante a vida inteira e que agora estão fazendo você se sentir mal pelo fato de estar solteiro. Ter clareza dos motivos pelos quais você está solteiro e mais em paz com a pessoa que você é são duas coisas que não só vão deixá-lo mais feliz como também mais aberto para o amor. Nossa mensagem é de esperança, não de resignação.

Há muita gente cuja ajuda na pesquisa e redação deste livro eu gostaria de agradecer. Entrevistei mais de quarenta pessoas solteiras durante os dois últimos anos, pessoas que não me deram apenas seu tempo, mas também seu coração. Sem suas histórias, este livro não poderia ter sido escrito. Meus pacientes, cuja coragem de se interessar por si mesmos, de questionar crenças que acalentaram a vida toda, também ofereceram grande parte do material de muitas das histórias deste livro. Sua disposição em correr riscos a fim de melhorar é uma fonte constante de inspiração. Assim, você vai ler sobre muita gente com quem trabalhei em terapia durante os últimos quinze anos; os nomes e as histórias foram alterados para proteger a privacidade de cada um. Com eles você vai aprender muita coisa que pode usar em sua vida.

Quis escrever este livro com Judith porque ela conhece o território tanto da perspectiva profissional quanto da pessoal. Envolve-se tão apaixonadamente quanto eu na resolução dos problemas enfrentados pelos solteiros. Durante todo o decorrer de nossa amizade, ela me ensinou muito sobre mim mesmo, pelo que lhe sou muito grato. Tivemos muitas discussões enquanto escrevíamos este livro, e a escolha do título não foi a menos acalorada delas. Na verdade, tivemos tantas discussões diferentes a respeito do título do livro que poderíamos ter escrito uma segunda obra sobre a dinâmica interpessoal entre os co-autores e seus editores, amigos e familiares. Todos tinham uma opinião a dar. Só descobrimos a resposta quando o livro já estava praticamente pronto. Nossa colaboração funcionou exatamente da mesma forma. Quero agradecer a Judith por sua perseverança, empatia e *insights*.

Muita gente fez comentários sobre as primeiras versões do manuscrito e deram outros tipos de *feedback*. Quero agradecer particularmente a Christine Leonhardt, Hilda Speicher, Annette Zygmunt, Paul Rudin, Regine Seckinger, Ivan Amodt, Michelle Friedman, Gail Friedman, Jody Williams e Raina Korman e suas amigas Jenny, Dylan, Sara e Julia. Seus *insights* e questionamentos tornaram este livro muito melhor do que seria sem eles. Agradecimentos especiais a Diane Demarfino por sua amizade e fé em minha capacidade de "dizer algo inteligente". E a Scott Yale por me fazer rir e por nossos "pegas" diários. Tenho orgulho de tê-lo como colega e a sorte de tê-lo como amigo.

Outras pessoas deram assistência e apoio moral durante o andamento da pesquisa e da redação deste livro: Katie Amador, Carmen Chenal e, evidentemente, Robert, Suli, Christina, Michael e Grace. Agradeço novamente à minha mãe, Maria Cristina — sua disposição em mudar e abrir seu coração é realmente inspiradora.

Obrigado, Lew Korman, por sua orientação e fé em mim; obrigado, Sharon Korman, por seu entusiasmo e simpatia. Quero aproveitar a oportunidade não só para agradecer a Bubie (Sylvia Weiss) mas também para fazê-la saber que sou *seu* maior admirador. Agradeço à minha nova família por me fazer sentir tão bem-vindo e amado.

Obrigado, Jim, Yvette, Gary, Harriet, Michael, Impy, Bob e Shirley, por me obrigarem a jantar e pelo apoio que me deram de muitas outras formas e por serem o tipo de vizinhos que ajudam a fazer de nosso bairro um lar.

Susan Arellano, nossa editora, compreendeu o objetivo deste livro e lutou por ele com unhas e dentes. Seu entusiasmo me manteve em atividade durante períodos em que minha determinação vacilou. Ela é uma editora excepcional, que, repito, entendeu o que eu queria dizer — às vezes melhor do que eu mesmo — e me ajudou a encontrar as palavras certas. Muito obrigado.

Finalmente, quero agradecer a Stacie, que abençoou minha vida de muitas maneiras. Seu senso de identidade é impressionante e foi a primeira coisa que me atraiu nela, embora Pancho, Luke e Sophie tenham desempenhado um papel decisivo. Quando nos conhecemos, eu estava começando a trabalhar neste livro. Estava muito satisfeito por estar solteiro. Estava em paz comigo mesmo. Stacie também. Mas ela teve uma visão de nós dois juntos e mais coragem do que eu quando o amor surgiu. Sou grato por sua coragem e por meu coração estar aberto para ela. Nunca recebi tanto apoio e nunca me senti tão amado como por ela. É uma mulher bela, inteligente e intensa. Sou um homem de sorte.

PREFÁCIO

por Dra. Kiersky

Para mim, a urgência em escrever este livro surgiu num momento particularmente tocante de uma sessão de psicoterapia com uma jovem solteira linda, inteligente e talentosa chamada Suzanna.* Suzanna vinha de uma família grande com muitos irmãos e irmãs, a maioria já casados e com filhos. Embora fossem todos muito queridos, Suzanna era a predileta da mãe e até mesmo do pai. No ano anterior, a família tinha enfrentado o impacto da doença cardíaca da mãe, diagnosticada havia pouco tempo. Era um problema congênito que estava sendo bem tratado por uma equipe excelente de especialistas. Numa noite de inverno particularmente fria, Suzanna e eu estávamos juntas tentando compreender suas dificuldades e angústias daquele momento, apesar de sua vida aparentemente perfeita. Acabara de conseguir o "emprego de seus sonhos", mudara-se para um belo apartamento novo e fundara uma associação de levantamento de fundos para sua instituição de caridade preferida, que, aliás, estava indo de vento em popa. Embora não tivesse ninguém, havia alguns pretendentes à vista. Mas Suzanna estava completamente desesperançada. Parecia torturada por uma única preocupação, que explicou da seguinte forma:

— Se eu achasse que nunca vou me casar, não teria forças para continuar vivendo.

---

* O nome e os detalhes foram alterados para garantir a privacidade.

Depois de dizer isso, começou a chorar, baixinho no começo e depois inconsolavelmente. Percebi seu sofrimento e me perguntei como essa jovem maravilhosa podia chegar a esse desespero negro. Sua frase seguinte deixou tudo claríssimo.

— Sabe, tenho certeza de que estou matando minha mãe com tudo isso.

— Com tudo isso o quê? —— perguntei.

— Se eu não me casar antes de ela morrer, vai ser culpa minha.

— O que vai ser culpa sua?

— Isso é o que ela mais quer, e parece que não tenho condições de lhe dar. A minha família toda diz a mesma coisa, que a estou matando porque não me casei. Se ela morrer, vai ser culpa minha. E eu concordo.

Fiquei perplexa. E depois furiosa. Como uma criatura dessas, tão boa e cheia de consideração pelos outros — produtiva, carinhosa e dadivosa — podia ser atormentada desse jeito por um fato incontrolável de sua existência? Como uma família de gente inteligente e sofisticada podia colocar uma carga dessas nas costas de seu membro predileto? Nada daquilo fazia sentido. Acho que foi naquele momento que me convenci de que este livro tinha de ser escrito. E se acabar tendo um efeito positivo sobre apenas uma ou duas pessoas solteiras, isto é, se reduzir um pouco que seja o sofrimento de estar solteiro num mundo de casais, não apenas o sofrimento dos solteiros, mas também de seus entes queridos, então o trabalho terá valido a pena.

Se ainda não estiver claro, este livro foi escrito para os milhões de mulheres e homens solteiros que lutam todos os dias para não se sentir sozinhos, estigmatizados e amedrontados só pelo fato de estar solteiros — em resumo, para não se sentirem como Suzanna se sentia. Como membro desse grupo durante grande parte de minha vida adulta, meu interesse em escrever este livro é, naturalmente, muito pessoal. Além disso, como psicoterapeuta que experiencia numa base diária as alegrias e a angústia de muitos clientes solteiros que passei a conhecer muito bem, acho que este livro tem grande importância profissional para mim. E com um amigo de longa data como co-autor, um amigo que esteve a meu lado enquanto travávamos batalha com muitos dos mesmos demônios enfrentados por todos os solteiros, acredito que este livro representa o poder restaurador das ligações afetivas. De certa forma, *Ser solteiro[a] num mundo de casados* é a síntese destas três perspectivas: a pessoal, a profissional e a do amigo íntimo ou compatriota.

Do ponto de vista pessoal, ser uma mulher solteira num mundo de casais foi, às vezes, algo profundamente solitário, desagradável e cheio de medo e terror. Paradoxalmente, também incluiu muitas relações de apoio e ligações terapêuticas, culminando numa grande riqueza de autodescobertas, entre as quais a consciência da condição de mulher solteira como uma fase potencialmente rica e importante da vida, que, por mais que tenha durado, não foi a menor delas.

Profissionalmente, como tem sido explorar o mundo interior de tantos clientes solteiros diferentes, assim como o mundo interior de seus entes queridos? O medo e a auto-acusação expressos pela voz coletiva de meus clientes deixaram-me perplexa, como no caso de Suzanna. Mais perplexa ainda fiquei com a capacidade obstinada que todos eles demonstraram ao enfrentar suas dificuldades específicas pelo fato de ser solteiros. Foi a vontade de entender essa situação e depois de mudá-la que gerou a verdadeira espinha dorsal deste livro.

O papel de amiga e, às vezes, de substituta da família durante os anos em que tanto meu co-autor quanto eu levávamos nossa vida de solteiros no que parecia um mundo alienante de casais foi complexo e difícil, mas fundamental para nossa sobrevivência. Nossa amizade foi o trampolim a partir do qual nossas idéias puderam ser ponderadas, nossos sentimentos identificados e nomeados, e nossos atos analisados. Ambos fomos feridos, e também curados, por nossa amizade. Mas, no fim, comecei a acreditar no benefício extraordinário das ligações afetivas fortes. As ligações afetivas protegem, curam e motivam como nada mais. Em última instância, o que constitui o verdadeiro objetivo deste livro é a capacidade maior de nos abrirmos para as possibilidades de relações afetivas a que todos temos acesso, tanto os solteiros quanto os casados.

Por isso é importante agradecer a uma série de relações afetivas de peso que tornaram possível este livro. Embora fosse quebra do direito à privacidade eu citar aqui o nome de cada um deles, quero agradecer mais uma vez a meus clientes solteiros por me falar de suas jornadas pessoais. Essas jornadas, desde o princípio, é que modelaram meu pensamento.

Agradecimentos especiais e gratidão a todas minhas sábias e grandes amigas solteiras—, principalmente a Sybil Kaufman, Patty Pontecorvo e Susan Freeman. Elas me encorajaram, me questionaram e me animaram o tempo todo. Além disso, há muitas pessoas queridas que vivem como casal e que também nunca hesitaram em me dar apoio e *insights:* agradeço particularmente a Oksana Lyubarsky, Linda Fitzsimons, Marita e David Glodt, Mimi e Al Hernandez, Jane Blackstein e Max Varon e ao The MSKCC Alumnae Group, constituído de todos os tipos de pessoas em todos os estágios da vida de solteiro e de casal! (E, para os que me conhecem bem, um agradecimento muito especial a meu companheiro Max, sempre disponível quando preciso dele!)

Gostaria de agradecer expressamente a meu co-autor, Xavier Amador, que acalentou este projeto no coração durante muitos anos. Sem seu trabalho extraordinariamente árduo e sua perseverança característica, este livro ainda seria apenas um clarão em nossos olhos.

Finalmente, desejo agradecer à minha irmã Sandra, com a qual tenho uma dívida eterna, tanto pessoal quanto profissional. Foi através de nossa relação afetiva que descobri, e continuo descobrindo, o poder dos laços afetivos que procuram liberar, e nunca prender. Ela fez um trabalho soberbo ao encarnar o verdadeiro e melhor sentido da família.

estar solteiro

1

Capítulo

UM MUNDO DE CASAIS

Todas as minhas amigas estão se casando. Se eu tiver de ir a mais um casamento solteira, vou ter um chilique! Eu me sinto muito deslocada com meus amigos e minha família porque todos estão casados ou numa relação afetiva séria. Estou começando a detestar estar com eles porque acabo me sentindo uma fracassada.

***ELLEN**, professora de 34 anos*

Eu gostaria que minha família entendesse que é muito preferível estar solteira e feliz do que casada e numa pior. Parece que nem minhas amigas entendem isso. Estou aberta para o casamento, mas não estou sofrendo por causa disso. Sinto-me basicamente feliz e realizada. Por que eles não entendem isso e não param de me perguntar por que ainda não me casei novamente?

***SALLY**, técnica da área de saúde com 41 anos*

Ser solteiro não é tão maravilhoso assim para mim quanto todos acham. Ao menos para mim. Quero dividir minha vida com alguém e quero ter filhos. Minha irmã e outras mulheres que conheço me dizem "Pelo menos você não tem de se preocupar com um relógio biológico!" Mas eu me preocupo, principalmente se quero ser pai.

Quem vai querer estar com filhos adolescentes aos 60 anos? Eu é que não. E, seja como for, o problema não é esse. Sinto-me sozinho e quero ter uma relação afetiva séria. Às vezes acho que, se eu morresse dormindo, ninguém saberia durante dias! Mas não entendo o que estou fazendo de errado. Não entendo por que ainda estou solteiro.

__MARK__, economista de 38 anos

Sei que é irracional, porque ainda sou relativamente jovem, mas meu maior medo de estar solteira é acabar sozinha. Sinto como se estivesse sendo deixada para trás.

__PATTI__, estudante de 23 anos

Quer você esteja ou não querendo se casar neste momento, pegou este livro porque está enfrentando os problemas que surgem pelo fato de estar solteiro e viver num mundo de casais. Se você tem alguma semelhança com as pessoas que citamos acima, estar solteiro faz com que você se sinta um pouco alienado de sua família e de seus amigos casados, ansioso em relação ao futuro e um pouco constrangido. Ou talvez você seja como muita gente que conhecemos, que se sente infeliz e desprezível apenas por estar solteiro. Não importa; esteja você ligeiramente infeliz e ansioso ou abominando a situação, nosso livro vai ajudá-lo a descobrir por que está solteiro.

É verdade que o casamento pode ser uma experiência maravilhosa e fazer você feliz numa série de aspectos. No que tem de melhor, o casamento promete intimidade, companheirismo, amor e integração. Mas a vida de solteiro também pode lhe dar tudo isso. E, ao contrário do que muitos pensam, para encontrar a felicidade na vida de solteiro não é necessário que você renuncie ao casamento!

O importante é você descobrir as razões pelas quais está solteiro atualmente. Porque, assim que descobrir, vai se aceitar mais, vai se sentir mais confiante e, por fim, mais aberto para o amor. Se depois disso você vai ou não se casar, cabe a você decidir. Se é isso o que quer, vai ficar mais fácil. Se o casamento não está no topo de sua lista de prioridades, ou nem consta dela, saber por que está solteiro vai lhe mostrar como se entrosar em um mundo de casais. Este livro vai ajudá-lo a se conectar com seus amigos, seus familiares e seus amores com confiança e autorespeito. Embora haja muitas lições preciosas a aprender nas páginas que se seguem, poucas serão tão importantes quanto chegar a um entendimento mais profundo do porquê você está solteiro.

Você pode achar que já conhece a resposta. Talvez acredite que está solteiro porque ainda não encontrou "a pessoa certa". Ou talvez se preocupe por achar que não sabe assumir compromissos; ou talvez simplesmente pule fora quando as relações afetivas ficam íntimas demais para o seu gosto. Por outro lado, você talvez ache que o sexo oposto seja o culpado por você estar solteiro. Em geral há um fundo de verdade em todas essas teorias, mas elas apenas descrevem um aspecto secundário do que está acontecendo, sem explicar por que está acontecendo. Não trazem uma visão de conjunto e, por isso, deixam os solteiros que acreditam nelas de mal consigo mesmos e com o sexo oposto.

O verdadeiro problema é que você está confundindo o passado com o presente. Se pensar um pouco, vai descobrir que alimenta uma série de expectativas sobre o que ser casado significa para você. Por exemplo: alguns acham que nunca serão pessoas completas ou que nunca estarão de bem com a vida se não estiverem casados. Outros acreditam que casamento é indício de maturidade ou de respeitabilidade: "Ele é um sujeito respeitável; é casado". Outros, ainda, têm medo de que, de algum modo, o casamento acabe por engoli-los inteiros e destrua sua independência. Embora expectativas como essas costumem se criar ao longo de uma vida, em geral elas se formam na infância.

Sua visão sobre o casamento e a vida de solteiro foi criada por um roteiro que você assimilou enquanto estava crescendo. Como o roteiro de uma peça de teatro ou de um filme e, desde que tenha decorado seu papel, você sabe o que esperar a cada momento. Sabe o que motiva cada personagem da história, sabe o que devem estar sentindo, a importância deles em relação aos demais personagens e se são "mocinhos" ou "bandidos". Para a sua felicidade de solteiro, é vital descobrir que roteiro de casamento você escreveu enquanto estava crescendo. Porque, entre outras coisas, seu roteiro pessoal de casamento é que direciona você a agir, sentir, perceber e pensar de uma maneira que pode fazer da sua vida de solteiro uma alegria ou uma desgraça. Se estiver fazendo você se sentir infeliz e impedindo-o de ter as coisas que quer, inclusive uma boa relação afetiva, então esse roteiro está precisando ser atualizado. Mas você só vai conseguir submetê-lo a uma revisão se tiver clareza do que ele contém.

O roteiro pessoal de casamento

Feche os olhos e imagine o lar onde você vai viver quando estiver casado. Vai ser numa cidade, num subúrbio ou num ambiente rural? Como serão os móveis e a decoração? Vai haver um jardim com gramado e árvores? Crianças? Animais de estimação? Faça esse exercício agora.

O que está vendo? Mesmo que não haja ninguém em sua vida com quem queira se casar, mesmo que atualmente o casamento esteja lá embaixo em sua lista de prioridades, você tem uma imagem à sua frente. De onde ela veio? Se examiná-la de perto vai descobrir que, muito provavelmente, a imagem que você projetou tem mais a ver com o passado do que com o presente. Matt, por exemplo, um advogado de 34 anos que nunca se casou, disse: "Vejo um sobrado com um jardim enorme, uma cerca de estacas brancas e algumas crianças e um cachorro rolando pelo gramado". Fazia dezesseis anos que Matt vivia na cidade de Nova York. A única vez que morou numa casa como a que tinha imaginado foi quando vivia na casa dos pais. Depois de conversarmos mais sobre sua imagem, ele teve de admitir que não conseguia se imaginar se mudando para o subúrbio, pois adorava a vida urbana.

Essa imagem do lar no qual viveria depois de casado é apenas uma cena do roteiro pessoal de casamento que ele inconscientemente escrevera enquanto crescia. Como tinha sido escrito havia muito tempo e depois fora trancado no cofre das expectativas inconscientes que todos alimentamos a respeito do casamento, nunca tinha sido revisado. Não levava em conta a vida que Matt passara a levar depois de se mudar da casa em que fora criado.

Mas essa cena do roteiro pessoal de casamento de Matt é muito benigna. Quando percebeu que a alimentava, ele riu e disse: "Sou viciado nesta cidade. Eu morreria se tentasse me transplantar para os subúrbios!". Foi fácil revisar seu roteiro, e, quando voltou a pensar onde viveria com uma família formada por ele, agora imaginou um apartamento grande e ensolarado na cidade. Mas um roteiro de casamento descreve muito mais que o tipo de lar em que você vai viver depois de casado. Nesse sentido, tem um impacto enorme sobre seu desejo de dar esse passo — ou não. Por exemplo: se seu roteiro de casamento deixa você com medo de se perder ao se casar, vai agir de forma a se defender desse destino; talvez evite assumir compromissos de longo prazo. Se você teve um pai afetivamente distante, pode ter aprendido a dar a ele atenção exclusiva para conquistar seu amor. Uma atitude bem-sucedida, porque você se sentiu amado, mas que o deixou com pouco espaço na relação — se é que o deixou com algum — para você expressar seus próprios sentimentos. Ou talvez sua mãe estivesse deprimida enquanto você crescia e você achava que tinha de andar sobre ovos quando estava com ela e viver em função do que ela sentia só para mantê-la de pé. Os detalhes de cada roteiro variam de pessoa para pessoa, mas confusão e mágoas causadas pelo fato de seguir lições obsoletas do roteiro na intimidade e no casamento são resultados comuns.

Como o roteiro foi escrito e decorado há muito tempo e agora está trancado no cofre das expectativas inconscientes a respeito do casamento e da intimidade, é posto em ação automaticamente, sem nenhum esforço ou reflexão consciente. É como dirigir um carro. Quando está aprendendo a dirigir, você pensa em cada movimento dos pés, quando e como girar a direção, para que espelho olhar ao mudar de pista e de quanta gasolina e pressão no freio você vai precisar. Com o tempo você pára de pensar nos numerosos detalhes e passos envolvidos. Você simplesmente entra no carro e sai andando. Os solteiros que decoraram seus roteiros pessoais fazem exatamente o mesmo.

É assim que aprendemos a maioria das coisas. Quanto mais experiência você tem numa determinada tarefa, menos precisa pensar em como executá-la. O problema surge quando você tenta dirigir seu carro novo de cinco marchas como o automático com que andou por anos a fio.

Muito do que você aprendeu antes vai ser útil, mas será preciso descobrir de novo o que fazer para não sair andando aos trancos, para não frear bruscamente, para evitar que o carro morra de repente. O mundo mudou de forma drástica nos últimos vinte anos. Seu roteiro de casamento — as lições da infância que você aprendeu sobre intimidade e casamento — vão resultar em partidas sacolejantes, em freadas repentinas e em motores morrendo inesperadamente se você o aplicar de maneira mecânica. A boa notícia é que você pode recuperar a desproporção entre passado e presente abrindo o cofre e relendo seu roteiro obsoleto. Depois de tomar consciência dele, pode revisá-lo e torná-lo mais relevante para o mundo em que você vive hoje.

O roteiro cultural de casamento

Todos nós também escrevemos um roteiro cultural de casamento. As expectativas de nossa cultura a respeito do casamento traduzem-se, invariavelmente, numa espécie de preconceito contra os solteiros. Por exemplo: se o casamento é um sinal de maturidade, respeitabilidade e sucesso, então estar solteiro sugere que você é imaturo, irresponsável e fracassado. O roteiro cultural obsoleto torna a condição de solteiro pouco atraente, exatamente da mesma forma que seu roteiro pessoal de casamento torna difícil "dar esse passo".

O roteiro cultural foi escrito primeiro numa busca histórica, genética até, de autopreservação. Mas, nesse caso, era mais a autopreservação física do que emocional que estava em jogo. O roteiro cultural de casamento que se arrasta até hoje manteve-se porque ajudou a preservar nossos antepassados fisicamente. Todo mundo sente o desejo natural de ter alguém. Porém as fortíssimas pressões sociais para as pessoas se casar têm mais a ver com um roteiro obsoleto do que com qualquer impulso natural de estabelecer ligações afetivas. Na verdade, alguns políticos conservadores afirmam que o casamento é um imperativo moral. Nada há de errado em estar solteiro desde que você esteja bem adiantado em seu caminho rumo ao casamento e aos "valores familiares". Nunca ouvimos falar muito sobre os "valores dos solteiros", a não ser à guisa de advertência: "Cuidado! — ele é um lobo atrás de um Chapeuzinho Vermelho" ou "Quando é que você vai assentar a cabeça e virar gente grande?".

Advertências como essas são feitas por aqueles que nunca questionaram a relevância atual do agora antigo roteiro cultural. Embora não deixem de ser responsáveis pela promoção do "estigma dos solteiros", na verdade estão seguindo uma tradição de adesão cega a um roteiro com milênios de idade. O dogma da maioria das religiões declara que é responsabilidade sua se casar e que, se você continua solteiro, é um irresponsável e devia se envergonhar disso. Seu papel no filme é claro: Deus quer que você se case. Tanto para os homens quanto para as mulheres, a alternativa ao casamento é a desgraça. Pense nos seguintes conselhos encontrados no livro de Isaías (4:1): "E sete mulheres se atracarão a um só homem, dizendo-lhe: 'Proveremos a nossa comida, proveremos o nosso vestir, *desde que possamos usar o teu nome; tira a nossa desonra!*' " (grifo nosso). Essa única passagem enfatiza um tema comum que pode ser encontrado nos livros sagrados de todas as grandes religiões: a condição de solteiro é vergonhosa e o casamento é algo de que se orgulhar. Quando esses livros foram escritos, o casamento era sinônimo de maturidade e responsabilidade; era uma necessidade econômica e essencial à sobrevivência. Uma mulher que não se casasse dificultava muito a vida dos pais — era uma decepção, uma carga e um fracasso.

As mulheres de hoje têm outras possibilidades, além do casamento, para sair da casa dos pais. Esse é um dos muitos exemplos óbvios do quanto o roteiro cultural de casamento está defasado. Assim como existem no mundo muitas religiões e culturas, há muitas variações de roteiros culturais de casamento. Os roteiros também variam, se você for homem ou mulher. Mas o tema comum a quase todos eles é o mesmo: estar casado é bom, estar solteiro é ruim.

Quando você combina seu roteiro pessoal com o roteiro cultural, tem em mãos uma receita de infelicidade. Por um lado, o roteiro pessoal torna a possibilidade de dar esse passo mais difícil do que você gostaria. Por outro, o roteiro cultural leva-o a concluir que você é um fracassado por estar solteiro. Os amigos e familiares que decoraram o mesmo roteiro cultural reforçam esses pensamentos e induzem-no à autoflagelação, às vezes com grande entusiasmo, mas quase sempre sem querer. Como eles também decoraram muito bem as linhas do roteiro cultural, seguem o dogma sem pensar muito no sofrimento que podem causar a seus entes queridos solteiros. A mãe preocupada pode dizer: "Mas você é tão bonita, não entendo como é que ninguém te agarrou até agora!". Ou então os amigos podem aconselhá-lo: "Se você tentasse de verdade, acabaria conhecendo alguém". Ou "Você vai encontrar alguém quando deixar de prestar atenção nisso", ou "Você só pensa em sua carreira, por isso está sozinho". Esses são apenas alguns exemplos daquilo que chamamos de tiroteio bem-intencionado dos amigos. Esse problema é tão comum e, apesar disso, tão fácil de resolver que dedicamos os capítulos 10, 11 e 12 a mostrar a você e a seus entes queridos como evitar esse aspecto particularmente penoso do roteiro cultural de casamento.

Estar solteiro no momento

Os problemas criados tanto pelo roteiro pessoal quanto pelo roteiro cultural de casamento são agravados por vivermos numa cultura em que o cenário do casamento está mudando rapidamente. Você não precisa mais se casar para sair da casa dos pais, para ter segurança econômica, uma vida sexual, e nem mesmo um filho. O fosso entre os roteiros obsoletos e a vida real é maior agora do que em qualquer outro momento da história. Conhecer o roteiro cultural antiquado que você está seguindo é vital para se proteger do estigma e do preconceito que ele cria contra solteiros como você. Nesse meio-tempo, se você descobrir seu roteiro pessoal e as razões pelas quais está solteiro, vai ter condições de optar com mais segurança por continuar ou não solteiro. Neste livro, enfatizamos bastante o que fazer para abrir o cofre e pôr as mãos em seu roteiro pessoal. Porque, quando fizer isso, você vai ver como será fácil revisá-lo. Vai poder parar de olhar para si mesmo e para suas relações afetivas através da lente distorcida desse roteiro e começar a viver sua vida no presente.

Viver no presente significa que você não vai se preocupar com a pessoa que gostaria de ser nem com a tristeza da pessoa que foi um dia.

Você aprendeu a se aceitar tal como é agora. Não é vergonha, nem há motivo para se sentir um cidadão de segunda classe por ser solteiro. A auto-aceitação é a base de uma vida feliz e o ponto de partida para você mudar na direção que gostaria. Não é sinônimo de resignação. Para viver no presente você não precisa renunciar a seu desejo de se casar. Na verdade, a ironia é que quanto mais confiante você se sentir em relação a seu lugar no mundo e quanto mais aceitar a si mesmo tanto mais atraente parecerá aos outros.

Nossa estratégia básica é "matar a cobra e mostrar o pau". Vamos mostrar, ao longo de todo este livro, o que outros solteiros enfrentaram em sua tentativa de viver no presente e de se sentir menos alienados dos amigos, dos familiares e dos outros casais. Também vamos lhe mostrar como descobrir por si mesmo por que está solteiro e o que esperar do casamento.

No próximo capítulo, você vai conhecer Ellen e Sarah, que se sentiam muito mal pelo fato de estar solteiras e estavam bloqueadas em suas tentativas de sair da situação em que se encontravam. Hoje, os solteiros lutam contra duas forças opostas surgidas daquele fosso entre um roteiro cultural obsoleto e a realidade da evolução de nossa cultura. Concentramo-nos em mulheres no próximo capítulo porque as mudanças culturais que aumentaram o fosso entre o roteiro antigo e a realidade moderna são mais fáceis de perceber no caso delas. Mas, como você vai ver, o fosso entre aquilo em que fomos levados a acreditar sobre vida de solteiro e a de casado e a realidade de nossa experiência é tão grande para as mulheres quanto para os homens. No capítulo 2 começamos a desemaranhar os problemas enfrentados por essas mulheres solteiras e por outras pessoas como elas ao tentarmos descobrir por que elas não estão casadas e como podem se harmonizar com o mundo em que vivem.

No capítulo 3 vamos falar a respeito dos quatro estágios da vida de solteiro num mundo de casais, estágios que descrevem a experiência comum de gente solteira como você. Você pode estar no primeiro estágio quando começa a se sentir alienado dos amigos, dos familiares, dos casais e até de si mesmo. Se descobrir de repente que está solteiro por causa de um divórcio, de uma separação ou da morte do companheiro, essa experiência é muito, muito comum. Pode ser um horrível tapa na cara. Nos lugares e com as pessoas com quem antes você se sentia inteiramente à vontade, agora se sente um estranho. Se nunca se casou, a ansiedade aumenta à medida que você se aproxima da época de se casar e depois passa dela: aquela idade em que, quando criança, você imaginou que se casaria. Seja como for, você se sente alienado do mundo em que vive. Nem todos passam diretamente de um estágio para o seguinte. É preciso esforço e conhecimento. Mas a viagem vale a pena. Porque, como verá, o último estágio descreve pessoas que se sentem realmente bem solteiras, conscientes de seus roteiros de casamento e vivendo sua vida no presente.

No capítulo 4, apresentamos passos específicos que mostram como ser solteiro no presente. Eles vão ajudá-lo a descobrir seu roteiro pessoal de casamento e impedi-lo de se tornar uma marionete do roteiro cultural que só atribui papéis secundários aos solteiros, mostrando como fazer sua vida andar. Acreditamos que, depois de ler este livro, você estará mais bem-equipado para conduzir sua vida no presente, em vez de sucumbir ao estigma que deriva de um roteiro cultural antiquado e de medos obsoletos gerados por seu roteiro pessoal.

Nos capítulos 5 a 9 mostramos como outros homens e mulheres solteiros conseguiram alcançar esses objetivos. Cada um desses capítulos trata de um tipo comum de roteiro pessoal de casamento que vimos em nosso trabalho com pessoas solteiras. Nos três últimos capítulos, concentramos nossa atenção em alguns problemas específicos criados pelo roteiro cultural de casamento. Mostramos como evitar o tiroteio bem-intencionado dos amigos e familiares casados no capítulo 10 e como enfrentar a competição e a inveja que esse roteiro promove entre amigos e parentes solteiros no capítulo 11. O tópico do último capítulo é como fazer suas necessidades serem levados em conta por amigos e familiares casados que, às vezes, fazem você se sentir sobrando ou então invisível. Ao longo deste livro, vamos ensinar o que você precisa saber para viver no presente, para encontrar um lugar seu neste mundo de casais e para deixar de viver em compasso de espera. Vire esta página e descubra o que fazer para começar a seguir em frente com mais confiança.

2
Capítulo

ESTAR SOLTEIRO HOJE EM DIA

Quando eu era pequena, sempre achei que agora estaria casada. Mas aqui estou eu com quase 35 anos e solteira. Não sei por quê, pois quero me casar. Não é que esteja tentando evitar o casamento ou algo assim. Devo estar fazendo alguma coisa errada... Fui casada uma vez, durante alguns anos, quando tinha 20 e poucos anos. Mas foi um desastre e, desde então, vivo solteira. Parece que todo mundo se casou, menos eu. Sinto-me uma fracassada.

***ELLEN**, professora de 34 anos*

Sinto como se estivesse sendo puxada de volta para esta encruzilhada: à direita, casamento, respeitabilidade e tédio; à esquerda, minha carreira, viagens e excitação. Não estou com pressa de me casar. Em geral tomo o caminho da esquerda. Mas, por algum motivo, continuo sendo arrastada outra vez para essa encruzilhada. Acho que devia me voltar para o casamento; pelo menos meus pais estão... Isso faz com que me sinta defeituosa, uma perdedora, e não sei o que estou fazendo. Sinto-me um pouco como uma criança que precisa crescer.

***SARAH**, agente de viagens, 28 anos*

O roteiro de casamento de nossa cultura diz, antes de mais nada, que todos devem se casar. Apesar dos numerosos papéis de solteiro que existem hoje no mundo do entretenimento, dos esportes, da política, dos negócios e em outros campos de prestígio, as pessoas ainda sentem uma tremenda pressão interna para se casar. Não estamos falando aqui do desejo natural de ter alguém ou de se apaixonar. Estamos nos referindo ao imperativo cultural obsoleto de se casar. A expectativa está tão arraigada que, quando estamos solteiros e infelizes por algum motivo, achamos que a culpada é nossa condição de solteiros. E pulamos para a conclusão de que algo está terrivelmente errado — conosco ou com o sexo oposto — por não estarmos casados.

Ellen tinha algumas idéias vagas sobre os motivos de sua infelicidade, mas estava tão concentrada na busca de um bode expiatório que não se aproximava nem um pouquinho da descoberta da verdadeira razão. Como estava muito envolvida em acusações, também se mostrava cega para o fato de estar desempenhando o papel exigido pelo roteiro cultural. Esse papel exigia que de maneira geral ela se sentisse fracassada e péssima consigo mesma, por nenhum outro motivo além de estar solteira. Mas, na verdade, ela não se sentia tão infeliz assim por não ter ninguém no momento em que era submetida à pressão criada pelo roteiro cultural de casamento.

Ellen

— Nunca fiz terapia antes. Parece muito estranho, mas estou começando a me sentir desesperada — explicou Ellen, uma professora primária de 34 anos que veio me procurar a conselho de uma amiga.*

— E qual é o problema? — perguntei.

— O problema é que estou com quase 35 anos e ainda estou solteira. Fui casada uma vez, durante alguns anos, quando tinha 20 e poucos anos. Mas foi um desastre e, desde então, vivo solteira. Parece que todo mundo se casou, menos eu. Sinto-me uma fracassada.

* Alguns diálogos deste livro baseiam-se em conversas com pacientes e sujeitos de pesquisa. Sempre que uma conversa foi com um de nós, identificamos qual dos dois estava envolvido. Neste caso, foi X.A.

— Fracassada em relação a quê? — repliquei, achando que Ellen poderia ter caído no ciclo de acusações com que me deparei tantas vezes ao trabalhar com pessoas solteiras em terapia. O ciclo, que se alimenta de si próprio, envolve uma oscilação constante entre acusar o sexo oposto e acusar a si mesmo, sempre que a pessoa se sente infeliz por estar solteira.

— Não sei exatamente. Acho que em relação à vida. Eu sempre achei que a esta altura da vida eu estaria bem casada. Agora estou começando a me preocupar, achando que há algo de errado comigo. Eu pensava que a culpa era dos caras que eu namorava. Mas agora não posso deixar de pensar que é minha culpa. Deve ser culpa minha. Devo estar fazendo alguma coisa errada.

— Como o quê? — perguntei.

— Não sei bem, quer dizer, tenho uma vaga idéia, mas não sei com certeza. Acho que é por isso que estou aqui... para descobrir o que é que estou fazendo de errado. Será que pode me ajudar nisso? Tem experiência com esse tipo de coisa? Quero dizer, essa é uma razão legítima para eu fazer terapia?

— Sob o risco de parecer corporativista, acho que são muito poucas as razões ilegítimas, e a sua não está entre elas. Se posso ajudá-la no que você quer? Acho que tenho de responder sim e não.

Internamente eu me censurei um pouco pela resposta à última pergunta. Era o nosso primeiro encontro e a primeira vez que Ellen procurava um psicólogo. Um dos preconceitos mais populares contra a psicoterapia é que um terapeuta nunca responderá a suas perguntas de forma direta. "Sim e não" não ajudaria muito Ellen a se desarmar desse preconceito, se ela o tivesse.

— Vou precisar saber mais para poder responder a essa pergunta. Parece que você quer se casar. Mas o fato é que, por algum motivo — ou motivos —, você não se casou.

— Certo. Esse é o problema — interrompeu Ellen. — Para ser franca, se eu estivesse casada ou com uma boa relação afetiva agora, não estaria aqui conversando com você.

— Compreendo que esse é o motivo que a trouxe aqui, mas parece que você poderia ter outros. Você disse que se sente uma fracassada?

— Acho que disse, sim... Eu me sinto mesmo uma fracassada. Quando eu era pequena, escrevi em meu diário a idade com que eu gostaria de me casar. Escrevi "25 anos". Bem, com 25 anos eu estava casada, mas não durou. Sempre achei que estaria muito bem casada e com filhos quando eu tivesse 30 anos. Olhe para mim: agora tenho 34 anos, um casamento falido e *ainda* estou solteira.

Ellen havia me perguntado se eu tinha experiência com seu tipo de problema, e eu tinha. Queria tranqüilizá-la desde o início dizendo-lhe que o fato de estar solteira não era algo incomum e que ela não era fracassada em nada, a não ser, talvez, na necessidade de compreender a si mesma e a situação na qual estava com a maior clareza possível. Por isso perguntei:

— Você pode achar que é uma pergunta estranha, mas que porcentagem de mulheres da sua faixa etária você acha que nunca se casaram até então?

— Não sei, nunca pensei muito sobre isso.

— Tente adivinhar — encorajei-a.

— Talvez uns 10%. Que nunca se casaram? Não contando o divórcio? Provavelmente menos, talvez 8% — arriscou ela.

— Na verdade, cerca de 30% — quase uma em cada três. E não são só mulheres. O número de homens da sua faixa etária que nunca se casaram também mais que duplicou nos últimos vinte anos. Assim, embora você ache que as pessoas na sua idade já estão casadas, o fato é que não estão. E não acredito que todas sejam fracassadas.

— E o que todos nós estamos esperando? — contra-atacou ela. — Olha, você é terapeuta, e é de se esperar que diga mesmo coisas tranqüilizadoras. O que mais poderia me dizer? "Concordo, Ellen, você é uma perdedora e tanto"?

Riu alto e depois acrescentou com um olhar de esguelha:

— Na verdade, agora que estou pensando melhor no assunto, você me fez sentir pior ainda! Acabou de me convencer que tem um monte de gente fracassada como eu!

Ao ler o que Ellen tinha a dizer, espero que você esteja sorrindo, como ela fez ao proclamar que 10 milhões de mulheres e homens solteiros são todos uns fracassados. Ela sorriu porque sabia que 30% das mulheres de sua faixa etária não podiam ser todas fracassadas. Embora possa parecer estranho à primeira vista, essa informação ajudou-a a se sentir menos marginalizada e menos fracassada. Fez com que se sentisse um pouco pessimista inicialmente porque, como ela disse, "Se tantas mulheres ainda não estão casadas, então as probabilidades estão decididamente contra mim". Mas, assim como o remédio que tem um gosto ruim na primeira vez em que você o põe na boca, essa informação ajudou a colocar Ellen no caminho que a levaria ao fim da infelicidade que ela sentia por estar solteira. O roteiro cultural que ela seguia dizia "Todos estão casados na sua idade", mas a realidade na qual ela vivia, e para a qual estivera cega por sua aceitação total do roteiro, contava outra história.

E a realidade sobre quanto a cultura mudou não é tão deprimente quanto o roteiro que Ellen seguia. O fato é que *as pessoas estão ficando solteiras durante mais tempo*. Segundo o censo norte-americano, a idade média em que as pessoas se casam subiu dramaticamente desde os anos 70. Os fatos não indicam que as pessoas que querem se casar são incapazes de chegar lá, como Ellen pensava no início. Se você quer se casar, as probabilidades estão claramente a seu favor, embora talvez isso leve mais tempo do que você imaginava quando criança. Mas essa tendência tem implícita a pergunta feita por Ellen: "O que todos nós estamos esperando?".

A pergunta de Ellen foi um primeiro passo importante para resolver os problemas que ela estava enfrentando. Até aquele momento, ela estava generalizando a partir de sua experiência pessoal, e culpando-se. Segundo o ponto de vista do roteiro cultural, Ellen se via como uma tia, uma solteirona, uma aberração estatística, em vez do que realmente era: parte de uma tendência cada vez maior nos Estados Unidos e no resto do mundo.

E por que as pessoas estão esperando mais tempo para se casar? Por que algumas pessoas nunca se casam? E por que as pessoas desistem tão freqüentemente do casamento? O roteiro cultural diz que Ellen e pessoas como ela devem ser as culpadas. Ela provavelmente não amadureceu. Ainda não aprendeu a fazer concessões ou a dividir as coisas. Comparar casamento com maturidade não é uma coisa tão absurda assim. Muitas vezes, as características ideais que alguém deve ter para se casar estão ligadas à maturidade: capacidade de fazer concessões, de dividir, de considerar a necessidade do outro e de assumir responsabilidades. Mas esse aspecto do roteiro cultural não desaparece do mapa diante da realidade que os solteiros vivem hoje. Claro que o casamento é irrelevante para a tarefa de se tornar um adulto maduro, bem-sucedido e responsável. Será que os Matt Lauer, Jerry Seinfeld, Sandra Bullock, George Stephanopoulos e Oprah Winfrey da vida são imaturos, irresponsáveis e fracassados? Mesmo que você aceite o argumento de que a maturidade tem pouco ou nada a ver com o fato de 10 milhões de norte-americanos serem solteiros, ainda continuamos com a pergunta de Ellen.

Será que o problema poderia ser mais de caráter que de maturidade? As pessoas são muito egoístas hoje em dia — sim, pode ser que sim — e este é o problema. Ou então você é preguiçoso demais, ou os dois não estão levando a coisa a sério. Se todas essas interpretações lhe soam muito familiares e até um pouco atraentes, é porque nascem do imperativo antigo e incontestado que é se casar. Esse imperativo está tão profundamente arraigado no roteiro cultural que pessoas como Ellen muitas vezes o confundem com seu desejo natural de ligação afetiva e amor. E o estigma que os solteiros sofrem tantas vezes deriva do fato de termos sido criados para obedecer esse imperativo a qualquer preço.

O imperativo cultural do casamento

Por que as pessoas se casam? Há muitas boas razões, e o amor não é a menos importante delas. Mas, como discutimos acima, há também um roteiro cultural que exerce uma pressão tremenda sobre as pessoas para elas se casarem. O roteiro exige o casamento dos atores. Além de todas as boas razões para dar esse passo, o roteiro cultural promove um imperativo obsoleto e sem sentido de casamento.

No capítulo anterior mencionamos o fato de que os livros sagrados de quase todas as religiões contêm expressões óbvias do roteiro cultural e seu imperativo de casamento. Quando crianças, muitos de nós leram ou ouviram passagens como aquela de Isaías que citamos, e elas ajudaram a formar nossa visão do que é necessário para ser um homem ou mulher respeitável. Segundo esses textos, as mulheres e os homens casados com filhos têm do quê se orgulhar. As mulheres e os homens solteiros eram considerados com desdém e pena, quando chegavam a ser considerados. Mesmo que não seja cristão, muçulmano ou judeu, você faz parte de uma cultura que sofreu a influência de um ou mais desses sistemas de crenças. A religião oferece, entre outras coisas, regras para a vida moral. De formas sutis, e por vezes nem tão sutis assim, essas três grandes religiões equipararam o casamento à moralidade e à maturidade e, com isso, acrescentaram um imperativo desnecessário a nossa natural inclinação pela intimidade.

Hoje, a necessidade de se casar para ter segurança econômica é, em grande parte, irrelevante. Apesar disso, o imperativo continua exercendo um poder tremendo sobre o senso de identidade das pessoas. Uma razão disso é que o imperativo é reforçado por uma mitologia do casamento que aprendemos quando crianças. Todos nascemos numa família. A maioria de nós teve pais que são, ou eram, casados um com o outro. Embora pareça estranho pensar dessa forma, quando éramos criança você era solteiro e seus pais eram casados. Agora pense em como você via sua mãe e seu pai naquela época. Eram mais poderosos que você. Os desejos deles governavam praticamente todos os aspectos de sua vida. Você vivia onde eles queriam viver e na casa que escolheram. Você ia à escola que eles queriam que você freqüentasse e comia a comida que eles preparavam. Mandavam na casa, e você não.

O *status* e a importância aparentemente ilimitada de seus pais, acima de tudo antes dos seus 10 anos, pareciam ainda maiores sempre que você escutava suas conversas a respeito dos amigos e parentes solteiros deles. A menção a essas pobres almas costumava ser prefaciada com expressões de simpatia. Por exemplo: "Coitado do tio Larry, será que ele está saindo com alguém?". A preocupação que transparecia quando conversavam a respeito de seus entes queridos solteiros, e o fato de você nunca passar férias na casa de sua tia solteira, ela é que sempre comparecia às festas e participava dos programas de seus pais, tudo isso conspirou para dar à imagem dos solteiros a impressão de menos *status*.

Com esses tipos de lição na infância, não é difícil entender por que as necessidades dos indivíduos casados são freqüentemente mais valorizadas que as dos solteiros, e também não é difícil imaginar por que muitos de nós nunca reconhecem as desigualdades que existem entre os casados e os solteiros. Essa circunstância particular é tão comum que dedicamos os capítulos 10, 11 e 12 à forma de reconhecer essas desigualdades em sua vida e a lhe mostrar maneiras de equilibrar as balanças. Quer já tenha percebido isso antes, quer não, você foi criado para associar casamento com maturidade, com poder, com *status* social e com viver feliz para sempre.

Antes de mostrarmos como o imperativo e o roteiro cultural do casamento que deriva dele se tornaram ultrapassados, vamos lhe contar parte da história de Sarah. Como Ellen, Sarah também já tinha passado da idade de se casar (isto é, da idade em que, quando criança, ela sempre imaginou que estaria casada) sem ter se casado.

Sarah

Sarah é uma agente de viagens que fundou sua própria empresa com dois sócios. Mulher cheia de vida e de um entusiasmo contagiante, ela tem sido a maior responsável pelo rápido crescimento de seu negócio. Depois de conquistar sozinha a conta de várias grandes empresas durante os dois últimos anos, ela mais que triplicou os rendimentos da agência que ajudou a criar. Adora viajar e faz isso sempre que tem a oportunidade.

Recentemente, terminou um relacionamento de cinco meses com o namorado, pois achou que "não estava levando a parte alguma e que devia haver alguém melhor lá fora". Ele era músico e viajava durante boa parte do tempo. Os pais dela nunca viram o rapaz com muita simpatia. Não entendiam como ela tolerava suas ausências freqüentes. Como disse sua mãe, "Acho que você merece coisa melhor. Deve procurar alguém mais parecido com seu pai. Pelo menos passamos os fins de semana juntos". A ironia é que Sarah bem que gostava do fato de seu namorado ser tão independente, porque ela também era. Não foi esse o motivo do rompimento. Apesar disso, Sarah começou a se preocupar, achando que talvez a mãe tivesse razão, pois a verdade é que ela não estava encontrando ninguém com quem quisesse se casar. Talvez fosse independente demais e devesse namorar homens mais tradicionais. Embora ache o pai um grande sujeito, Sarah não se sente atraída pelo tipo de relação que seus pais têm.

— Sinto como se estivesse sendo puxada de volta para esta encruzilhada: à direita, casamento, respeitabilidade e tédio; à esquerda, minha carreira, viagens e excitação. Não estou com pressa de me casar. Em geral tomo o caminho da esquerda. Adoro ser independente e, além disso, há tantos caras lindos e tão pouco tempo! — acrescentou rindo. — Mas, por algum motivo, continuo sendo arrastada outra vez para essa encruzilhada. Acho que devia me voltar para o casamento; pelo menos meus pais estão.

— Como é que você se sente por não estar voltada para o casamento? — perguntei.

— Defeituosa. Gostaria de me sentir atraída pelo tipo de homem que minha mãe acha que daria um bom marido. Mas não me sinto.

— Como assim, defeituosa? — perguntei, achando que, se conseguíssemos obter alguma clareza sobre a forma de Sarah se enxergar, poderíamos descobrir o motivo pelo qual ela era arrastada para esse lugar onde sentia que qualquer das opções seria um erro.

— Como se eu não soubesse o que estou fazendo... meio como uma criança que precisa crescer. Acho que meu problema é que nem sempre dou muita chance aos homens que namoro. No começo é intenso e febril, mas depois eu meio que me desinteresso. Gosto de mudança e da excitação da conquista. O que me confunde é que eu gosto de estar numa relação afetiva a maior parte do tempo em que estou. Em geral é melhor do que ficar sozinha. E, se algum dia eu encontrar o cara certo, gostaria de me casar. Mas acho que talvez eu não vá saber quando for o cara certo e vou despachá-lo antes mesmo de lhe dar uma chance de verdade. Acho que talvez eu não queira tanto assim me casar, acho que as minhas prioridades são outras.

— E quais são elas?

— Crescer, minha mãe e meu pai sempre me disseram que eu devia ter uma profissão. E que uma mulher pode fazer tudo o que um homem pode — só que melhor, sabe, como diz aquela frase de pára-choque de caminhão. Algumas mulheres, e minha mãe foi uma delas, foram criadas para achar que só um homem pode torná-las completas. Eu não penso assim. Autonomia sempre foi minha prioridade. Fui criada assim e é nisso que acredito. Mas sinto como se eu tivesse recebido uma mensagem em dobro. Não só de meus pais, mas de todo mundo. Você deve se casar. Todos devem crescer e se casar como seus pais. Também aprendi isso. É uma mensagem duplicada e muito desagradável. Às vezes a pressão é tão grande que me faz perder de vista as razões pelas quais quero me casar! Acho que não sei o que estou fazendo quando se trata de uma relação afetiva séria.

Há muito a dizer sobre as observações de Sarah, e é o que vamos fazer em uma das seções do capítulo 6, "A grama do vizinho é sempre mais verde", no qual você vai ver como ela descobriu seu roteiro pessoal de casamento e o papel que ele desempenhou, impedindo que sua vida deslanchasse. Mas, por enquanto, vamos nos voltar para as formas pelas quais o roteiro cultural de casamento ajudou a mantê-la diante da encruzilhada que ela descreveu. Assim como Ellen, Sarah revelou que também tinha imaginado uma idade para se casar. Não era tão precisa quanto a de Ellen, mas o efeito era o mesmo. Sarah confessou que, quando pequena, sempre imaginara que "Estaria muito bem casada com 20 e poucos anos". Aos 28, já passara da sua idade de casar sem nunca ter tido vontade de dar esse passo com ninguém.

Você pode se perguntar por que ela se preocupava com o fato de estar solteira se ela nunca conheceu ninguém com quem quisesse se casar e se geralmente se sentia feliz com a vida que levava. Se você for mais velho que Sarah, talvez esteja sacudindo a cabeça ao ler esse trecho, porque está pensando algo como "Ela ainda é nova, não tem com que se preocupar!" Mas, na verdade, ela estava preocupada com o fato de estar solteira como ficam muitas mulheres e homens com 20, 30, 40 e 50 anos.

Ninguém *resolve* ficar preocupado; esse é um sentimento que chega sem pedir licença, é um tipo de preocupação que tem muitas fontes. O roteiro pessoal de Sarah, que discutiremos no capítulo 6, tornou difícil para ela seguir sua inclinação natural de ter intimidade com um homem. Mas, por si só, isso não seria problemático se ela também não tivesse de enfrentar a pressão do roteiro cultural para se casar. Sempre que você tenta obedecer esse roteiro, ao mesmo tempo que vive num mundo moderno cheio de novas oportunidades para os solteiros, arrisca-se a ficar paralisado diante da mesma encruzilhada de Sarah. Se você é como a maioria das pessoas, qualquer ambivalência natural que tenha em relação ao casamento intensifica-se muito.

Você nunca vai se sentir inteiramente satisfeito com sua opção — casar ou continuar solteiro por ora — enquanto não compreender a ambivalência que carrega dentro de si. É uma opção, afinal de contas, mesmo que você não ache que é. Pense nisto: se você não se importasse com quem teria de se casar, poderia estar casado. *Você quer algo específico, e não apenas o casamento de maneira geral.* Enquanto não conhecer todas as razões para continuar solteiro e o que quer realisticamente de um casamento, nunca conseguirá optar com segurança. Enquanto não entender tanto o roteiro pessoal quanto o cultural que está seguindo, vai continuar parado naquela encruzilhada. De acordo com as palavras de Sarah, presa entre o passado e o presente. Um lugar que não é um lugar. Por isso muitos solteiros se sentem à margem da família e dos amigos, como se não pertencessem ao grupo.

Hoje em dia, os solteiros estão enfrentando duas forças contrárias que nascem do fosso entre um roteiro cultural obsoleto e a realidade na qual nossa cultura tem evoluído. Por um lado, ser solteiro é um estigma; por outro, é algo estimulado e protegido. Para completar nossa análise das mensagens duplas contra as quais os solteiros de hoje têm de lutar, vamos passar para uma breve discussão do "estigma de solteiro", seguida por um exame das mudanças dramáticas dos papéis das mulheres ocorridas durante as duas últimas décadas. Essas mudanças ultrapassam bastante as revisões insignificantes que muita gente fez no roteiro cultural. Por exemplo: a maioria das pessoas concorda que "solteirona" é algo que não existe mais. Mas, quando se toma consciência do quanto os solteiros ainda são estigmatizados e até discriminados, você há de concordar que o roteiro cultural está precisando urgentemente de uma revisão em regra.

O estigma da condição de solteiro

Sempre que você toma consciência das mensagens negativas que recebe pelo fato de estar solteiro, contamina-se com o vírus insidioso que as idéias preconceituosas espalham contra a sua auto-estima. Por isso é tão importante tomar consciência das formas que o expõem a mensagens negativas a respeito da condição de solteiro, promovidas pelo roteiro cultural de casamento. O estigma de que estamos falando está tão inextricavelmente misturado ao tecido de nossa cultura que os solteiros sofrem discriminações sistemáticas e, apesar disso, são poucos os que reclamam. O termo "um mundo de casais" está codificado em nosso sistema jurídico, nas práticas de marketing e na política. Por exemplo: as leis relativas a imóveis e impostos favorecem os casados e penalizam os solteiros. Tudo — de um segurosaúde a passagens de avião — é mais barato quando você tem um cônjuge. Ofertas dois-em-um não foram feitas para solteiros. E você consegue imaginar um presidente norte-americano que não tenha uma primeira-dama a seu lado no dia da posse?

Não estamos dizendo que os solteiros precisam lutar por emancipação; só estamos incentivando você a observar como essas práticas afetam sua auto-estima. Quando você mantém os olhos bem abertos para esse aspecto do roteiro cultural, pode se proteger e não se deixar machucar por ele. Para ajudá-lo a detectar mais facilmente essas mensagens negativas, passamos agora para a forma como a mídia descreve tipicamente os solteiros. A condição de solteiro costuma ser degradada pela mídia. Não podemos recriminá-lo se você estiver pensando "Agora eles foram longe demais". Mas fique conosco só mais um pouquinho, pois, se examinar de perto como a mídia popular descreve criminosos e psicopatas, vai encontrar muitos exemplos do que estamos dizendo. Um deles: a revista *Time* fez uma reportagem sobre Thomas Hamilton, o "monstro" que atirou em dezesseis crianças na Escócia — matando todas elas —, dizendo que ele saiu de seu "apartamento desleixado de solteirão" para ir à escola onde cometeria os assassinatos. Na cabeça do autor do texto, o fato de Hamilton ser um solteirão tinha relevância para sua visão do crime. Na entrevista à imprensa depois do veredicto de "culpado" no julgamento civil de O.J. Simpson, o chefe da polícia de Los Angeles defendeu seus subordinados dizendo que os homens e mulheres da polícia da cidade são "pessoas decentes e respeitáveis, são maridos e esposas". Da mesma forma, um amigo do suspeito de ser o "Unabomber", Ted Kaczynski, disse à revista *Newsweek* que "... eu diria [*a Ted*] o que sempre disse a seu irmão [*casado*]... um homem solteiro não vale nada". Depois disso o artigo afirma que o sr. Kaczynski nunca conseguiu estabelecer, e muito menos manter, uma relação íntima com uma mulher. Esse tipo de cobertura repete o mesmo erro já cometido incontáveis vezes antes: sugere que ser solteiro equivale, de certa forma, a um desenvolvimento emocional incompleto. Dê uma olhada nos jornais de hoje e veja se não encontra casos desse tipo.

Embora seja verdade que uma pessoa com personalidade paranóide ou psicopata tem mais probabilidade de ser solteira, não se segue daí que todo solteiro tem mais probabilidade de ser paranóide ou psicopata! Generalizações sem lógica e sem substância como essas podem aumentar a sensação de alienação que muitos solteiros têm vivido num mundo de casais. A verdade, como você verá a seguir, é que existem muitas boas razões para se adiar ou evitar o casamento além de você ser um aspirante a *serial killer*!

O casamento — uma nova forca

Até os anos 70, os homens tinham o monopólio da ambivalência em relação ao casamento. Durante milênios os homens tiveram muito mais independência e poder que as mulheres. Livres para ir aonde bem entendessem e com quem quisessem, era compreensível que os homens achassem que suas mulheres eram uma prisão ou "a forca". Casamento significava perda da liberdade, significava prestar contas de suas andanças a alguém e assumir os encargos financeiros da vida de outra pessoa e, por fim, dos filhos.

Sempre visando as necessidades de seus pais e da família, a mulher precisava esperar por um marido para poder deixar a casa dos pais.

Tinha de esperar ser "escolhida" e, se fosse esperta, ela mesma caçaria um homem, mas com muito jeito e sedução, para não dar a impressão de que era ela quem estava fazendo a opção.

Com a autonomia e o poder recém-conquistados, o casamento assumiu um novo significado para as mulheres. Como Sarah e Ellen, um número cada vez maior de mulheres sente uma ambivalência profunda, não necessariamente em relação ao casamento em si, mas em relação ao casamento na prática. Em outras palavras, o casamento parece mais atraente no abstrato; mas, quando se trata da realidade de se casar mesmo com alguém, nem sempre parece uma boa idéia.

Tanto as mulheres quanto os homens têm muito menos motivos para se casar do que tiveram seus pais. As razões mais importantes para se casar não mudaram, evidentemente: amor e companheirismo. Mas muitas outras razões se tornaram menos interessantes: segurança econômica, independência em relação aos pais, vida sexual e até mesmo filhos. Ellen, Sarah e os homens que elas namoraram tinham muito mais opções que seus pais tiveram. Não precisam se casar para ter segurança econômica, uma vida sexual ativa e nem mesmo filhos.

Você não pode recriminar uma mulher por ela ser mais ambivalente em relação ao casamento do que a mãe ou a avó dela foram. As razões tradicionais para ela se casar simplesmente perderam boa parte do sentido. Na verdade, os riscos potenciais podem superar os benefícios imaginados. As mulheres de hoje em geral se sustentam; têm autonomia, liberdade e uma série aparentemente ilimitada de opções. Em outras palavras, podem desfrutar de um modo de vida antes reservado exclusivamente aos homens. Nesse contexto, não é de admirar que muitas mulheres tenham ficado tão relutantes quanto os homens em enfrentar o altar.

Se você é como a maioria dos solteiros, está preso entre o roteiro cultural obsoleto de casamento e a nova forca. Às vezes, esse conflito entre passado e presente é óbvio, como no caso de Sarah. Ela sente-se presa a uma situação difícil e desagradável. De um lado, está transformando em realidade os sonhos de autoconfiança e realização profissional que teve na infância; de outro, se vê fracassando em relação ao imperativo do roteiro cultural, que manda que ela se case. Não consegue deixar de sentir que, de certa forma, esses objetivos são incompatíveis, como se os caminhos não pudessem levar ao mesmo lugar. Na maioria dos casos, como no de Ellen, o conflito é bem menos óbvio. Mas Ellen também se encontra presa numa encruzilhada semelhante, embora tenha menos consciência dela que Sarah. E está igualmente envolvida no processo de auto-acusação de Sarah.

Sarah e Ellen revelaram ter adotado muitos elementos do roteiro cultural ao dizer que se sentiam "fracassadas" e "perdedoras" por estar solteiras. Mas não estavam se referindo a fracasso por não ter se casado, por não ter alcançado seu objetivo. Sarah nem estava tentando se casar, em geral se sentia feliz por estar solteira. Ambas achavam ter falhado como pessoas. Sempre que você se sente um fracassado ou um perdedor, esse sentimento agrava o temor de você continuar sozinho, o que é compreensível. E se, como Ellen, você está fazendo o possível para se casar, esse tipo de sentimento pode levar a que a profecia se realize. Se você se sente um fracassado, não vai se mostrar muito atraente para as pessoas, nem vai se sentir muito autoconfiante. Vai ter menos probabilidade de se casar e, independentemente de suas perspectivas de casamento, vai se sentir constrangido e um alienado com seus amigos e familiares casados. Portanto, não é de admirar que pessoas que nunca questionam as mensagens negativas que recebem todos os dias sobre a condição de solteiro acabem se preocupando com a possibilidade de continuar para sempre sozinhos.

Esse é um temor universal. Atinge todas as faixas etárias e não faz distinção de gênero. Quando estávamos escrevendo este livro, entrevistamos vários grupos de homens e mulheres. Você talvez se surpreenda em saber que um grupo de mulheres de 23 anos e outro grupo com homens de 20 e tantos anos adotaram uniformemente muitas das mesmas crenças e ansiedades negativas a respeito da condição de solteiro que tinham os solteiros de 30, 40 e 50 anos com quem conversamos. Quando perguntamos se havia algo em sua condição de solteiro que os preocupava, quase todos responderam que o maior medo era de "acabarem sozinhos". A sua idade não tem importância, nem o fato de você ser homem ou mulher, nem se já foi casado antes ou não — questionar suas mensagens negativas sobre a condição de solteiro é que é fundamental para que você possa se sentir confiante em relação a si mesmo e à sua capacidade de estabelecer relações com outras pessoas.

Será que você adotou aspectos dessas definições obsoletas da vida de solteiro e de casado, definições proporcionadas pelo roteiro cultural? Provavelmente assimilou alguns preconceitos ou expectativas a respeito de quem você ia ser quando crescesse e o tipo de pessoa que seria depois de casado. Como seus preconceitos em relação à condição de solteiro, os preconceitos que tem contra o casamento também podem afetar a visão de si próprio enquanto solteiro. Por exemplo: se você nunca questionou comentários como aquele feito por Willie Williams, o chefe de polícia de Los Angeles, que disse basicamente que, se você é casado, tem mais probabilidade de ser respeitável, é possível que tenha assimilado também os preconceitos que dizem que você é menos respeitável por ser solteiro. Você tem imagens e expectativas trancadas naquele cofre das expectativas inconscientes que todos temos a respeito dos diferentes tipos de pessoas. Elas estão trancadas só por estar escondidas de sua percepção consciente, mas afetam sua maneira de avaliar os diferentes tipos de pessoas e a si mesmo. Se seu roteiro pessoal de casamento define as pessoas casadas como "responsáveis, maduras, poderosas e capazes de amar", então ele provavelmente lhe diz que os solteiros têm mais probabilidade de ser "irresponsáveis, imaturos, fracos e incapazes de amar e ser amados de verdade por alguém".

Mas, como o mundo se transformou profundamente nas últimas décadas, suas noções herdadas a respeito da vida de casado e de solteiro podem estar em conflito com o que você aprendeu ao longo de sua existência. E isso é uma fonte significativa de confusão para muita gente solteira. Se há quarenta anos você pedisse às pessoas que descrevessem suas imagens de uma mulher solteira com mais de 30 anos, elas lhe dariam uma resposta muito diferente da que dariam hoje. Naquela época, você ouviria descrições como "professora primária", "bibliotecária", "ainda virgem" e "provavelmente feia e sem graça". Hoje, milhões de mulheres solteiras com mais de 30 anos estão trabalhando em todos os ramos, da construção civil à administração de grandes empresas. Compreender o roteiro cultural é um primeiro passo importante para diminuir a confusão e começar a se afastar da encruzilhada em que você se encontra.

O passo seguinte implica descobrir onde você está entre os vários estágios da vida de solteiro num mundo de casais e como tomar consciência do roteiro pessoal de casamento que você está seguindo. Conhecer bem ambos os tipos de roteiro de casamento é fundamental para se tornar mais feliz como solteiro. Também é essencial para combater o impacto negativo dos estereótipos ultrapassados. Nas páginas que se seguem, você vai aprender com a experiência de Sarah, Ellen e de várias outras mulheres e homens solteiros que, como você, estão na situação de ser solteiros num mundo de casais. No próximo capítulo vamos lhe apresentar os quatro estágios da vida de solteiro. Familiarizar-se com eles é algo que o ajudará a identificar as tarefas que você precisa realizar para abrir o cofre e fazer uma revisão em seu roteiro pessoal de casamento. Nossa experiência como terapeuta nos ensinou que, depois de compreender o roteiro que você mesmo escreveu no passado, você conseguirá se aceitar mais completamente e desfrutar a vida de maneira mais plena. Também vai se proteger melhor do estigma que acompanha a condição de solteiro hoje em dia. E, o que é mais importante, também ficará mais aberto para o amor.

3
Capítulo

QUAL É O SEU LUGAR?

Nunca pensei que me sentiria sobrando perto de Rick, mas sinto. Desde que ele se casou, não nos encontramos muito — e, quando acontece, sinto-me deslocado. É esquisito mesmo. Sinto-me o pobre amigo solitário que veio fazer uma visita. Faz com que eu me sinta patético. Sei que não me sentiria tão mal por isso se não me importasse com o fato de não estar casado. Mas eu me importo; gostaria de não me importar e de parar de me sentir péssimo pelo fato de estar solteiro.

***ADAM**, gerente de uma loja de artigos esportivos, 41 anos*

Não, acho que não me sinto felicíssima por estar solteira. Por que deveria me sentir? Todas as minhas amigas estão se casando e sinto como se eu não fizesse mais parte da turma. Se algum dia vier a me sentir feliz pelo fato de estar solteira, vai ser porque desisti completamente de me casar.

***SUSAN**, estudante de pós-graduação, 29 anos*

Minha filha não foi conhecer o bebê da prima logo que ele nasceu! Ela não quer ir porque vai se sentir mal consigo mesma — é a única da família que ainda é solteira. Ela se sente muito culpada por não ir, mas fica tão deprimida por ser solteira que simplesmente não tem forças para enfrentar a situação... Parece terrível dizer isso, mas me dá um certo prazer ela se sentir assim. Serve de motivação para ela continuar tentando. Eu me preocupo com a possibilidade de ela acabar sozinha... Onde é que ela vai passar as férias depois que o pai e a mãe se forem?

***BERNICE**, preocupada com a filha Jane, de 32 anos*

Há muitas formas pelas quais os solteiros podem chegar a sentir que estão sobrando. Adam, Susan e Jane têm décadas entre si e uma formação muito diferente; apesar disso, os três têm em comum a sensação de estar alienados dos amigos e da família por ser solteiros. Suas maneiras de reagir à experiência são típicas dos solteiros que se sentem deslocados. Adam queria parar de desejar uma relação afetiva. Queria parar de sentir qualquer desejo de encontrar alguém com quem partilhar a vida. Susan, ao contrário, via o casamento como a única solução para seus sentimentos de alienação. Pior ainda, estava convencida de que precisava se sentir infeliz para se motivar a encontrar alguém com quem se casar. E Jane procurava evitar pessoas e lugares onde se sentia muito deslocada por ser solteira. Neste capítulo você vai descobrir que há outros caminhos a tomar para enfrentar os sentimentos de alienação que surgem pelo fato de ser solteiro num mundo de casais. Para se sentir mais ajustado, você não precisa suprimir seu desejo natural de ter alguém, lançar-se num casamento a qualquer custo ou passar o tempo exclusivamente com outros solteiros.

Nesse sentido, o casamento é o remédio mais comum que as pessoas procuram para se sentir melhor consigo mesmas. Mas nem o casamento vai ajudar a melhorar sua auto-imagem se você não tratar da causa oculta de seu mal-estar de solteiro: seu roteiro pessoal de casamento e o impacto dele sobre seu senso de identidade. Além do que, a tarefa de encontrar alguém com quem queira se casar torna-se mais difícil quando você ainda não descobriu como o seu roteiro pessoal está mantendo-o longe do casamento. Não estamos sugerindo que haja algo de errado com o casamento! Pode ser uma experiência maravilhosa e pode fazê-lo feliz de muitas maneiras. Um bom casamento pode ser uma das melhores coisas da vida. Todo mundo quer que os votos de casamento se cumpram: amor, intimidade, companheirismo e integração. Mas se devido às circunstâncias de sua vida, ou por opção, você está solteiro atualmente, por que não curtir a situação? É um objetivo que poucos solteiros procuram alcançar com a tenacidade necessária. Você não precisa estar casado para desfrutar de intimidade, companheirismo, amor e integração. Descobrir seu lugar no mundo como pessoa solteira não exige que você desista de encontrar alguém para partilhar o resto de sua vida.

O equívoco mais comum, expresso antes por Susan e Bernice, é que você precisa se sentir infeliz e alienado para ser motivado a se casar. Elas estão confundindo *auto-aceitação* com *resignação*. A auto-aceitação é a chave para se tornar mais feliz e se transformar da maneira que você gostaria. A ironia é que, quanto mais confiante você se sente em relação a seu lugar no mundo, tanto mais você se aceita e tanto mais provável é que se case, se quiser. Quer você prefira estar casado, quer tenha certeza de que continuar solteiro é a melhor opção, compreender-se e aceitar-se mais plenamente é um esforço com o qual você só tem a ganhar. Será fundamental para você encontrar seu lugar num mundo de casais.

Os dois primeiros capítulos mostraram que você não é o único, nem é estranho por estar solteiro. Agora você está mais consciente da maneira pela qual o roteiro cultural faz você se sentir infeliz e exerce pressão para que se case a qualquer custo. Manter-se alerta em relação às formas pelas quais esse roteiro pode acabar com sua auto-estima é importante para construir o alicerce a partir do qual começar o processo de auto-aceitação e dessegregação. Neste capítulo, vamos apresentar diretrizes para a sua atual vida de solteiro e começar a lhe mostrar como outras pessoas as puseram em prática. Demos ênfase especial à questão de como tornar fértil o terreno para a descoberta de seu roteiro pessoal de casamento e também às razões importantes, ainda que obsoletas, que você tem para evitar o casamento. O que fazer com esse conhecimento é algo que cabe a você resolver.

Assimilação ao mundo dos casais

Antes de apresentar nossas diretrizes para uma vida de solteiro hoje, é preciso falar sobre os estágios pelos quais os solteiros passam ao tentar se ajustar a um mundo de casais. Quer você nunca tenha sido casado, quer tenha enviuvado ou se divorciado recentemente, sem dúvida deve ter passado por um ou mais desses estágios de assimilação ao mundo dos casais que descrevemos aqui.

Como qualquer imigrante num novo país ou cultura, você se surpreende sentindo-se um pouco fora do compasso do mundo no qual está vivendo. Durante os últimos dois séculos, os imigrantes irlandeses, italianos, africanos, hispânicos, asiáticos e russos que vieram para os Estados Unidos tinham todos uma coisa em comum quando puseram os pés neste país pela primeira vez: a experiência de ser um estrangeiro. É irônico e um pouco triste que sintam isso, uma vez que toda raça, religião e cultura existente nos Estados Unidos de hoje foram transplantadas de um outro lugar.

O ícone do casamento americano persiste, apesar do fato de os índices de divórcio sempre estarem por volta dos 50% e as pessoas se casarem muito mais tarde do que antes. Mesmo hoje, o casamento continua desfrutando do *status* de mito cultural mais favorecido nos meios de comunicação de massa. Passe você ou não a maior parte do tempo com outros solteiros, está vivendo numa cultura que insiste em dizer que este ainda é um mundo de casais. Com o tempo, se a tendência a permanecermos solteiros uma parte maior de nossa vida adulta continuar aumentando, esse mito também pode virar picadinho. Mas, por enquanto, o roteiro cultural está firmemente agarrado à idéia de que este mundo pertence aos casais e foi feito para eles. O processo de assimilação ou entrosamento, sem renunciar à nossa identidade pessoal (nesse caso, ser solteiro), envolve estágios muito semelhantes aos que têm de passar os imigrantes que chegam a um novo país. Referimo-nos aos quatro estágios típicos como os quatro As: *Alienação, Avaliação, Aceitação* e, finalmente, *Assimilação.* Vamos ver agora como aplicar os quatro As à vida de solteiro.

Alienação

Se você se surpreendeu solteiro de repente devido a um divórcio, rompimento ou morte de seu cônjuge, esse estágio fica mais óbvio e fácil de identificar. Nos lugares e com as pessoas com que um dia você se sentiu inteiramente à vontade, agora se sente um estranho. Se nunca foi casado, essa sensação aumenta à medida que você se aproxima, e depois ultrapassa, da idade de casar, aquela idade que, quando criança, você sempre imaginou que já estaria com alguém. É nesse momento que você se torna um estranho numa terra familiar. Sente que não é mais parte do grupo, pois seu estado civil faz você se sentir deslocado. O que é muito diferente de seus anos de adolescência ou mesmo em seus 20 e poucos anos, quando ser solteiro era a norma a ser seguida. O estágio de alienação resulta — compreensivelmente — em uma boa dose de insegurança e frustração. É durante esse estágio que em geral o ciclo de acusações descrito no capítulo 1 tem início. Lembra-se de como Ellen alternava culpar-se por se sentir infeliz por estar solteira e culpar os homens com quem se envolvia? Embora seja uma reação comum aos sentimentos de alienação, é uma reação que não leva a parte alguma, a não ser a um círculo vicioso.

Os solteiros que se encontram no estágio da alienação ficam ali até quebrarem o ciclo de acusações. Sabem com certeza qual é o problema e, por isso, não se dão ao trabalho de procurar respostas em outro lugar. Às vezes as acusações os ajudam a enfrentar os sentimentos de alienação a curto prazo ("Os homens não prestam" ou "Todas as mulheres que namorei queriam ter filhos, e não a mim"), mas nunca de forma permanente. Enquanto o ciclo não é rompido, os antolhos continuam lá.

Avaliação

Quando um imigrante chega a um novo país, seus sentidos tornam-se mais aguçados enquanto avalia o terreno onde está pisando. Procura abrir caminho com confiança, mas sem pisar nos calos de ninguém. Caracteristicamente, a melhor forma de fazer isso é seguir o velho axioma: "Em Roma, faça como os romanos". Nosso imigrante procura formas de se integrar. Os solteiros fazem a mesma coisa num mundo de casais. O roteiro cultural de casamento impõe seus dogmas aos meios de comunicação de massa e a quase todas as outras facetas da vida cotidiana, de modo que se torna muito fácil deduzir os costumes e as expectativas. Como a maioria dos imigrantes, o solteiro alienado percebe o *status quo* de sua nova terra e, durante o processo, descobre que agora é um cidadão de segunda classe. Só que não é sua cultura de origem que explica o rebaixamento recente de seu *status.* Ele se deve a sua condição de solteiro: agora em minoria, ligeiramente suspeito ("Por que ele ainda não se casou?") e um fracassado por não se inserir na cultura dominante.

O estágio da avaliação pode ser terrivelmente frustrante e até desmoralizador. Seu valor como indivíduo único pode ser esquecido — até por ele mesmo. As tentativas de se reinventar para se integrar são comuns durante esses períodos, assim como as cruzadas para mudar o sexo oposto. Por exemplo: muitos solteiros mergulham em casamentos desastrosos durante esse estágio porque se convencem de que a "solução" apresentada pelo roteiro cultural é a melhor possível. Aqueles que cometem esse erro nunca são realmente assimilados ao mundo dos casais porque, quando o casamento acaba, com a evidência do divórcio ou da infelicidade conjugal, eles se surpreendem novamente no estágio de alienação, sentindo-se mais fracassados do que nunca.

Por outro lado, os solteiros que negociam bem com esse estágio conseguem esse feito descobrindo qual é seu roteiro pessoal de casamento. Compreendem suas motivações e sentimentos nas relações afetivas sob uma luz inteiramente nova. Têm clareza sobre o porquê estão solteiros, o que os faz se sentirem menos alienados e ansiosos. E, o que também é importante, torna-os capazes de distinguir sentimentos e pensamentos que vêm do passado daqueles que têm a ver com a realidade que estão enfrentado agora.

Aceitação

O início do estágio da aceitação é marcado por uma abertura mental e por um novo interesse sobre o que uma pessoa solteira pode e não pode mudar em sua situação. Envolve uma saudável desconfiança em relação ao roteiro cultural de casamento e uma compreensão realista das mudanças pelas quais o mundo passou nas últimas décadas. Como os novos imigrantes que chegam aos Estados Unidos, os solteiros que estão no estágio da aceitação sabem que, na verdade, são uma "minoria" muito grande. E, como tais, não precisam se reinventar para se integrar. Têm poder, influência e valor próprios. Agora estão livres para ir atrás daquilo que desejam, seja uma relação íntima ou uma vida de solteiro mais feliz, sem se sentir influenciados pela pressão para se tornarem pessoas que não são.

O estágio se completa quando o solteiro aprende a aceitar os sentimentos criados por seu roteiro pessoal de casamento. Não sente mais a necessidade de reagir a eles, de se proteger do medo, da ansiedade ou do terror que seu roteiro cria. Compreende que tais sentimentos, despertados sempre que se aproxima "demais" de uma parceria em potencial, são apenas lembranças da infância. Eles não conduzem mais suas ações. Eles só precisam ser compreendidos e aceitos.

Assimilação

O estágio final começa quando o indivíduo solteiro se livra completamente de todo sentimento de alienação, constrangimento ou fracasso por estar solteiro. Torna-se impermeável ao estigma porque ele próprio não o aceita mais. O roteiro cultural de casamento não tem mais poder sobre seu senso de identidade. Ele está aberto às oportunidades disponíveis, não se deixa influenciar pelas pressões para se conformar, tem amigos tanto solteiros quanto casados e sua vida não está mais estagnada. Esse solteiro encontra-se aberto para o casamento, talvez até lutando por ele, mas não precisa estar casado para se sentir bem-sucedido, maduro e integrado.

Não sucumbindo mais a reações reflexas aos sentimentos criados por seu roteiro pessoal de casamento, ele pode ver com mais clareza e realismo o que precisa para ser feliz numa relação afetiva. Saber disso libera a pessoa para o amor quando ela encontra alguém que merece seu interesse e para se sentir à vontade com o fato de continuar solteira quando estiver óbvio que, por enquanto, ninguém se ajusta a suas medidas. Como a pessoa tem uma clareza cristalina sobre o que é realmente importante para ela numa relação afetiva, pode escolher com tranqüilidade e confiança o caminho a seguir. Raramente fica imobilizada diante daquela encruzilhada que Sarah descreveu tão bem. Essa pessoa está vivendo no presente, livre dos dogmas ultrapassados do roteiro cultural ou da lembrança de sentimentos despertados por seu roteiro pessoal.

Passos para se tornar um solteiro no presente

Com base em nossa experiência clínica e também em nossa experiência pessoal como solteiros, identificamos quatro passos que você pode dar para se tornar mais feliz, mais conectado aos amigos e familiares e mais apto a viver no presente. Por "viver no presente" queremos dizer que você não é mais influenciado pelos roteiros obsoletos, tanto o pessoal quanto o cultural, que seguia antes. Os passos apresentados aqui correspondem aos quatro estágios da vida de solteiro que acabamos de descrever. As técnicas que vamos lhe mostrar estão enraizadas na prática tanto de nossa psicologia relacional quanto da terapia cognitiva e comportamental. Mas fique tranqüilo, pois essas técnicas foram escolhidas não só por terem uma sólida base teórica na prática da psicologia, mas também porque descobrimos que são eficientes.

Se considerar as forças que influenciam negativamente a felicidade dos solteiros — o roteiro cultural e seus subprodutos, o estigma, a discriminação e a alienação —, parte do que vamos dizer talvez já seja óbvia para você. Apesar disso, há muitas sutilezas em jogo, tanto no problema quanto no remédio. Em síntese, o processo requer que você dê os seguintes passos: (1) quebre o ciclo de acusações; (2) examine os fatos; (3) assuma responsabilidades; e (4) não paralise sua vida. Essas diretrizes envolvem uma combinação de interesse por si mesmo e cultivo de uma saudável desconfiança por qualquer pessoa que ofereça uma solução *simples* (como "tornar-se uma garota certinha", "os homens não prestam", "sou um perdedor" etc.). Requer também que você tome conhecimento do fosso crescente que existe entre o roteiro cultural e a realidade que os solteiros vivem hoje, além de descobrir seu roteiro pessoal e de que forma ele torna mais difícil para você dar o passo decisivo. O mais importante é que todo o processo vai exigir que você questione algumas de suas auto-imagens, que mantenha a mente e o coração abertos e que assuma alguns riscos emocionais.

Raramente existem soluções simples e fáceis para problemas como os que estamos tratando aqui. Se houvesse, todos saberiam as respostas e os problemas deixariam de existir. Aprender a aplicar os princípios e as técnicas que fazem parte dessas diretrizes vai exigir paciência e prática. Para ajudá-lo, a seguir e nos próximos capítulos, damos exemplos de como outros solteiros conseguiram usar esses passos e as técnicas relativas a cada um deles. Embora algumas das pessoas sobre as quais você vai ler já tivessem estabelecido relações afetivas muito boas na época em que perdemos contato com elas e outras tenham continuado solteiras, o resultado final foi o mesmo para ambos os tipos: sentiram-se muito mais satisfeitos consigo mesmos, mais próximos da família e dos amigos e mais abertos para o amor. Passaram a viver no presente e deixaram de complicar a própria vida.

Patrick

Patrick é um policial de 27 anos. É bonito, está em boa forma, tem personalidade e orgulha-se de sua cortesia no trabalho. Como ele mesmo disse, "Os tiras têm péssima fama — mas nunca um civil se queixou de mim, e tenho orgulho disso". Quando ligou para marcar sua primeira entrevista de psicoterapia, explicou que estava muito ansioso e achava que talvez estivesse com a síndrome do pânico. Mas, durante a primeira sessão, ele se concentrou no que descreveu como sua "*incapacidade* de ter relações afetivas *de verdade*". Embora tivesse tido várias delas no passado, e a mais longa tenha durado mais de um ano, achava que elas nunca iam chegar a lugar nenhum. O fato de ainda não ter encontrado alguém com quem quisesse se casar fazia com que se sentisse alienado e constrangido. Para piorar as coisas, lembrava-se nitidamente das últimas palavras que sua ex-namorada lhe disse quando romperam: "Tem alguma coisa muito errada com você, Patrick — ninguém nunca vai servir para você!". Essas palavras atingiram o nervo, porque lá no fundo Patrick tinha medo de haver algo de muito errado com ele.

Depois desse rompimento, suas sensações de alienação e constrangimento chegaram a tal ponto que ele não saiu com ninguém durante mais de seis meses e surpreendeu-se mentindo para a família a respeito disso. Ninguém na vida de Patrick imaginava o quanto ele se sentia alienado por sua condição de solteiro nem percebia que esse era o verdadeiro motivo pelo qual ele não aparecia mais com a mesma freqüência de antes. Na verdade, sua sensação de humilhação e alienação era tão constante que, quase no fim de sua primeira sessão, ele disse:

— Sinto-me um estúpido por estar falando sobre isso. Talvez não tenha sido uma boa idéia vir aqui; faz com que eu me sinta fraco e ridículo. Você deve estar pensando que sou um bebê chorão.

Sarah

Sarah, a dona da agência de viagens de 28 anos sobre quem falamos no início, em geral tem se sentido muito mais feliz com sua vida de solteira do que Patrick. Mas está começando a ficar ansiosa pelo fato de nunca ter namorado ninguém com quem quisesse se casar. Está cada vez mais preocupada, achando que talvez a mãe tenha razão e ela nunca tenha dado mesmo uma chance a ninguém. Talvez seja independente demais e devesse namorar homens mais tradicionais. Embora ame o pai, não se sente atraída pelo tipo de relação afetiva que ele tem com sua mãe.

— Minha mãe tem opiniões muito claras sobre o tipo de caras que eu devo namorar. Aliás, meus amigos também! Sou muito independente e gosto de homens que também são. Mas o pior é que todos dizem que nunca dou uma chance de verdade a ninguém. Uma de minhas amigas diz que o motivo pelo qual pulo de uma relação afetiva para outra é que nunca chego a querer que alguém se aproxime demais. Ela acha que tenho medo de assumir um compromisso. Não é isso o que sinto, mas vai saber... Talvez eu tenha. Nunca pensei tanto assim a meu respeito, mas o fato é que estou ficando mais velha e nunca tive uma relação amorosa que tenha durado mais de seis meses. De maneira geral, sempre gostei das relações afetivas que tive. Mas o fato de eu estar aqui hoje me faz perguntar se, afinal de contas, foram mesmo tão boas assim. Talvez eu tenha andado me iludindo. Acho que preciso de um manual para escolher o "Homem Certo".

— Ouça só o que estou dizendo! Se meus sócios na agência pudessem escutar o que estou falando agora, não acreditariam que era eu. A última coisa que esperariam de mim seria eu usar um manual para fazer alguma coisa — sou tão segura de mim! Sou uma pessoa diferente na agência, diferente daquela que você está vendo agora.

Sarah sente-se segura no trabalho, mas não se sente segura para fazer escolhas no amor. Sua vida amorosa tornou-se um pára-raios de suas inseguranças. Ela nunca sentiu isso antes, mas, à medida que foi ficando mais velha e passou da idade-marco que estabeleceu para se casar, tanto a pressão interna quanto a externa para aumentaram. Agora seu *status* de mulher solteira estava destruindo pouco a pouco sua autoconfiança.

E também fazia com que ela não se ajustasse mais aos ambientes.

— Cheguei a ponto de evitar minha mãe e minhas amigas casadas. Sempre que estou perto delas sinto a conversa se voltando para quem estou namorando, para como está a relação e se é sério para mim. Faz com que eu sinta que o resto da minha vida não conta. Enquanto não for uma delas, enquanto não estiver casada, nada mais a meu respeito importa.

Ellen

Ellen, que apresentamos no capítulo 1, é uma bela professora de 34 anos que namora muito. Na verdade, como disse às amigas, está "procurando alguém" e marca muitos encontros com homens que ainda não conhece. Joga tênis, faz trabalho voluntário num centro comunitário local e tem uma vida social ativa. Embora suas amigas, amigos e familiares tenham mostrado uma certa preocupação pelo fato de ela "ainda estar solteira" sete anos depois de seu divórcio, ficariam surpresos se soubessem como Ellen se sente a respeito disso. Oscila entre acreditar que há algo de muito errado com ela por estar com quase 35 anos e "ainda não ter se casado" e pensar que a culpa é dos homens solteiros que ela namora.

Ela descreve a situação:

— Sinto que sou uma perdedora. Continuo saindo com homens que têm medo de assumir um compromisso. Eles nunca querem se casar, o que me faz sentir uma idiota. Por que continuo escolhendo esses caras? Ou estou escolhendo os que não prestam, ou todos os que prestam já têm alguém.

Essas idéias a seu respeito — que é uma fracassada porque "ainda" está solteira e que é atraída por homens que não servem para ela — levaram-na a desconfiar que é anormal e a se sentir insegura em relação aos homens em geral.

O que Patrick, Sarah e Ellen têm em comum é que todos são solteiros infelizes. Sentem que não se entrosam mais com os amigos e a família. E, em graus variados, todos se sentem fracassados em relação à vida. O constrangimento de Patrick por sua "incapacidade" de se casar resulta em afastamento de relações amorosas e leva-o a evitar passar o tempo com a família. Essa fuga só faz aumentar sua humilhação e sua alienação da família e de seus iguais. Sarah preocupa-se com a possibilidade de ter medo demais de assumir um compromisso, e isso a leva a se impacientar com quem quer que esteja namorando no momento e a se sentir incapaz de escolher bem. Está pessimista quanto ao sucesso de suas relações amorosas futuras porque se preocupa com a possibilidade de ser independente demais e de suas prioridades estarem mal-organizadas. Ela também acha difícil passar algum tempo com amigos e familiares. Ellen sente-se "anormal" e pessimista em relação aos homens disponíveis para ela, aqueles a que ela se refere pouco afetuosamente como "as sobras".

Patrick, Sarah e Ellen contam histórias diferentes, mas têm várias coisas em comum. Uma das semelhanças mais notáveis é seu envolvimento com o ciclo de acusações. Muitos solteiros infelizes ora atribuem sua infelicidade ao sexo oposto, ora a si mesmos. O fato de os amigos e parentes participarem entusiasticamente na perpetuação desse ciclo só piora as coisas.

O que a maioria das pessoas não percebe é que culpar a si mesmo e culpar os outros são lados opostos da mesma moeda. Como o óleo de cobra de que falavam os vendedores que prometiam uma panacéia para todos os males, da calvície ao envelhecimento, a acusação é uma resposta fácil para seus problemas e não oferece nada além de uma falsa sensação de controle e segurança. A acusação tem o mesmo atrativo que comprar uma garrafa do elixir milagroso do mascate. Tendo em mãos um "remédio" para suas mazelas, você pode se sentir mais esperançoso em relação ao futuro e ter uma certa impressão de controle sobre o que está lhe acontecendo. É assim que funciona o placebo, ou comprimido de açúcar, e é por isso que as acusações são tão atraentes para tantos de nós.

Mas, assim como o elixir de óleo de cobra do mascate ou o placebo do médico, as acusações não vão levá-lo muito longe. E há um perigo real associado a essa abordagem quando um tratamento de verdade se faz necessário. Como um placebo, as acusações podem impedi-lo de tratar do problema real. Tomar um comprimido de açúcar pode ajudá-lo em relação a muitas coisas, mas, se você tiver uma infecção, vai precisar de antibiótico, não de placebo. O ciclo de acusações não é diferente de tomar um suprimento de óleo de cobra a vida inteira.

ROMPA O CICLO DE ACUSAÇÕES. As acusações envolvem achar um bode expiatório e implica que, seja ele quem for, é culpado e deve ser castigado. Ironicamente, as acusações muitas vezes impedem você de assumir a responsabilidade pelas coisas que pode mudar em si. Em particular, as acusações encobrem sentimentos importantes dos quais você precisa tomar consciência se quiser desfrutar a vida no presente e escolher com tranqüilidade que estrada daquela encruzilhada você vai tomar. As acusações impedem você de ter a mente aberta e provoca a ambivalência em relação ao casamento da qual já falamos antes. Por esses motivos, romper o ciclo de acusações é um primeiro passo essencial para sair do estágio da alienação e começar a descobrir os detalhes de seu roteiro pessoal de casamento. E o primeiro passo para romper o ciclo de acusações é descobrir do que você está culpando a si e/ou ao sexo oposto.

A auto-acusação só serve para impedi-lo de assumir uma responsabilidade verdadeira por seus problemas; mas também alimenta a falta de auto-estima. Por exemplo: a crença de Ellen de que seus namorados eram "sobras" corroía insidiosamente sua auto-estima porque, embora ela não tivesse consciência disso, essa visão dizia que ela também devia ser de segunda classe, uma vez que também ela não estava casada. Os solteiros acusam-se uns aos outros freqüentemente ("Os homens têm medo de assumir compromisso; só querem saber de sexo" ou "As mulheres não sabem fazer concessões; querem tudo o tempo todo"), ou senão a si mesmos ("Sou muito exigente, nunca dou uma chance a ninguém", "Nenhum homem vai me querer com esta idade — o melhor seria eu desistir logo"), numa tentativa equivocada de se sentirem melhor com a condição de solteiro e ter a impressão de que controlam a própria vida. Infelizmente, sentimentos de culpa e as acusações raramente o ajudam a entender as razões pelas quais você está solteiro e infeliz por isso. E, em última instância, a culpa impede você de assumir responsabilidade pelos sentimentos criados por seu roteiro pessoal de casamento. Quando conseguir romper o ciclo de acusações, você vai lançar a pedra fundamental e começar a construir um senso de identidade mais positivo e de maior esperança no amor.

EXAMINE OS FATOS. Catalogue os pensamentos negativos sobre você e sobre o sexo oposto e comece a testar a validade deles. Os solteiros têm muitas visões negativas a seu próprio respeito que viram picadinho quando questionadas por fatos objetivos que mostram quem eles realmente são. Temos visto isso inúmeras vezes, o esforço deles por se manter na trilha das coisas que dizem a si mesmo sobre o tipo de pessoa que são. O problema é que muitas dessas crenças raramente são expressas em voz alta. Os solteiros fazem seu estrago em silêncio, com pensamentos difusos que ficam no fundo da mente.

Tais pensamentos localizam-se logo abaixo de seu nível de percepção. Não é necessário nenhum esforço consciente para tê-los, assim como não é necessário nenhum esforço consciente para estar sentado numa cadeira ou deitado numa cama enquanto você lê estas palavras. Mas segurar este livro numa altura que você consiga lê-lo requer que uma parte de sua mente esteja trabalhando com eficiência bastante para aplicar a pressão indispensável às mãos para que elas não deixem o livro cair. Pare um pouco e volte a atenção para as sensações que está tendo nos braços, mãos e dedos. Consegue senti-las agora, não consegue? Está consciente da pressão da ponta dos dedos e do esforço sutil dos músculos do antebraço que movimenta as mãos e mantém o livro de pé. Os pensamentos difusos a que nos referimos existem no mesmo lugar das experiências físicas das quais você acabou de tomar consciência. Estão logo abaixo de seu nível de percepção consciente porque são comuns, foram tão bem aprendidos que ocorrem sem nenhum esforço de sua parte. Mas podem ser trazidos para a consciência com a mesma facilidade com que você descobriu as sensações envolvidas no ato de segurar um livro que se está lendo.

Por exemplo: Ellen estava falando sobre uma conversa recente com a mãe, que estava tentando marcar para ela um encontro com um desconhecido. Assim que descreveu sua enorme relutância com o fato de alguém estar querendo resolver seus problemas, ela disse:

— Não sei o que ela estava pensando. Ela deu um retrato meu para a mãe desse cara, pelo amor de Deus! Você acredita numa coisa dessas? Sei que ela só está tentando ajudar, mas não sei se confio no seu julgamento o suficiente para ir me encontrar com esse cara.

— Seu julgamento a respeito do que exatamente? — perguntei.*

— De que eu vá achá-lo atraente. De que ele seja alguém por quem eu me interessaria.

— Ela já o viu? O que sua mãe sabe sobre ele?

— Não sei — respondeu Ellen depois de refletir um pouco. — Na verdade, agora que estou pensando no assunto, não. Ela chegou a ponto de dizer que a amiga dela ia lhe dar um retrato do filho na sema-

---

* X. A.

na que vem para eu poder ver como ele é. E não disse nada sobre ele, a não ser que era divorciado e tinha uma filhinha.

Depois de parar e pensar um pouco melhor sobre seu comentário a respeito do julgamento da mãe, Ellen percebeu que tinha andado pensando que "Vou parecer desesperada para esse cara se minha-mãe-pedir-à-mãe-dele-para-marcar-um-encontro!" Embora Ellen tivesse dado a entender a seus entes queridos que queria conhecer homens, alimentava uma corrente subterrânea de humilhação sobre o fato de estar sendo proativa. Esse pensamento difuso, "Devo parecer desesperada para esse cara", levou-a a perceber muitos outros pensamentos semelhantes. Como acabou descobrindo, vinha se sentindo degradada por seu desejo de outros marcarem encontros para ela. Como você pode imaginar, quando Ellen ia aos encontros com esse tipo de sentimento, acabava sendo levada por uma corrente subterrânea de defensividade não muito diferente de seu pensamento consciente sobre a capacidade de julgamento da mãe: "Ele não vai me achar atraente". Como não tinha uma percepção consciente desse pensamento depreciativo a seu respeito, ela o deixava acabar não só com sua auto-estima mas também com sua capacidade de se abrir para alguém novo.

Mas depois de examinar os fatos ela percebeu que não tinha tido nenhuma atitude de desespero. Na verdade, nunca pedira à mãe para chegar ao ponto a que chegara. Sua mãe fez aquilo tudo por iniciativa própria. Se ninguém tivesse pedido a Ellen para explicar o que queria dizer com não confiar no julgamento da mãe, ela teria passado batido sobre o comentário e sobre a mensagem oculta que estava enviando a si mesma: "Estou humilhada. Que homem em seu juízo perfeito vai sair com uma mulher desesperada?". Na realidade, Ellen não estava agindo como uma mulher desesperada e não se sentia desesperada, ao menos não conscientemente.

Como você raramente expressa em voz alta pensamentos como os de Ellen, eles continuam sendo uma corrente subterrânea em seu diálogo interno e sua validade pode nunca ser testada. Quando você deixa esses pensamentos infeccionarem por nunca expressá-los claramente, continua cego para fatos importantes que podem mudar sua forma de ver a si mesmo e até que ponto você está aberto para o amor.

Além de examinar seus atos e as circunstâncias de sua vida, é crucial ter em mente uma visão de conjunto. Por exemplo: muitos fatos socioculturais — descritos no capítulo 1 — se desvanecem diante de pensamentos como "Todos estão casados, menos eu" e "Sou um fracassado porque estou solteiro". À medida que você passa a conhecer melhor o mundo dos solteiros de hoje, tem mais condições de resistir às mensagens negativas que recebe do roteiro cultural de casamento.

Lembra daqueles exemplos de como a mídia às vezes degrada os solteiros? Esse aspecto do roteiro cultural é tão difundido que alguns solteiros, os homens em particular, vêem-se como extremamente anormais por nenhuma outra razão além do fato de estar solteiros. Se nunca se afastou um pouquinho para perceber o quanto essas mensagens culturais são ridículas, você continua vulnerável à infecção que elas podem causar a seus sentimentos de auto-estima. Por exemplo: à medida que foi se abrindo durante a terapia, Patrick revelou timidamente que estava se transformando em outro Joel Rifkin, o *serial killer*. O motivo? Porque, como Joel Rifkin, Patrick nunca se casara! O simples fato de expressar esse pensamento em voz alta trouxe-lhe um alívio enorme, porque ele pôde ver o quanto aquilo soava ilógico e absurdo. Não se ajustava a quem Patrick era. Ele sabia que era um cidadão responsável e cumpridor da lei. Na verdade, fazer cumprir a lei era o seu ganha-pão e ele acreditava que todos mereciam ser tratados com respeito! Não era nenhum Joel Rifkin. Você pode achar que esses pensamentos são raros, mas, se parar um pouco e ouvir cuidadosamente as coisas que diz a si mesmo por ser solteiro, pode se surpreender com o que vai encontrar. São pensamentos mais comuns do que você imagina.

Também é importante examinar o que você *sente*. A maioria das pessoas não consegue distinguir entre sentimentos e pensamentos, o que faz com que se metam em todo tipo de dificuldades. O maior problema é acreditar que você deve ser capaz de controlar o que sente e que os sentimentos têm de fazer sentido. Discutiremos essa questão em profundidade no capítulo 5, onde também mostraremos como ser mais eficiente na hora de fazer a distinção entre pensamentos e sentimentos. Você vai descobrir que os sentimentos não têm de ter lógica. Quando diz a si mesmo "Não posso sentir isso, não tem lógica", está confundindo sentimentos com pensamentos. É por isso que muita gente não reconhece suas ambivalências a respeito do casamento. Quando você pensa com seus botões "Quero me casar, por isso não posso sentir repulsa por essa idéia!", está fechando prematuramente a porta de seu coração, uma vez que está "pensando" no que sentir, em vez de "sentir" o que sente. Talvez a repulsa que sente tenha algo a ver com o casamento, talvez não. Mas, se você decide de antemão que seus sentimentos têm de ser lógicos, nunca vai descobrir o que sente de fato, e muito menos por quê. Mais importante ainda: nunca vai descobrir o roteiro de casamento que gera esses sentimentos.

ASSUMA RESPONSABILIDADE. Como Patrick, Sarah e Ellen, você mesmo provavelmente está aumentando sua infelicidade de solteiro. Não há dúvida que saber disso é uma das razões pelas quais você está lendo este livro. Mas pelo que deve assumir responsabilidade? Assumir responsabilidade não é o mesmo que se culpar? De jeito nenhum. Lembre-se, as acusações implicam encontrar defeitos e fazer críticas, enquanto assumir responsabilidade implica somente se comprometer com as coisas que você pode fazer para melhorar sua vida.

Patrick não estava assumindo responsabilidade pelo fato de ter um medo profundo do abandono. Sem que Patrick soubesse, seu roteiro pessoal de casamento levou-o a equiparar intimidade e perda. A mãe de Patrick morreu quando ele tinha 3 anos de idade. O pai casou-se várias vezes mais tarde e, nesse ínterim, várias mulheres diferentes cuidaram de Patrick. Está além dos objetivos de nossa discussão lhe dizer exatamente como suas experiências infantis o levaram a temer o abandono sempre que se tornava íntimo de alguém. Mas não é difícil imaginar as formas pelas quais essas primeiras experiências marcaram profundamente o roteiro pessoal de casamento de Patrick. Para ele, casamento significava arriscar-se a uma perda significativa. Aprendeu isso de duas formas quando criança: a própria experiência de perder a pessoa com que teve mais intimidade no mundo e ao observar o pai perdendo a mulher com quem se casara e que amava.

Como dissemos antes, os detalhes das histórias costumam diferir, mas o medo de que o casamento venha a resultar numa perda devastadora é comum a muitos solteiros que adotam o roteiro seguido por Patrick. Discutiremos esse roteiro em profundidade no capítulo 8. Por enquanto, vamos nos concentrar nas formas pelas quais Patrick respondia a seu roteiro e no medo que ele criou. Sua resposta automática ao medo do abandono era uma visão exageradamente crítica a respeito das mulheres. Ninguém servia para ele e, assim, nunca correria o risco de ser abandonado.

Quando sua última namorada cortou-lhe as defesas e obrigou-o a ver o que acontecia com ele, voltou seu olho crítico contra si mesmo ("Acho que há algo de muito errado comigo"), com um resultado muito comum: sentir-se alienado e anormal. Isso era auto-acusação, e não assumir responsabilidade por seu roteiro obsoleto e pela ambivalência criada por ele.

Quando se comprometeu com a tarefa de descobrir as razões pelas quais era tão crítico, começou a assumir responsabilidades. Terminou essa tarefa quando identificou seu roteiro oculto de casamento e os sentimentos que ele gerava. Vamos lhe mostrar como fazer isso sozinho ao longo de todo este livro, principalmente pelo método "matar a cobra e mostrar o pau" que descrevemos antes, mas também com algumas técnicas específicas ligadas à nossa segunda diretriz: examinar os fatos. Vamos explicar essas técnicas no próximo capítulo, onde discutiremos as quatro diretrizes com mais detalhes. Por enquanto, o principal é que Patrick assumiu responsabilidades quando parou de agir em função dos sentimentos gerados por seu roteiro, em vez de tentar se impedir de sentir.

Sarah culpava-se por ser independente demais e por não dar uma chance a ninguém. Essa acusação deixou-a pessimista sobre sua capacidade de ter intimidade com um homem. A acusação resultou também em autocrítica e numa insatisfação geral com os homens de quem se aproximava, o que não a ajudou em nada a assumir a responsabilidade pelo fato de estar em conflito com o que desejava de uma relação afetiva. Quando começou a examinar os fatos e viu que tudo que ela mais desejava era uma relação duradoura e que, ao mesmo tempo, isso era a última coisa que ela desejava, passou a assumir responsabilidade. Como você verá no capítulo 5, ela conseguiu reconhecer a fonte de sua ambivalência e seguir em frente com segurança.

Ellen, a professora primária de 34 anos sobre a qual falamos, também precisava assumir responsabilidade por seus sentimentos. Quando nos conhecemos, ela estava simplesmente reagindo a eles atacando a si mesma e aos homens que namorava. Estava particularmente vulnerável a sucumbir ao estigma dos solteiros por causa dessas acusações. Passou a assumir responsabilidade quando começou a tomar consciência das coisas que dizia a si mesma, como "Sou uma perdedora" e "Acho que também sou uma das sobras". Isso a levou a naturalmente descobrir seu roteiro pessoal de casamento.

Ao contrário do roteiro de Patrick, o roteiro de Ellen, que parecia positivo, estava mais próximo do roteiro cultural, ao destacar o casamento como uma panacéia para todos os males, da imaturidade a sentimentos de inadequação. Mas, como seu roteiro a mantinha concentrada na forma exterior do casamento, criou barreiras significativas para buscar alguém com quem quisesse se casar. Como você vai ver no próximo capítulo, o roteiro de casamento de Ellen fazia com que ela se concentrasse tanto nas qualidades externas dos homens que namorava que nunca permitia desfrutar de uma intimidade verdadeira. Por exemplo: ela ficava extremamente ansiosa sobre a forma de se vestir do namorado, suas maneiras à mesa e outros aspectos exteriores de sua *persona* que, em última instância, são passíveis de transformação,

Quando Ellen percebeu as formas pelas quais esse roteiro a estava mantendo na encruzilhada de que fala Sarah e parou de reagir automaticamente à sua ansiedade, também começou a assumir responsabilidades. Como Patrick e Sarah, aceitou o fato de não poder controlar os sentimentos que o roteiro de casamento gerava, mas percebeu que podia parar de agir em função deles.

NÃO PARALISE SUA VIDA. Muitos solteiros deixam de sair de férias, de comprar uma casa ou simplesmente de viver no presente porque paralisaram a vida à espera de uma relação íntima ou de um casamento.

Por exemplo: Sarah estava paralisando sua vida por não ter uma casa própria. Suas finanças iam bem, e por diversas vezes seu contador a aconselhara a comprar uma casa, em vez de continuar pagando aluguel. Sarah resistiu a essa sugestão por achar que, se comprasse uma casa e se envolvesse com um homem que já tivesse uma casa, ou que não gostasse da dela, teria de se livrar da propriedade. Esse tipo de coisa estendeu-se a sua forma de viver: seu apartamento era pequeno e os móveis e a decoração pareciam mais os de um quarto de hotel que os de um lar. Quando se encontrava com sua melhor amiga, casada, quase sempre era na casa da amiga, mais confortável que o apartamento de Sarah e mais "acolhedora". Apesar de saber disso, Sarah não conseguia evitar se sentir menos importante que a amiga por ela nunca querer passar uma noite no seu apartamento. Isso a fazia se sentir alienada e a pensar que sua vida não tinha o mesmo valor que a de sua amiga.

Não paralisar a vida também implica "dar a volta por cima" depois de sofrer uma decepção. Patrick surpreendeu-se evitando sair com alguém porque temia sofrer mais uma decepção. Sentia-se frustrado e pessimista em relação a qualquer tentativa e, por isso, evitava todas. Mas paralisar a vida dessa forma só agravou seus sentimentos de alienação.

Você vai começar a fazer sua vida andar naturalmente depois de identificar seu roteiro pessoal de casamento e assumir responsabilidade pelos sentimentos que ele gera. E isso é algo que você pode fazer ativamente. Se mudar sua maneira de agir, se começar a fazer as coisas que está adiando porque está à espera do casamento, isso vai ajudar a mudar o que você sente em relação a si mesmo e à sua condição de solteiro. Ao não reconhecerem as formas pelas quais estavam paralisando sua vida, Patrick, Ellen e Sarah, sem saber, estavam intensificando sua experiência como pessoas estigmatizadas e alienadas. Depois que cada um começou a reconhecer essas tendências e passou a aproveitar as oportunidades ("Acho que posso viajar durante uma semana e ver se me divirto", "Um encontro não vai me matar" e "Se eu comprar uma casa e não a quiser depois, sempre posso vendê-la"), os três começaram a levar uma vida mais satisfatória e menos estigmatizada. Também pararam de se sentir como se estivessem levando uma vida de segunda categoria.

Nos capítulos que se seguem, mostramos passo a passo, em termos concretos, como solteiros como você conseguiram usar esses procedimentos para começar a viver no presente, sem esperar pelo futuro e sem ser governados pelo passado. O resultado para cada um deles foi que, assim que se sentiram integrados de novo, tornaram-se mais felizes com a própria vida e mais abertos para se ligar aos outros. No próximo capítulo, vamos mostrar técnicas específicas que vão ajudá-lo a utilizar esses passos em sua vida.

4
Capítulo

ASSUMA A RESPONSABILIDADE

O que acho do fato de hoje ser o Dia dos Namorados? Hoje é o dia em que todas as pessoas que têm alguém agradecem a Deus por não serem eu.

DOUG, *médico de 33 anos*

De que adianta tentar outra vez? Os únicos homens solteiros que existem são gays ou sobras.

ELLEN, *professora primária de 34 anos*

Estar solteiro pode ser alienante e, às vezes, até desmoralizador. Mas isso não o isenta de assumir a responsabilidade por sua felicidade e paz de espírito. Alguns solteiros como Doug e Ellen, citados acima, apegam-se tanto à culpa que custam a assumir a responsabilidade pelas dificuldades de sua situação e demoram para sair do estágio de alienação por serem solteiros num mundo de casais. Conhecemos Doug, um médico de 33 anos, ao gravarmos um programa para a televisão. O foco do programa era ajudar os solteiros a enfrentar sua condição no Dia dos Namorados. Durante a gravação, Doug disse que o que mais o ajudaria seria "cair de boca numa caixa de coraçõezinhos de chocolate". Embora não tivesse lido este livro, provavelmente Doug teria concordado com muita coisa que dissemos até agora. Reconhecia as formas que o faziam sentir-se um cidadão de segunda classe e compreendia as pressões sociais exercidas sobre os solteiros. Mas, se estagnasse nesse ponto, irritado e amargo com as circunstâncias de sua vida, não faria nada para melhorar sua situação.

Indignar-se com as desigualdades existentes entre solteiros e casados é uma coisa boa. Mas, se a raiva nunca evolui para entendimento, perdão e ação, o resultado é amargura. Ser melhor não vai ajudar você a ser um solteiro mais feliz. O objetivo é compreender seu roteiro de casamento e as coisas que ele o faz sentir, para então poder assumir o controle sobre suas reações a ele. O primeiro passo para alcançar esse objetivo é romper o ciclo de acusações. Mesmo que não se considere envolvido por esse ciclo, nós o aconselhamos a ler sobre ele assim mesmo, pois a leitura pode deixá-lo em estado de alerta para seu apelo insidioso.

Rompa o ciclo de acusações

Se você é como muitos solteiros de hoje, tem experiência de primeira mão com o *estágio de alienação* de ser solteiro num mundo de casais. E provavelmente adotou as acusações para se sentir melhor consigo mesmo. Antes de poder romper esse ciclo de acusações, você precisa enxergá-lo. Nas histórias contadas anteriormente, você conseguiu ver como os outros lançaram mão do recurso das acusações para lutar contra a infelicidade que sentiam.

Ver como você mesmo usa as acusações e a culpa nem sempre é fácil. Os pensamentos acusatórios podem ser sutis, mas sua sutileza não os torna menos lesivos. Esses pensamentos raramente são óbvios, pois estão misturados ao tecido de nossa língua e de nossa cultura. Um exemplo comum é a acusação de que todos os homens só desejam sexo. Embora seja verdade que os homens em geral têm um impulso sexual muito ativo e às vezes fazem o diabo para obter sexo, quando você chega a essa conclusão não encontra ninguém de quem possa se aproximar, porque "a única coisa em que os homens estão interessados é em sexo" e você está usando a acusação para tentar dar sentido à situação na qual se encontra.

A seguir, há três questionários que podem ajudar você a identificar se está ou não lançando mão — excessivamente — de acusações e culpa para resolver as dificuldades que enfrenta por sua condição de solteiro. A culpa alimenta o estigma, e esses questionários vão ajudá-lo a detectar as formas que você está usando para aumentar o estigma contra o qual os solteiros lutam. O primeiro é para as mulheres solteiras, o segundo para os homens solteiros e o último é para os amigos e parentes dos solteiros. Talvez seja bom dar o último questionário de presente a um ente querido que, de forma involuntária, você acha que esteja tornando a sua condição de solteiro mais difícil ainda.

Responder ao questionário que lhe diz respeito é o primeiro passo para romper o ciclo de acusações e culpa. O passo seguinte é começar um diário onde vai registrar todas as acusações e atitudes estigmatizantes que tem em relação a si mesmo e ao sexo oposto. Todo santo dia identifique e ponha no papel apenas um pensamento acusador que você teve. É vital fazer isso diligentemente, para que você possa ter mais consciência desse tipo de pensamento e dos efeitos dele sobre você. Comece o diário assim que terminar de responder ao questionário. Não vai ser preciso mantê-lo por muito tempo, porque, assim que aprender a identificar suas formas particulares de se acusar, ficará muito difícil persistir nelas.

Questionário de acusações e estigma para mulheres

Instruções

Faça um círculo em volta de C (certo), se a frase descrever você ou as idéias que alimenta. Faça um círculo em volta de E (errado), se não descrever. Em alguns casos, as frases podem parecer não ter nada a ver com acusações e culpa e apenas refletirem o que você considera a verdade essencial da questão. Mesmo que ache que a situação ou a crença específica pouco têm a ver com as acusações e a culpa, procure responder à pergunta diretamente, sem censurar a resposta.

C ou E Ao pensar a respeito de um encontro ou namoro que não foi muito bem, você diz a si mesma "Os homens não prestam", "Todos os homens têm medo de assumir um compromisso" ou alguma outra generalização negativa.

C ou E Você questiona muito os motivos dos homens com quem sai, suspeitando que o principal interesse deles é sexo, e não você mesma.

C ou E Você geralmente questiona os motivos dos homens com quem sai, suspeitando que o principal interesse deles é arranjar uma esposa, em vez de conhecer você.

C ou E Ao se lembrar de um encontro ou namoro que acabou mal, você se flagra pensando coisas como "Sou uma perdedora", "Nunca mais vou encontrar ninguém" ou "Ninguém nunca vai me querer".

C ou E Ao se lembrar de um encontro ou namoro que acabou mal, você se surpreende pensando coisas como "Todos os homens que prestam já têm alguém".

C ou E Você se sente uma fracassada, ou um pouco constrangida, quando participa, sem um namorado, de eventos de casais, como um casamento.

C ou E Colocar ou responder a um anúncio de solteiros à procura de alguém é um pouco patético.

C ou E A maioria das mulheres com mais de 35 anos está desesperada para se casar.

C ou E A maioria dos homens com mais de 35 anos tem medo de assumir um compromisso.

C ou E As pessoas que optam por continuar solteiras são menos maduras que as que se casam.

C ou E A maioria das pessoas se divorcia por motivos banais. Não suportam as responsabilidades que vêm com o casamento.

Questionário de acusações e estigma para homens

Instruções

Faça um círculo em volta de C (certo), se a frase descrever você ou as idéias que alimenta. Faça um círculo em volta de E (errado), se não descrever. Em alguns casos, as frases podem parecer não ter nada a ver com acusações e culpa e apenas refletirem o que você considera a verdade essencial da questão. Mesmo que ache que a situação ou a crença específica pouco têm a ver com as acusações e a culpa, procure responder à pergunta diretamente, sem censurar a resposta.

C ou E Ao pensar num encontro ou num namoro que não deu certo, você diz a si mesmo "As mulheres são românticas demais", "Todas as mulheres têm um parafuso solto" ou alguma outra generalização negativa.

C ou E Você questiona muitas vezes os motivos das mulheres com quem se encontra, suspeitando que o principal interesse delas é encontrar um marido, e não conhecer você.

C ou E Você em geral questiona os motivos das mulheres com quem se encontra, suspeitando que o maior interesse delas está em encontrar um pai para seu filho, e não em você.

C ou E Ao se lembrar de um encontro ou namoro que acabou mal, você se flagra pensando coisas como "Sou um perdedor", "Nunca mais vou encontrar alguém" ou "Ninguém nunca vai me querer".

C ou E Ao se lembrar de um encontro ou namoro que não deu certo, às vezes você pensa que "Todas as mulheres que prestam já têm alguém".

C ou E Você se sente um fracassado, ou um pouco constrangido, quando participa, sem uma namorada, de eventos de casais, como um casamento.

C ou E Colocar ou responder a anúncios de solteiros à procura de alguém é um pouco patético.

C ou E	A maioria das mulheres com mais de 35 anos está desesperada para se casar.
C ou E	A maioria dos homens com mais de 35 anos tem medo de assumir um compromisso.
C ou E	As pessoas que optam por continuar solteiras são menos maduras que as que se casam.
C ou E	A maioria das pessoas se divorcia por motivos banais. Não suportam as responsabilidades que vêm com o casamento.

Pontuação dos solteiros

Some o número de frases que você considerou certas e confira o resultado na coluna à esquerda:

Pontos	*Tendência a fazer acusações*
8-11	*Acusações demais*. Você está contando quase exclusivamente com as acusações e a culpa para se sentir bem em relação a si mesmo e/ou para sentir que tem algum controle sobre suas dificuldades. O uso que faz das acusações não é saudável e está impedindo você de identificar a verdadeira natureza de seus problemas.
6-7	*Nível moderadamente alto de acusações.* Freqüentemente você lança mão das acusações e da culpa para se sentir bem em relação a si mesmo e/ou para sentir que tem algum controle sobre suas dificuldades. O uso que faz das acusações não é saudável e muitas vezes o impede de identificar a verdadeira natureza de seus problemas.
4-5	*Nível moderado de acusações.* Às vezes você lança mão das acusações para se sentir bem em relação a si mesmo e/ou para sentir que tem algum controle sobre suas dificuldades. O uso que faz das acusações às vezes não é saudável e de vez em quando o impede de identificar a verdadeira natureza de seus problemas.

0-3 *Poucas ou nenhuma acusação.* Você tende a lançar mão da culpa minimamente para se sentir bem consigo mesmo. O uso que faz das acusações e da culpa provavelmente é saudável e não o impede de identificar a verdadeira natureza de seus problemas.

Questionário de acusações para os entes queridos

Instruções

Faça um círculo em volta de C (certo), se a frase descrever você ou as idéias que alimenta. Faça um círculo em volta de E (errado), se não descrever. Em alguns casos, as frases podem parecer não ter nada a ver com acusações e culpa e apenas refletirem o que você considera a verdade essencial da questão. Mesmo que ache que a situação ou a crença específica pouco têm a ver com as acusações e a culpa, procure responder à pergunta diretamente, sem censurar a resposta.

C ou E Ao pensar no motivo pelo qual seu ente querido está solteiro, você pensa coisas como "Ela devia ser mais realista", "Ela está pensando alto demais" ou "Ele é exigente demais".

C ou E Ao pensar no motivo pelo qual seu ente querido está solteiro, você tem pensamentos do tipo "Ela é egoísta demais para compartilhar a vida com quem quer que seja" ou "Ela não sabe dividir".

C ou E Você em geral inicia uma conversa com perguntas do tipo "Você está se encontrando com alguém?" ou "Você ainda está saindo com...?"

C ou E Você procura resolver os problemas de seu ente querido apesar do fato de ela ou ele não lhe ter pedido nada.

C ou E Você acha que seu ente querido solteiro estaria casado se tivesse realmente tentado.

C ou E Ao pensar no motivo pelo qual seu ente querido está solteiro, você tem pensamentos do tipo "Ela precisa crescer" ou "Ele acha que tem todo o tempo do mundo".

C ou E	A maioria das mulheres com mais de 35 anos está desesperada para se casar.
C ou E	A maioria dos homens com mais de 35 anos tem medo de assumir um compromisso.
C ou E	As pessoas que optam por continuar solteiras são menos maduras do que as que se casam.
C ou E	A maioria das pessoas se divorcia por motivos banais. Não suportam as responsabilidades que vêm com o casamento.

Pontuação dos entes queridos dos solteiros

Some o número de frases que você considerou certas e confira o resultado na coluna à esquerda:

Pontos	*Tendência a fazer acusações*
8-10	*Acusações demais*. Você está usando quase exclusivamente acusações e culpa para compreender o que seu ente querido está sentindo. O uso que faz das acusações está realmente aumentando os problemas e o estigma que os solteiros enfrentam.
6-7	*Nível moderadamente alto de acusações.* Freqüentemente você lança mão das acusações e da culpa para entender as dificuldades que seu ente querido enfrenta. O uso que faz das acusações está perto de aumentar os problemas e o estigma que os solteiros enfrentam.
4-5	*Nível moderado de acusações.* Às vezes você lança mão das acusações para entender o que seu ente querido está passando. O uso que faz das acusações provavelmente está aumentando os problemas e o estigma que os solteiros enfrentam.
0-3	*Poucas ou nenhuma acusação.* Poucas vezes você tende a lançar mão da culpa para compreender as dificuldades pelas quais seu ente querido está passando. O uso que faz das acusações quase com certeza não está aumentado os problemas nem o estigma que os solteiros enfrentam.

Depois de responder ao questionário que lhe diz respeito, leia os outros dois para ver quantas acusações são feitas aos solteiros. Se examinar mais de perto as frases que lhe parecem deslocadas num questionário sobre acusações, vai ver não só que todos os itens são relevantes como também o quanto as acusações podem ser sutis.

No questionário para os entes queridos, por exemplo, perguntamos se você procura resolver os problemas do seu solteiro apesar de ela ou ele nunca lhe ter pedido nada. Um "certo" honesto como resposta a essa pergunta implica que você sabe mais das coisas que seu ente querido e que ela ou ele não está tentando de fato achar uma solução. Se tentasse realmente, não estaria solteiro(a). Em outras palavras, seu solteiro provavelmente é preguiçoso ou tímido demais. Mas não é verdade que às vezes as pessoas *ficam* tímidas ou desmotivadas para namorar? Sim. Apesar disso, quando você terminar de ler este livro, achamos que estará convencido de que essa timidez e falta de motivação são sintomas do problema, e não o problema em si. Quando se concentra nos sintomas, você perde de vista a causa subjacente. Pior: esses sintomas específicos podem ser confundidos com traços de personalidade. Em geral se fala deles de uma forma que ele se tornam sinônimo do caráter da pessoa ("Ele é preguiçoso demais", por exemplo). Nesse sentido, essas idéias são a encarnação de acusações e culpa. Finalmente, em outros casos, o solteiro está tentando muito mais do que você poderia imaginar. Supor que não está só porque ele ou ela não foi a todos os encontros que você acha que deveria ter ido é ingenuidade e falta de sensibilidade.

Outra pista de que está havendo acusações e culpa é quando ocorrem generalizações ou afirmações absolutas. Frases como "Eu nunca...." e "Eu sempre..." em geral estão ligadas a táticas acusatórias. Se você realmente acredita em coisas como "Eu nunca mais vou me apaixonar", "Não sei escolher bem", "Nunca vou entender" ou "Sempre escolho perdedores", o melhor a fazer é desistir e ir para casa. As acusações estão à espreita por trás de cada uma dessas generalizações. As frases que sugerem que você nunca vai conseguir fazer certa coisa ou que sempre agiu de determinada maneira não são apenas pessimistas e imprecisas; também implicam que a razão de seu fracasso é um defeito que você tem em seu caráter.

As acusações e a culpa são mais fáceis ainda de ver nas generalizações que condenam o sexo oposto, como "Os homens não prestam", "Os homens só pensam em si próprios", "Tudo o que os homens querem é sexo", "Todos os que prestam já têm alguém", "Tudo que as mulheres querem é casar", "As mulheres de hoje esperam coisas demais", "Tudo o que elas querem é filhos, e não um marido". Se fosse simples assim, você não teria de procurar muito a causa de seus problemas; é óbvio que o problema seria o sexo oposto! Sem questionamento, essas generalizações levam à desmoralização e a uma perigosa falta de interesse por si mesmo. Se o problema está fora de você, por que você se daria ao trabalho de procurar dentro? Cuidado com as generalizações.

Finalmente, deixe um amigo íntimo ou um familiar saber de suas tentativas de parar de fazer acusações para se sentir melhor. Isso trará dois resultados para você. Primeiro, vai deixá-lo responsável perante outra pessoa. Dê a esse ente querido permissão de interrompê-lo sempre que ele presenciar você acusando a si mesmo ou o sexo oposto por uma experiência infeliz. Brinque a respeito, se puder. Se seu ente querido flagrar você dizendo algo como "Os homens não prestam", peça-lhe que ele a lembre de que um homem que não presta na mão é melhor do que dois que prestam voando, enfim, o que for necessário para fazer você rir da sua generalização. Em segundo lugar, quando seu ente querido sabe que você está querendo parar com as acusações, isso o ajuda a prestar atenção nas formas pelas quais você pode estar perpetuando esse ciclo. Se você mantiver o diário que sugerimos, responder ao questionário que lhe diz respeito, ler os outros dois até o fim, conversar francamente com um ente querido a respeito e propor-se a não lançar mão de acusações, não terá outro jeito senão romper o ciclo.

Examine os fatos

Mesmo depois de romper o ciclo de acusações, é possível que você ainda volte a fazê-las de vez em quando, mas, quando as faz, toma consciência delas e, por isso, tem menos probabilidade de persistir nessa atitude. É a essa altura que você vai começar a procurar algumas respostas em outro lugar. Vai estar diplomado no *estágio da avaliação* da vida de solteiro num mundo de casais. Agora tem a oportunidade de examinar os fatos e as circunstâncias de sua vida e os sentimentos que ficam logo abaixo da superfície.

As circunstâncias de sua vida são fáceis de examinar se você levar em conta os fatos que lhe apresentamos sobre a condição de solteiro nos Estados Unidos de hoje. As estatísticas citadas antes revelam muito mais que a tendência demolidora de as pessoas passarem mais tempo solteiras. Expressam o fato de que, se você nunca se casou, não é um anormal. Se está solteiro depois de um divórcio, você também não é excepcional. E, considerando o índice de divórcio nos Estados Unidos, pode-se afirmar com segurança que o casamento é um pouco mais assustador do que antes.

Nem todo mundo está se casando ou permanecendo casado. Se o casamento é algo que você quer, então cabe a você entender o porquê disso. Nossa experiência diz que a esmagadora maioria tanto de homens quanto de mulheres deseja de fato ter alguém pela vida toda. Mas as pessoas têm outros desejos também, que entram em conflito com o desejo de se casar. Por isso o exame dos fatos envolve identificar as razões que você tem para estar solteiro e os sentimentos produzidos por seu roteiro de casamento.

Acreditamos que as pessoas escolhem ficar solteiras. As circunstâncias desempenham um papel, mas suas expectativas e como você age em função delas, também. Há um escolha em pauta, e essa é a boa notícia. Assim que você entende que é você quem está optando e por quais motivos, as portas se abrem e suas opções se multiplicam. Você terá assumido o controle da situação. Para identificar os motivos de estar solteiro, primeiro você vai ter de questionar as atitudes negativas obsoletas que tem sobre a condição de solteiro, porque elas é que impedem você de descobrir suas verdadeiras motivações. Sarah alimentava essas atitudes e nunca as questionou antes de começar a terapia.

Sarah achava que suas prioridades estavam erradas e que, se ela fosse mais parecida com June Cleaver, a dona de casa dos programas de televisão dos anos 50 que vivia exclusivamente para o lar, teria mais probabilidade de se casar. Achava que carreira profissional e casamento eram incompatíveis. Sua visão negativa da condição de solteira era mais ou menos assim: uma mulher solteira com uma carreira só não está casada porque se concentra demais na vida profissional. A ironia é que, com uma única exceção, todas as mulheres que Sarah conhecia pessoalmente tinham uma vida profissional fora de casa. Quando a fizemos ver que a maioria de suas amigas tinha carreiras e casamentos bem-sucedidos, a atitude negativa de Sarah enfraqueceu. Depois que essa idéia acusatória perdeu força, ela naturalmente passou a procurar em outro lugar os motivos pelos quais estava solteira.

Você pode descobrir seu roteiro pessoal de casamento fazendo duas coisas: captando os pensamentos difusos sobre intimidade, sobre casamento e sobre si mesmo que lhe passam pela cabeça todos os dias, e aprendendo com a experiência de outros solteiros nas próximas páginas. Para começar o processo de descobrir seu roteiro pessoal, pare alguns momentos para completar as frases abaixo. Mais tarde, você vai voltar a ler o que escreveu.

Instruções

Complete as frases seguintes preenchendo os espaços em branco. Não pense muito antes de responder. *Escreva o primeiro pensamento que lhe vier à cabeça*. Preencha os espaços em branco mesmo que o que você pensou lhe pareça sem sentido. Não há respostas certas e erradas, nem contagem de pontos. Pule as frases que não têm nada a ver com a sua vida. Lembre-se: o que você escrever não precisa fazer sentido.

1. Quando me casar, serei ______________.
2. Minha mãe e meu pai tiveram uma ______________ relação afetiva.
3. O casamento é ______________.
4. Quando eu era criança, o que mais gostava na relação com minha mãe era ______________.
5. Quando eu era criança, o que mais gostava na relação com meu pai era ______________.
6. Quando criança, eu detestava quando minha mãe ________.
7. Quando criança, eu detestava quando meu pai ______________.

8. O casamento pode fazer você ______________.
9. Meu pai era muito ______________ comigo.
10. Minha mãe era muito ______________ comigo.
11. Tenho mais intimidade com ______________.
12. A melhor coisa no casamento dos meus pais era ______________.
13. Acho que meus pais devem ter tido uma vida sexual ________.
14. A pior coisa no casamento dos meus pais era ______________.
15. Minha mãe sentia-se ______________ casada com meu pai.
16. Meu pai sentia-se ______________ casado com minha mãe.
17. A pessoa com quem me imagino casando deve ser ________.
18. Depois de me casar, serei ______________.
19. Quando criança, sempre pensei que já teria me casado quando eu tivesse ______________ anos.
20. Minha mãe era ______________ pelo fato de ser casada.
21. Meu pai era ______________ pelo fato de ser casado.
22. Gente casada é ______________.
23. Gente solteira é ______________.

Agora leia o que você escreveu. Alguma coisa surpreende você? Se surpreende, pare um pouco e reflita sobre o que escreveu, e de onde veio. Alguma resposta desencadeou uma lembrança? Em caso afirmativo, acompanhe seu curso e veja para onde ela o leva. Se tiver um amigo com quem possa conversar sobre essas coisas, faça uma revisão das respostas com ele. Comece falando sobre o tópico do que você sente em relação ao casamento de modo geral, seus medos da intimidade, sua visão do casamento de seus pais, e o mais importante: sua visão infantil das relações entre sua mãe e seu pai. O diálogo pode ser interno, mas será mais esclarecedor se for com um amigo que o entenda. Escolha alguém que não vai pular para as conclusões do porquê você está solteiro e infeliz por isso.

Quando começar a pensar sobre seu roteiro pessoal de casamento, volte ao sumário e leia até o fim algumas das acusações mais comuns a respeito da condição de solteiro, apresentadas no título dos capítulos 5 a 9. Acusações como "Ele está preso a um ideal", "Ela acha que a grama do vizinho é sempre mais verde", "Ele tem muito medo de fazer a escolha errada e por isso não mexe uma palha", "Ela ainda não saiu de casa" e "Ele nunca vai até o fim, nunca assume realmente um compromisso" só descrevem as aparências, sem explicar realmente coisa alguma. Mas oferecem pistas sobre o que está por baixo da superfície. Procure a que se encaixa melhor em sua experiência de solteiro e leia o capítulo com o maior cuidado. Em cada um desses capítulos, o roteiro de casamento que está por baixo da superfície da acusação é revelado na história de outros solteiros. Você vai descobrir como cada um deles passou a enxergar a fonte real de sua infelicidade e como essa visão lhe possibilitou escolher com segurança o caminho que desejava tomar. Enquanto estiver lendo as histórias, tenha em mente as frases que você completou. Melhor ainda, volte à página em que escreveu suas respostas sempre que tiver vontade. Você nunca saberá aonde um pensamento ou desejo difuso poderá levá-lo enquanto não o seguir. Ao se lembrar de seus pensamentos a respeito de intimidade, casamento, relação com os pais e consigo mesmo na infância, você será capaz de identificar seu roteiro pessoal. Na verdade, se leu este livro até aqui, provavelmente já começou a fazer um esboço dele. Ao tomar conhecimento da experiência de outros solteiros nas próximas páginas, você vai descobrir que pode terminar o esboço de seu roteiro pessoal de casamento.

Assuma responsabilidades

Depois de descobrir seu roteiro pessoal de casamento e identificar os temores que ele gerou, você entra no *estágio da aceitação* de sua condição de solteiro num mundo de casais. Agora já pode começar a assumir responsabilidade pela sua forma de reagir a esse roteiro e aos sentimentos criados por ele. Esse passo envolve mudar os aspectos negativos de sua condição de solteiro sobre os quais você tem controle: seus pensamentos e reações aos sentimentos gerados tanto pelo roteiro pessoal quanto pelo roteiro cultural de casamento.

O roteiro cultural promete, entre outras coisas, que o casamento fará de você um adulto, uma criatura respeitável, alguém com senso moral e socialmente aceitável. À primeira vista, pode parecer absurdo que suas expectativas em relação às transformações geradas pelo casamento possam piorar sua vida de solteiro, mas observe o exemplo seguinte e talvez essa idéia lhe pareça menos esquisita. Como todos os meninos de sua classe, Robert, um adolescente de 14 anos fanático por basquete, queria um par de tênis dos quais Michael Jordan fazia propaganda e que levavam seu nome. A todo lugar onde ia, na escola, no shopping center e na frente da televisão, ouvia dizer como aquele tênis era maravilhoso e, mais importante, como ele estaria "na onda" se tivesse um par daqueles nos pés. A mãe de Robert tentou dar-lhe um par em três diferentes ocasiões, mas sempre as lojas já tinham vendido tudo. No fim, preocupada com o estado lamentável do tênis atual do filho, ela comprou outro par de tênis igualmente caro e bem-feito. Quando Robert chegou da escola depois de usar pela primeira vez seu novo tênis, parecia péssimo. A mãe perguntou o que havia de errado. Apontando para o tênis, ele respondeu bruscamente: "Sinto-me ridículo. Cara, eu sou um perdedor de marca!".

Graças em parte ao marketing muito eficiente que capitaliza a psicologia da auto-imagem, Robert e seus pares tinham sentimentos muito intensos sobre quem se tornariam se usassem o tênis que Michael Jordan anunciava. Teriam *status* social e seriam considerados "quentes". O outro lado da moeda era a crença de que qualquer outro tênis era usado por gente "ridícula" e por "perdedores". É exatamente isso o que a propaganda deseja ao construir associações positivas com um produto.

Como dissemos antes, o roteiro cultural com seu imperativo de casamento é uma grande força que pode moldar as atitudes das pessoas. A técnica pela qual exerce seu poder é basicamente a mesma usada pelos fabricantes para vender tênis. Por favor, não estamos comparando casamento com venda de tênis. E também não estamos sugerindo que você seja infantil se, por acaso, dá importância ao simbolismo ligado ao casamento. Como já dissemos inúmeras vezes, sabemos que há razões muito boas para se casar. O que estamos discutindo aqui não tem nada a ver com o casamento, e sim com as formas pelas quais os objetos podem ser usados como símbolos de outras coisas. Até um cônjuge ou um determinado tipo de relação afetiva podem ser considerados um objeto nesse contexto particular (como, por exemplo, se você for amigo íntimo do presidente dos Estados Unidos ou de uma pessoa muito admirada em sua comunidade).

O roteiro cultural transformou o casamento num símbolo poderoso, com associações muito positivas de "senso de identidade". Por exemplo: Ellen, a professora divorciada de 34 anos de quem falamos antes, achava que, quando se casasse de novo, seria um sucesso. Teria se justificado perante a família e o ex-marido. Para Ellen, o casamento equivalia, de formas sutis, a uma prova de que ela era uma mulher desejável, capaz e madura. Apagaria sua experiência de ser uma fracassada, autoimagem com a qual convivia desde o dia em que pediu o divórcio ao marido. Imaginava como seria bom encontrar-se por acaso com o "ex" na rua, linda, com um anel de casamento no dedo e de mãos dadas com o novo marido.

Os roteiros positivos sobre quem você vai ser quando se casar, tanto aqueles produzidos pela cultura quanto por nossa história pessoal, também criam problemas depois que você dá realmente esse passo. As expectativas sobre o que vai sentir em relação a si mesmo depois de se casar podem resultar em depressão pós-lua-de-mel, quando perceber que você é a mesma pessoa de antes do casamento. Menos óbvio é o fato de que os roteiros positivos sobre o casamento também podem criar problemas quando se está solteiro. Por exemplo: quando você está namorando, esses roteiros criam pressões sutis que levam você e seu namorado para baixo do microscópio. Veja se nas entrelinhas da descrição que Ellen fez do encontro com um desconhecido você consegue detectar as influências tanto do roteiro cultural quando de seu roteiro pessoal de casamento.

— Detesto marcar encontro com alguém que nunca vi, mas é a única forma de conhecer alguém. A pior parte é me preparar. Não consigo parar de me olhar no espelho para ver se a maquiagem e o cabelo estão bem. Mudo de roupa pelo menos três vezes. É uma loucura.

"Houve um encontro desses com um cara chamado Jim; ele foi maravilhoso ao telefone quando conversamos, e eu tinha ouvido falar bem dele. Um amigo que o conhecia disse que ele era uma graça de pessoa, tinha um bom emprego e também era divorciado. Pelo menos teríamos isso em comum. Aprontar-me para *esse* encontro foi um horror. Eu estava tão nervosa e agitada que devo ter trocado de roupa pelo menos umas cinco vezes! A única coisa que me acalmava era lembrar quantas vezes eu tinha tido grandes expectativas antes de me encontrar com um desconhecido, para vê-las desmoronar no exato momento em que ele atravessava a porta. Lembrar-me disso funciona muito bem. Eu fico calma assim que consigo me concentrar no fato de que nem conheço o cara e já estou agindo como se tivesse certeza de que desejo que ele goste de mim. Quem sabe não haja boas chances de eu querer que ele perca o número do meu telefone antes mesmo da noite terminar?

"Seja como for, ele apareceu, com uns dez minutos de atraso, e é realmente uma graça. Fiquei imediatamente aliviada em relação a isso. Mas ele estava de pé com uma garrafa de vinho na mão, sugerindo que a gente bebesse antes de sair. Eu estava achando aquilo "um pouco ousado demais", mas pensei, que diabos, um drinque no meu apartamento não vai me matar. Ele me seguiu até a cozinha quando fui pegar as taças e começou a me perguntar como tinha sido o meu dia. Era educado, atencioso e parecia genuinamente interessado no que eu fazia para ganhar a vida. Tudo isso parece muito bom, certo? Bem, o que ainda não lhe contei foi como ele estava vestido. Só vi o que estava usando depois que tirou o sobretudo. Sem gosto. O homem não tinha gosto nenhum. Os sapatos eram os piores possíveis. Estava usando o par de mocassins baratos mais gasto que eu já tinha visto na vida. Devia ser daltônico, pois nada combinava. As calças não tinham vinco e, quando se sentou e cruzou as pernas, vi que tinha um buraco na sola de um dos sapatos! Não quero ser frívola, sei que essas coisas não deviam contar, mas não tive como evitar sentir o que senti. É como se todo o ar do meu balão tivesse saído. Senti decepção e até um pouco de repulsa. Apesar disso, dei-lhe o meu melhor sorriso e tentei não deixar aquilo nos atrapalhar.

"Fomos jantar e as coisas começaram a melhorar um pouco, principalmente depois do primeiro drinque, mas quando ele fez seu pedido senti meu balão murchar mais ainda. Ele pediu que o garçom lhe trouxesse um frasco de ketchup com o filé! O mais estranho era que se tratava da mesma pessoa com quem eu havia conversado ao telefone. Inteligente, tinha personalidade, era muito atencioso e, ainda por cima, fisicamente atraente, rosto bonito, corpo atlético. Mas não pude deixar de pensar que não queria topar com meu ex na rua junto com esse cara. Senti-me um pouco constrangida de ser vista com ele... principalmente quando a garrafa de ketchup chegou à mesa."

Em seu primeiro encontro, Ellen não conseguiu parar com a obsessão de querer saber se ele era "aquele" com quem ela queria andar de mãos dadas. Perguntava-se: "É alguém com quem eu sentiria orgulho de ser vista?". O problema em Ellen ter mantido esse tipo de visão é que ela se perdeu tanto nos detalhes — na forma de ele se vestir, em sua sofisticação culinária e coisas assim — que esqueceu a noção de conjunto. Estava tão concentrada nos detalhes e no futuro que não conseguiu estar no momento presente, quanto mais usufruir dele.

Seu roteiro pessoal de casamento, a crença de que se casar com o homem perfeito compensaria seus profundos sentimentos de inadequação, combinava muito bem com o roteiro cultural que prometia que ela seria um sucesso como pessoa assim que assinasse os papéis. Os dois roteiros primeiro a jogaram sob o microscópio quando ela se preparava para o encontro, depois a fizeram concentrar-se em Jim assim que se viram. Nos raros casos em que os encontros de Ellen sobreviveram a esse tipo de avaliação, se ela tivesse saído com uma boa impressão, certa de que se tratava de "material para casamento", ela imediatamente virava o microscópio para si outra vez. Fazia uma revisão de cada encontro com detalhes martirizantes, tentando descobrir se tinha feito alguma coisa para deixar de ser desejável.

Esses sentimentos são previsíveis e é de se esperar que venham à tona quando você se encontra com alguém por quem se sente atraído. Motivam você a apresentar o que tem de melhor. É um estágio natural do namoro. Mas quando o que está em jogo é muito importante, como era para Ellen, quando o casamento se torna sinônimo de autojustificação e de sucesso como pessoa, esses sentimentos mais atrapalham que ajudam. Pior: como uma moeda, essas tendências têm outro lado. O outro lado de sua crença de que um casamento com o homem certo provaria que ela era uma mulher desejável, capaz e madura é que ela não era desejável nem capaz, nem madura, pois estava solteira.

Assumir responsabilidade implica também lidar com os sentimentos e pensamentos criados por seu roteiro pessoal de casamento. Isso envolve testar a relevância deles para sua vida hoje. Ellen precisava descobrir a que os sentimentos mais profundos de inadequação estavam realmente ligados e como se impedir de reagir à ansiedade criada por eles. Uma de suas reações era não dar uma segunda chance a homens como Jim. Nos próximos capítulos, apresentaremos muitos exemplos para você ter como base e que poderão ajudá-lo a identificar seu roteiro pessoal e a descobrir como se abster de agir em função dos pensamentos negativos que ele alimenta. Simplesmente fazer uma lista de suas associações com a vida de casado e a vida de solteiro fará você começar a identificá-lo. Quando foi pedido a Patrick, o policial, que registrasse os adjetivos que usava quando falava sobre a condição de casado e a condição de solteiro, ele descobriu várias tendências cruciais que nunca soubera antes estar ali. Quando percebeu que às vezes descrevia suas irmãs como "pessoas respeitáveis [*porque*] são casadas", ele descobriu que estava equiparando casamento com respeitabilidade e ser solteiro com ser desprezível. Patrick também disse que queria "assentar a cabeça" e que isso era sinônimo de estar casado. Quando refletiu sobre o que significava "assentar a cabeça", percebeu que, para ele, a frase significava ser responsável, ter uma profissão e um lar. Patrick, apesar de solteiro, já tinha assentado a cabeça!

Assumir responsabilidade significa identificar seu roteiro pessoal ou expectativas sobre as relações afetivas e descobrir como impedir que elas exerçam poder sobre seu senso de identidade. Um dos principais ataques que você terá de enfrentar é o das emoções geradas tanto pelo roteiro cultural quanto pelo roteiro pessoal: sentimentos de ansiedade, tristeza e raiva dirigidos contra si ou contra o sexo oposto. Aprender a reagir a esses sentimentos, de maneira que você se abra para as soluções em vez de pular para as conclusões, é vital. Só assim você vai poder começar a trabalhar naquilo sobre o que tem realmente controle: sua forma de pensar e agir em decorrência de seus sentimentos. Depois de identificar os roteiros de casamento que estão influenciando sua vida e de começar o trabalho de questionar a veracidade deles e de administrar os sentimentos produzidos por eles, você então pode começar a se voltar para outro lugar em busca de um senso de identidade positivo. Se você se concentrar nas coisas que ainda não tem e que acredita que o tornariam uma pessoa completa, corre um risco grande de deixar a vida passar enquanto espera.

Não paralise sua vida

Depois de executar as principais tarefas descritas nos três primeiros passos, você entra no *estágio de assimilação* da vida de solteiro num mundo de casais. Você vai estar pronto, disposto e apto a deixar de paralisar sua vida. Mas o que significa exatamente paralisar a vida? Os versos abaixo explicam muito bem:

... minha alma estava muito longe enquanto eu escutava
as horas e os minutos indo embora.
Eu só ficava ali sentado, esperando minha vida começar
enquanto ela escorria por entre os meus dedos.
Estou cansado de esperar que o amanhã chegue
Que aquele trem surja exuberante na curva.
Estou de roupa nova e tenho uma bela rosa vermelha
e uma mulher a quem posso chamar de amiga.
Esses são os melhores dias...

BRUCE SPRINGSTEEN
"Better Days", do álbum *Lucky Town*

Quando apresentamos o último passo da vida de solteiro no presente, falamos a respeito da relutância de Ellen em tirar uma semana de férias, pois ela preferia só viajar quando pudesse sair com um novo amor. Essa preferência é compreensível e saudável. O que poderia estar errado com esse desejo? Companheirismo e amor certamente podem tornar a vida mais doce. Os versos de Bruce Springsteen falam dessa felicidade de encontrar alguém com quem passar a vida, uma mulher cujo amor o ajudou a viver no presente. Mas até Bruce concordaria conosco que as razões pela qual deixou de "só ficar ali sentado, esperando a vida começar" foi ter assumido alguns riscos. Ele deixou de paralisar a vida quando ficou sabendo mais a respeito das coisas que temia e enfrentou esses medos. O resultado foi um novo senso de identidade ("Estou de roupa nova"), abertura para o amor ("uma bela rosa vermelha") e um casamento com uma mulher que ele sentia ser verdadeiramente sua amiga. Durante uma entrevista que deu a James Henke, da revista *Rolling Stone*, Springsteen sugere que só depois de começar a enfrentar seus medos e a examinar os fatos de sua vida é que conseguiu deixar de paralisar sua vida e abrir o coração para o amor. Mesmo que você não conheça a obra de Springsteen ou não goste de sua música, o que ele disse nessa entrevista provavelmente vai lhe soar familiar, e a experiência dele é algo que você vai entender.

JH: O que foi que despertou você para o fato de que estava perdendo alguma coisa, ou que tinha um problema?

BS: Infelicidade. E outras coisas, como minhas relações afetivas. Elas sempre acabavam mal; na verdade, eu não sabia me relacionar com uma mulher. Além disso, perguntava-me de que adiantava ter esse dinheiro todo se não o gastava... Não poderia gastá-lo, não teria o menor prazer. E aí um monte de coisas começou a não ter lógica.

JH: Você chegou a fazer terapia ou procurar esse tipo de ajuda?

BS: Ah, sim, quer dizer, fiquei mal mesmo... [*Durante a terapia*] percebi que minha vida estava esperando para ser vivida. Todo o amor, esperança, sofrimento, tristeza — estava tudo lá, esperando para ser vivido. Mas dizer sim a uma parte disso é dizer sim a tudo isso. É por isso que [*muitas vezes*] as pessoas dizem não... Fico sem a felicidade, desde que não tenha de sentir dor. (*Rolling Stone*, 6 de agosto de 1992, p. 42)

Bruce Springsteen preferiu dizer sim a tudo isso. Tinha milhões de dólares, uma multidão de fãs fiéis que o adoravam e amava seu trabalho com uma paixão profunda. Mas estava infeliz. Paralisara sua vida de muitas maneiras. Em vez de acusar as mulheres ou a si mesmo, assumiu a responsabilidade por seus problemas. Iniciou um processo de autoconhecimento que acabou por levá-lo a algumas respostas genuínas.

Como você pode ver da descrição que ele fez desse processo, as respostas nem sempre foram simples, mas foram válidas. Segundo suas palavras, "A melhor coisa que fiz foi começar a terapia. Foi uma coisa realmente valiosa. Choquei-me comigo mesmo e vi como eu realmente era em muito de mim. E questionei todas as minhas motivações. Por que estou escrevendo o que estou escrevendo? É isso mesmo que quero dizer? Estou fazendo besteira? Só estou tentando ser o cara mais popular da cidade? Preciso que me amem tanto assim? Questionei tudo... foi bom. Você deve fazer isso. E aí você percebe que não existe uma única motivação para coisa alguma. Você está fazendo o que faz por todos aqueles motivos" (p. 44).

Nossa experiência tem sido exatamente como a de Bruce. Quer você trabalhe com psicoterapeuta, quer trabalhe sozinho, sempre que reservar algum tempo para examinar regularmente suas crenças, sentimentos e atos, não só obtém respostas para suas perguntas, mas soluções para os problemas. Quando Bruce começou a examinar os fatos, começou a descobrir coisas a seu respeito. Suas necessidades de aprovação e ligações afetivas eram tão grandes quanto as de qualquer outro. Não dá para deduzir o roteiro de casamento de Bruce a partir da entrevista, mas sabemos que ela foi realizada depois que ele se divorciou da primeira mulher. E uma coisa está clara: fosse qual fosse o seu roteiro de casamento, parece ter levado ao medo.

De certa forma, o casamento e a ligação afetiva tornaram-se sinônimos do medo da perda. Esse medo foi revelado quando ele disse "Uau, agora entendo. Esse amor está aqui para alguém ter e sentir e experimentar? [*Por*] todos numa base diária? E eu sabia por que [*fugira dele*], porque é muito assustador" (p. 70). Depois disse que foi o medo da perda que manteve seu coração fechado e sua vida paralisada. Esse medo também estava tornando seus concertos notoriamente longos. Ele revelou que, quando estava no palco, sentia-se ligado às pessoas e o alívio da solidão e da "aversão por si mesmo" era tão grande que ele não queria que a experiência terminasse. Para prazer de seus fãs, seus concertos muitas vezes duraram de três a quatro horas, e até mais! Eles teriam ficado surpresos em saber que essas maratonas nasceram de uma profunda sensação de alienação e solidão.

Não sabemos os detalhes do processo, mas está claro, a partir dessa entrevista, que ele examinou os fatos de sua vida muito cuidadosamente e, ao compreender seus sentimentos, assumiu a responsabilidade por estar infeliz. E, exatamente da mesma forma que estamos falando aqui, ele também conseguiu não sucumbir às reações automáticas a esses temores. Agora seus concertos raramente são longos como costumavam ser. Parafraseando os versos da música citada antes, Bruce Springsteen parou de reagir a seus medos e, com isso, deixou de ficar apenas ali sentado, esperando a vida começar.

No caso de Ellen, ela agia movida pelo desejo saudável de partilhar a vida com alguém de uma forma nada saudável quando se recusava a tirar férias por estar solteira. Esse é mais um dos exemplos óbvios da maneira pela qual os solteiros podem paralisar a vida enquanto esperam por alguém ou pelo casamento. Como você deve se lembrar, a amiga de Ellen queria que as duas fossem passar as férias no México. Ao discutir as várias opções apresentadas pela amiga, Ellen observou:

— Se formos lá sem um namorado, todo homem do lugar vai pensar que estamos atrás de alguém. E você pode esquecer essa história de ir a um Club Med. De jeito nenhum. Esses lugares são mercados de carne... são para mulheres desesperadas!

Essas crenças não só reforçavam sua relutância em tirar férias como também intensificavam o preconceito de que os solteiros que se divertem são de certa forma emocionalmente imaturos e desesperados. A amiga de Ellen percebeu isso ao replicar:

— Já fui a "esses" lugares. O que você está querendo dizer?... Que estou desesperada?

— Não, não, não foi isso o que eu quis dizer. Só acho que, se eu for lá, todo mundo vai olhar para mim pensando "Que patético!" E, quando eu voltasse, não ia querer dizer a ninguém que estive lá.

— Então você está dizendo que é algo pelo qual eu devia me sentir constrangida. Parece que você quis dizer exatamente o que eu ouvi.

— Não! — retrucou Ellen. — Não, não... quer dizer, não sei o que eu quero dizer. Eu estou muito confusa. Não acho você patética nem desesperada, não acho mesmo. Na verdade admiro você por ter tido a coragem de ir lá. Você vive de verdade. Mas você está certa sobre uma coisa... Eu acho mesmo que férias de solteiros são para mulheres desesperadas e patéticas. Não fique com raiva de mim! Não estou incluindo você nisso. Todas as outras mulheres, menos você.

Ambas desataram a rir com esta última crítica implícita e tentativa infeliz de retratação. Ellen realmente tinha a amiga em alta conta. Essa conversa fez com que ela parasse para pensar, pois percebeu que sua visão negativa a respeito de mulheres solteiras que iam a lugares como o Club Med não fazia muito sentido dado o fato de ela não considerar a amiga uma mulher desesperada ou patética. E ela ia a "esses" lugares com freqüência. Quando Ellen ficou curiosa sobre sua relutância em ir "lá", como ela descrevia a situação, começou a encontrar algumas respostas.

Da mesma forma que Bruce, Ellen tinha medo, e era esse medo que a impedia de sair ou viajar com a amiga. Não é de surpreender que, entre as coisas que temia, estava a possibilidade de ser vista como uma mulher desesperada e patética. Ellen achava que, se viajasse sozinha, ou numa viagem de férias para solteiros, estaria anunciando publicamente que não tinha ninguém. Alimentava o medo de que não ter ninguém significasse que ela não era atraente para os homens, no sentido amplo do termo. Essa descoberta levou-a a encarar uma preocupação mais profunda ainda, da qual não tinha consciência. Não estava com tanto medo assim de ser paquerada por um homem durante as férias; seu maior medo era de não ser! Em outras palavras, estava com medo que seu maior temor a seu respeito, de ser inadequada como mulher, fosse reforçado se ninguém lhe desse atenção. Depois que conseguiu dar nome aos medos ocultos, as portas abriram-se para ela. A opção de viajar ou não tornou-se mais fácil. O que estava em jogo não era tão importante como antes de compreender seus medos. Antes de ter esse conhecimento, a opção entre ficar em casa e viajar com a amiga era como escolher entre ser uma mulher competente e orgulhosa e uma mulher desesperada e patética.

Como dissemos no capítulo anterior, há várias outras formas pelas quais os solteiros paralisam sua vida. Às vezes é tão sutil quanto recusar-se a conhecer alguém ou tão óbvio quanto não comprar uma casa quando faz o maior sentido comprá-la. Nos próximos capítulos, você vai ler sobre as várias formas pelas quais outros solteiros paralisaram a vida enquanto esperavam por alguém ou pelo casamento. Antes de continuar a leitura, faça uma lista das coisas que hesitou realizar sem um cônjuge ou um(a) amante. Ao lado de cada item da lista, escreva as razões para não fazer tal coisa. Descobrimos que, se fizer isso pelo menos nove vezes em dez, você vai chegar à conclusão de que não tem nada a perder e muito a ganhar se fizer a coisa que está evitando ou protelando. A razão mais comum para os solteiros se colocarem à margem é o medo. O lado bom da história é que, seja medo de perda, de rejeição ou de qualquer outra coisa, se você tiver algo parecido com Bruce e Ellen, seus medos serão superados assim que os encarar de frente.

A assimilação ao mundo dos casais está completa quando você deixa de paralisar sua vida. Quando Bruce saiu do palco e Ellen saiu de férias, esse passo correspondeu a um novo sentimento de integração e ligação com o mundo no qual viviam. Os sentimentos perpetuam-se de forma característica ao influenciar nossos atos. Esse novo sentimento de ligação afetiva levou Ellen a agir de formas que a fizeram se sentir ainda mais próxima de seus entes queridos. Quando saiu de férias, sentiu-se mais próxima da amiga e da comunidade de solteiros que conheceu na viagem. Quando voltou para casa, descobriu que não se sentia constrangida. Isso possibilitou que falasse a respeito das férias com os colegas de trabalho e a família, que mostrasse fotografias e visse que ninguém estava reagindo como se ela fosse uma pária. Voltou dessas férias sentindo-se menos alienada em casa.

Os cinco capítulos que se seguem vão ajudar você a identificar seu roteiro oculto de casamento. Você pode apresentar elementos de um ou mais desses roteiros que dizem respeito tanto a relações íntimas quanto ao casamento. O título de cada um deles é uma acusação feita contra os solteiros, uma acusação que mascara um dos seguintes roteiros pessoais: se você se casar com a pessoa perfeita, tudo estará bem com você;

o casamento é para perdedores; o casamento é assustador demais — é muito fácil a gente se queimar; o casamento vai deixá-lo completamente sozinho; e casamento significa se perder — tanto suas necessidades quanto seu senso de identidade vão pelo ralo. Alguns dos capítulos serão mais significativos para você que outros, tudo depende do roteiro que está seguindo. Mas em todos você vai ver como diversos solteiros descobriram seus roteiros de casamento e aprenderam a viver uma vida mais feliz e mais plena ao mesmo tempo que se abriam para o amor. Nos três últimos capítulos, damos um passo-a-passo para evitar o tiroteio bem-intencionado dos amigos e familiares, para resolver o problema da competição com os amigos solteiros e casados e para fazer suas necessidades contarem num mundo de casais.

por que você está solteiro?

5 Capítulo

PRESO AO IDEAL

Sei que ele é um cara superlegal, mas simplesmente não agüento a insegurança dele nem o que faz para ganhar a vida. Gostaria de não deixar isso me atrapalhar tanto, mas não tenho como evitar. Minha mãe diz que meu problema é que estou esperando o Príncipe Encantado.

***JULIA**, auxiliar de administração, 32 anos*

Matt precisa crescer. O problema dele é que é exigente demais e nunca está satisfeito com a pessoa com quem está envolvido. As únicas mulheres que parecem interessá-lo são as inatingíveis. É melhor ele tomar cuidado, senão vai acabar sozinho, vagando de uma breve relação afetiva para a próxima, porque ninguém nunca está à altura dele.

*Comentário de **CAROL**, amiga de Matt, um advogado de 37 anos*

Todo mundo quer ter a melhor pessoa do mundo. Mas como traçar uma linha divisória entre a busca do melhor e a busca de um sonho impossível? Se você acha que ninguém acessível a você preenche as medidas das suas esperanças e expectativas, então é provável que tenha ultrapassado aquela linha. Segundo nossa experiência, os solteiros acusados por seus entes queridos ou por um superego exageradamente autocrítico de estarem "amarrados num ideal" raramente compreendem o que essa tendência realmente significa.

Na superfície, aparecem duas tendências comuns. A primeira é exemplificada pelo solteiro que dá a impressão de ser "ambicioso demais," enquanto a outra é personificada pelo solteiro obcecado por alguém que lhe parece perfeito, mas que por várias razões é inatingível. Como parece que ninguém preenche suas medidas, essas tendências são freqüentemente confundidas com esnobismo ("Ninguém nunca vai estar à altura dele") ou com masoquismo ("Ela só quer o que não pode ter").

Mas, de acordo com nossa experiência, essa tendência raramente se deve ao fato de a pessoa ser esnobe ou masoquista. Parece derivar de um roteiro pessoal de casamento que, entre outras coisas, diz "Se eu me casar com alguém perfeito, isso prova que sou legal e eu vou poder ficar de bem comigo mesmo". Esse roteiro foi vislumbrado quando Matt disse o seguinte a Miranda, uma mulher pela qual estava obcecado: "Se conseguir tê-la, é porque sou um cara incrível". E quando Julia observou: "É estranho dizer isso, mas acho que se eu me casasse com o cara certo, eu ficaria como ele. Se for seguro de si e me quiser, então vou me sentir mais segura em relação à pessoa que —sou. Algo do tipo 'Se você é legal, então eu também devo ser!'".

Se você é legal, então eu também devo ser

É óbvio que existem muitas outras boas razões para alguém sair em busca da "pessoa certa", mas, como você vai descobrir neste capítulo — desde que se mantenha aberto para a questão —, esse roteiro específico pode impedi-lo de curtir a vida de solteiro e também de se aproximar de alguém com quem poderia ser muito feliz a longo prazo. Embora a maioria dos roteiros sobre os quais você vai ler neste livro tenha alguns elementos comuns — como se originarem na infância, o dar e o receber de suas relações com os pais e as observações sobre o tipo de casamento deles —, eles diferem em outros aspectos importantes. Uma das diferenças mais evidentes entre os roteiros é como as pessoas agem em função deles. As histórias de Julia e de Matt vão ajudá-lo a saber se esse roteiro tem relevância para sua vida pessoal.

Julia

— Acho que minha mãe tem medo de que eu esteja esperando pelo Príncipe Encantado — explicou Julia, uma bela mulher de 32 anos que trabalha como auxiliar administrativa, atualmente com um namorado. Julia concordou em ser entrevistada para ajudar nas pesquisas feitas para este livro. Para ela, uma das coisas mais penosas da vida de solteira era não saber com certeza se estava ou não procurando algo que não existe. Tinha o mesmo temor, descrito palavra por palavra, que o grupo de mulheres de 23 anos sobre o qual escrevemos no capítulo 1: "Meu maior medo é de acabar completamente sozinha".

— E pelo que está esperando? — perguntei.*

— É difícil dizer. É mais fácil descrever a parte externa. Quero alguém que seja um homem, um homem de verdade, seguro de si e bem-sucedido. E é claro que tem de ser bonito! Mas, além disso, é mais uma sensação. Uma sensação de conforto e segurança. Como ser levada para a cama à noite, quente e segura no meio de lençóis limpos. Isso deve parecer infantil — acrescentou ela um pouco constrangida —, não é que eu queira um pai... é que desejo me sentir protegida e segura. O que eu quero é um salvador.

— É mesmo? Para salvá-la de quê?

— Eis uma boa pergunta. Nunca pensei muito sobre isso antes... Talvez da preocupação. Alguém para me salvar das preocupações. Alguém que seja seguro de si, que não seja ansioso como eu.

— O Michael [*o namorado de dois meses*] faz você se sentir assim?

— Não — respondeu Julia rapidamente —, acho que ele se preocupa tanto quanto eu com as coisas, às vezes até mais. É um cara maravilhoso, não me entenda mal, mas é evidente que não se encaixa na minha fantasia da pessoa com quem me imagino passando o resto da vida.

Julia apressou-se a enfatizar que, de maneira geral, gosta da vida de solteira, apesar de estar cada vez mais preocupada com a possibilidade de acabar sozinha. Ironicamente, o que desencadeou sua angústia sobre a questão de acabar solteira na vida foi algo forjado quando ela

* X. A.

tinha 10 anos de idade. Naquela época, escreveu em seu diário que não queria se casar antes dos 27 anos. Ela achava que a essa altura já teria terminado a faculdade, teria uma profissão e já teria tido "aventuras mundanas e maravilhosos casos de amor". Quando chegou aos 28 anos na condição de uma mulher solteira que vivia sozinha, esse fato desencadeou o surgimento da semente da insegurança. Na época em que nos contou sua história pela primeira vez, a insegurança já tinha crescido bastante e ela estava sentindo muitas das coisas que acompanham o estágio de alienação por ser solteira num mundo de casais.

Típico de gente nesse estágio, Julia começara a entrar no ciclo de acusações. Quando observou que "Minha relação com a fantasia é muito mais atraente do que qualquer coisa que eu posso ter na vida", mostrou uma pitada de auto-recriminação. Ao acrescentar "Ultimamente... o marido de minha fantasia vai me salvar de... ser uma perdedora!", ela se revelou. Além de se sentir alienada, estava começando a aceitar a teoria de que era uma fracassada.

Os sentimentos de alienação de Julia por sua condição de solteira foram desencadeados pelo fato de haver passado a época que planejara se casar e ela ter se tornado mais vulnerável ao estigma e às pressões criadas pelo roteiro cultural de casamento. Mas grande parte da ansiedade e do desconforto que sentia em relação aos homens que namorara ultimamente derivava de seu roteiro pessoal de casamento, que lhe dizia que precisava "casar-se com um homem seguro de si, para você também se sentir segura". Mas, antes de continuarmos com a história de Julia e contarmos como ela atravessou todos os quatro estágios da vida de solteira, vamos à história de Matt, para mostrar como o mesmo roteiro, expresso apenas de forma ligeiramente diferente, estava lhe causando dores de cabeça semelhantes.

Matt

Matt, um advogado de 37 anos que nunca se casou, veio fazer terapia comigo* porque estava preocupado com sua obsessão por uma mulher,

* X. A.

Miranda, que só parecia moderadamente interessada nele. Nunca tinham namorado, mas eram amigos que se encontravam uma ou duas vezes por semana e que se falavam por telefone quase todas as noites. Matt tinha certeza de que ela sentia por ele algo mais que simples amizade. Ao confessar seu desejo de uma relação amorosa, ela nem o repelira nem lhe dissera sentir o mesmo. Mas o encorajava de formas sutis e ambíguas.

Entretanto, por menor que fosse a atração de Miranda por Matt, era todo o combustível de que ele precisava para entrar numa campanha intensiva para conquistá-la. Não conseguia parar de pensar nela, e suas emoções oscilavam violentamente entre se sentir eufórico, sempre que ela se mostra receptiva a suas investidas, e arrasado, sempre que ela dizia que ia se encontrar com outro homem. Perguntei-lhe por que achava que seus sentimentos por ela eram tão fortes.

— Se conseguir conquistá-la, vou ter conquistado o mundo! É tão linda e sensual! É o tipo de mulher que, quando entra numa sala, todos os caras se viram para olhar. É carismática e bem-sucedida. O que mais eu poderia querer?

— E de que maneira você acha que posso ajudá-lo?

— Estava pensando nisso quando vinha para cá. Talvez você possa me ajudar a conquistá-la. — Riu e continuou. — Acho que vocês não fazem isso, né? Não sei, na verdade não sei. Esperava que você me dissesse. Sei que não posso continuar pensando nela o tempo todo. Meu trabalho está começando a se ressentir porque não consigo me concentrar. Quando ela sai com alguém, parece que vou enlouquecer. Fico ligando até ela atender, e aí desligo. Assim fico sabendo a que horas ela chegou em casa.

— Você desliga quando ela atende?

— Você faria a mesma coisa se tivesse deixado dez gravações com o som de telefone desligando na secretária eletrônica dela numa única noite! Se eu falasse, ela ia querer saber se era eu que estava ligando. É uma loucura. Acho que ela não suspeita de mim, mas sinto-me péssimo de estar fazendo isso com ela. Tenho de parar de concentrar tanta energia assim nela. Alguma coisa precisa acontecer. Ou ela fica comigo, ou vou ter de encontrar uma forma de sair dessa.

Matt tinha dois problemas distintos: um era passar a ter controle sobre seu comportamento compulsivo de homem apaixonado e o outro era descobrir por que tinha sentimentos tão intensos em relação a Miranda. Uma forma de resolver ambos os problemas era obter um quadro geral de como se sentia em relação a si mesmo no momento e o que pensava que uma relação amorosa com Miranda, ou com alguém como ela, faria por seu senso de identidade.

— Se ela ficasse realmente com você, como se sentiria em relação a si mesmo?

— Muitíssimo bem. Orgulhoso.

— Orgulhoso do quê?

— Orgulhoso do fato de ela estar comigo. É um avião, alguém que eu gostaria de apresentar a meus amigos.

— Você acha que a opinião deles a seu respeito mudaria se você estivesse com Miranda?

— Acho que sim. Na verdade, quando meu amigo Jimmy a conheceu, puxou-me de lado cinco minutos depois de pôr os olhos nela e me perguntou: "Você está transando com *ela*? Estava muito impressionado. Tudo o que pude dizer foi que "Estava batalhando para isso".

— Impressionado com quem e com o quê?

— Acho que ficou impressionado com ela. Miranda é muito bonita, é bem-sucedida, charmosa, o sonho de qualquer homem. Jimmy também ficou impressionado comigo. Mesmo depois de eu lhe dizer que não a estava namorando! Eu poderia dizer que o fato de ela ser amiga minha e de eu pensar que tinha uma chance decente de conseguir algo mais fez sua opinião a meu respeito mudar para melhor. Você sente essas coisas. Diabo, *eu* sinto isso. Se acabasse me casando com Miranda, ia ser realmente incrível!

Alienação

O roteiro de casamento de Matt estava se revelando. Se conseguisse se casar com sua mulher ideal, isso de alguma forma o transformaria, faria dele alguém especial. Essa expectativa implica saber o que o solteiro que está "preso ao ideal" pensa a seu respeito no presente. Embora não tivesse a menor consciência disto, Matt não se tinha em alta conta como homem. No decorrer de nossa primeira conversa, revelou que às vezes se sentia "medíocre e comum, exatamente como qualquer outro cara de terno e gravata no carro, indo para sua jornada de trabalho das oito às seis". Exteriormente, Matt se mostrava autoconfiante, apesar de sua corrente oculta de insegurança. Mas achava que o casamento seria um divisor de águas em sua vida. Seria uma proeza e, ao mesmo tempo, uma espécie de vingança. Provaria, principalmente a si mesmo, que era alguém especial e um homem de verdade. E, embora não tenha usado exatamente esta palavra, também adquiriria "cidadania" no mundo dos casais. Não se sentiria mais um estranho, que é como tinha se sentido desde que completara 30 anos.

— Nunca pensei muito sobre a época em que me casaria até fazer 30 anos — disse ele. — Mas, nos últimos anos, estou tentando pra valer. Por isso é tão excitante com Miranda. Foi realmente a primeira vez que tive vontade de chegar a esse ponto com uma transa afetiva. Não me leve a mal, não quero me casar amanhã, é só que consigo me ver casado com ela. Posso imaginar como seria — coisa que nunca consegui antes. É quase um alívio, porque eu estava começando a me preocupar, achando que nunca sentiria nada assim. Estava me sentindo meio anormal. Quer dizer, eu devia ter me apaixonado por alguém, apaixonado mesmo, ao menos uma vez. Eu estava começando a me sentir uma aberração perto de meus amigos. Eles não pareciam ter os mesmos problemas que eu.

Como Julia, a condição de solteiro de Matt estava começando a fazê-lo sentir-se alienado de seus pares. Tinha começado a significar que ele estava atrasado emocionalmente e que podia haver algo de muito errado com ele — que era "anormal" ou "uma aberração". Estava procurando uma saída para esse sentimento quando conheceu Miranda.

Foi no estágio da alienação que Matt e Julia começaram a procurar formas de se integrar. Durante esse período, ambos foram atraídos por um ideal, na tentativa de se sentir melhor consigo mesmos. O homem ideal de Julia cumpriria a promessa de salvá-la da condição de "perdedora", e a Miranda de Matt o salvaria de ser um zé-ninguém qualquer. Ambos os ideais lhes davam a esperança de que se sentiriam integrados um dia desses e que seriam respeitados no mundo dos casais. Mas ainda tinham sentimentos de alienação, principalmente quando achavam que a pessoa ideal era inatingível.

Todo roteiro tem seu fundo de verdade

Bem, o problema com os roteiros que você segue, o cultural e o pessoal, é que quase sempre eles contêm um fundo de verdade. Embora ambos tenham sido escritos no passado, têm aspectos ainda de alguma relevância para sua vida de hoje. Lembre-se, nunca dissemos para você substituir esses roteiros a fim de começar a viver sua vida no presente, e sim que você deve revisá-los, para atualizá-los. O fato é que os amigos de Matt iriam *mesmo* tratá-lo de forma um pouco diferente e ele seria visto como um cara mais especial se casasse com Miranda. Julia se sentiria menos ansiosa e deixaria de ser considerada uma perdedora pela família e pelos amigos se casasse com alguém que se encaixasse em *seu* ideal. Então o que poderia estar errado com o roteiro "Você é legal, então eu também devo ser" que ambos seguiam?

Um problema óbvio é que a pessoa ideal não existe! Talvez você esteja se perguntando se homens seguros de si não existem para pessoas como Julia os encontrarem. E Matt? Não tinha encontrado sua mulher ideal? Talvez simplesmente tivessem passado muito bem pelo estágio da avaliação e descoberto o que os faria se sentir melhor consigo mesmos e integrados. E se não estivessem presos a um ideal, e sim procurando uma pessoa à sua altura? São perguntas válidas, como também é válido Julia procurar por alguém que achava que precisava. Continue lendo e tire suas próprias conclusões.

No decorrer de nossas conversas, que aconteceram a cada mês e meio durante o período de um ano, Julia revelou-me mais sobre sua relação afetiva com Michael e tomou conhecimento dos passos apresentados neste livro. Durante uma de nossas primeiras discussões, Julia revelou que estava pensando em romper com Michael. Naquela altura, fazia quase quatro meses que eles namoravam.

— Em geral é bom quando estamos juntos, mas sou capaz de apostar que ele quer uma coisa mais séria. Não acho que eu seja capaz de algo assim. Não sei o que há de errado comigo. É um cara bacana, tem um emprego decente e ganha bem. Estou pensando em acabar o namoro.

— O que sente por ele?

— Bem, não estou apaixonada — respondeu ela —, mas gosto muito dele. Ele é carinhoso e sensível.

— Sente-se atraída por ele?

— Ele é muito bonito.

— Certo, mas como é sua vida sexual com ele?

— Muito boa, para falar a verdade. Ele é bom de cama. Na verdade, para ser inteiramente honesta... o sexo é maravilhoso! Só não é bom quando estou pensando no quanto ele é inseguro. Aí não tem muita graça. E o problema é que estou pensando muito mais nisso esses dias.

— Você mencionou algumas coisas quando me disse que estava pensando em romper com ele... que eram as mesmas sobre as quais me falou na primeira vez em que conversamos sobre Michael.

— O emprego dele e sua falta de autoconfiança, certo? — interrompeu Julia.

— Exatamente. Poderia me falar mais um pouco sobre essas objeções a ele?

— Claro. Ele trabalha numa imobiliária que atua na área de imóveis comerciais, de modo que lida principalmente com a conta de grandes empresas. Não é que esteja tentando vender casinhas ou coisa assim. Seu salário é regular e bem bom mesmo. Ele ganha tanto quanto eu. O problema é que eu acho que ele está querendo se casar porque não tem autoconfiança. Nunca freqüentou uma faculdade — bem, ele fez o primeiro ano — e acho que isso o deixa inseguro. A gente vê isso pela forma como ele fala do chefe. Ele está trabalhando para a mesma imobiliária há cinco anos e o último aumento de salário e comissão que recebeu já tem três anos. Pelo que Michael me conta, ele é bem tratado pelo pessoal, mas não pode ser o primeiro a falar de um aumento. Parece ter medo do chefe. Detesto dizer isso, mas ele me parece um fraco quando fala do emprego.

Julia revela que se sente constrangida por pensar que Michael é um fraco. Dá vontade de tranqüilizá-la e de lhe dizer que concorda que ele é mesmo um fraco e que ela deve acabar logo com isso. É um bebê chorão, e choramingar nunca é atraente. É compreensível que ela tenha reservas em relação a ele.

Não discutiríamos com você nem com Julia sobre a questão de ela achar pouco atraente a falta de autoconfiança de Michael. É pouco atraente mesmo. Mas por trás dessa observação há uma corrente subterrânea de sentimentos menos razoáveis e de seu envolvimento com o ciclo de acusações. Julia sentia repulsa pelas inseguranças de Michael; sentia-se constrangida e embaraçada pela intensidade de seus sentimentos em relação a esse problema. Apesar de todas as coisas de que gostava nele, sua inteligência, sua atenção com ela, sucesso financeiro e sensibilidade de amante, ela não conseguia evitar sentir que ele era um perdedor. Não conseguia deixar de pensar que, dado o que ela sentia, Michael não era o homem certo para ela. O problema com esse sentimento é que a impedia de curtir o tempo que passava com Michael e de se abrir emocionalmente para ele. O problema mais imediato com esse sentimento e com o pensamento que derivava dele, "Michael não é o homem certo para mim", era a lenha atirada na fogueira do ciclo de acusações. Uma parte de Julia acusava Michael por sua falta de interesse sério ("Ele é um fraco!"); outra parte acusava a ela mesma ("Por que deixo isso me aborrecer tanto?"). O denominador comum era o sentimento de alienação — em relação a Michael, em relação a si mesma, por ficar confusa sobre o que queria realmente, e em relação aos amigos e familiares, que achavam Michael maravilhoso e se perguntavam em alto e bom som qual era o problema de Julia. E ela ficava se questionando pelo quê exatamente estava esperando.

Estava a ponto de romper com um homem de cuja companhia gostava e atormentada por uma boa dose de dúvida sobre estar ou não fazendo a coisa certa. A ansiedade que isso causava tornou mais difícil ainda para ela enxergar claramente sua relação com Michael e levou-a para mais perto de "abandonar o barco", segundo suas palavras. Se tomasse uma providência, se abandonasse o barco, então ao menos ficaria menos ansiosa sobre o que fazer.

Avaliação

Tanto Julia quanto Matt começaram a questionar o uso que faziam das acusações e ficaram interessados em saber o que, além de seus próprios defeitos ou das falhas que viam no sexo oposto, poderia estar por trás de sua confusão. Para *examinar os fatos* que diziam respeito a sua situação e descobrir o roteiro de casamento que ambos seguiam, Julia e Matt tiveram de aprender a fazer uma distinção crítica entre sentimentos e pensamentos. No começo não foi fácil, porque se sentiam presa da mesma ficção que domina tanta gente: que os sentimentos têm de fazer sentido e que podem ser controlados. Ao apagar a distinção entre pensamento e emoção, ficaram cegos para pistas e fatos importantes que poderiam liberá-los do controle do roteiro que diz "Você é legal, então eu também devo ser".

Os sentimentos têm uma outra natureza

A essa altura, uma breve digressão sobre as diferenças entre pensamentos e sentimentos se faz necessária. Como as pessoas confundem os dois com freqüência, colocam-se inadvertidamente na situação de escravos das emoções. Quando a distinção não é clara, você reage a seus sentimentos numa hora em que não há necessidade disso e não reage quando deveria. Outra coisa importante: sempre que reagir automaticamente a seus sentimentos e emoções, sucumbindo a impulsos como o que Julia teve de "abandonar o barco", ficará mais difícil descobrir o que era de fato responsável pelo que você estava sentindo.

Por exemplo: Julia se sentia mal sempre que Michael se queixava de seu emprego e do quanto se sentia impotente diante do chefe. Quando era completamente honesta consigo mesma, admitia que "repulsa" era a melhor palavra para descrever o que ela sentia. Julia naturalmente chegou à conclusão de que devia fazer algo com o que sentia. A primeira coisa que fez foi falar com a mãe sobre o quanto se sentia mal com esse aspecto da personalidade de Michael.

A mãe logo respondeu que talvez ele não fosse o homem certo para ela. Concordava que Julia tinha "todo o direito" de se sentir mal com a falta de autoconfiança de Michael e encorajou-a a seguir o que lhe dizia o coração. Ela estava de acordo com o roteiro cultural de casamento que, entre outras coisas, afirma que "Se você não se sente bem, então ele não é o homem certo para você". Mas essa conversa não ajudou a resolver a confusão de Julia. Na verdade, ela se surpreendeu defendendo Michael contra a mãe!

Como a maioria das pessoas com sentimentos conflitantes — nesse caso atração e repulsa simultâneas —, Julia inconscientemente encontrou familiares e amigos para defender ambos os lados da questão. Quando a mãe assumiu um lado, concordando que Julia devia romper com Michael, Julia correu para o campo oposto, para mostrar o lado bom de estar com ele. Logo depois dessa conversa, Julia encontrou alguém para defender o outro lado. Sua amiga Diane observou: "Entendo o que você está dizendo sobre a falta de autoconfiança dele no trabalho, mas também faz muito tempo que eu não a vejo tão feliz. Você parece gostar muito dele". A observação de Diane não contribuiu em nada para diminuir a confusão, e Julia encontrou-se puxada de volta para os sentimentos negativos a respeito de Michael, num esforço inconsciente de equilibrar os pratos da balança.

Julia também agiu em função de seus sentimentos de repulsa pela insegurança de Michael tentando levantar-lhe o moral com conselhos sobre a forma de lidar com o chefe, conselhos que ele não lhe pedira. Essas tentativas de levantar o moral de Michael provocavam tensão entre os dois namorados, porque os conselhos de Julia sempre se faziam acompanhar de censuras sutis. De muitas formas, ela estava perigosamente perto de se parecer como sua própria mãe lhe parecia quando Julia era pequena: crítica em suas tentativas de lhe dar apoio. Depois falaremos mais sobre isso. O principal aqui é que, ao agir em função de seus sentimentos antes de entender perfeitamente bem de onde estavam vindo, Julia perdeu informações importantes que a teriam ajudado a descobrir o que, em última instância, ela desejava de Michael. As emoções de Julia continuariam governando seus atos até ela parar de tomar como verdade os cinco mitos mais comuns a respeito dos sentimentos.

Os cinco mitos mais comuns a respeito dos sentimentos

1. *As emoções têm de ter lógica*. Errado. Às vezes têm, o que torna as coisas muito confusas; mas em geral não têm. Você pode sentir ao mesmo tempo coisas opostas, como amor e ódio. Julia sentia-se atraída por Michael e, ao mesmo tempo, sentia repulsa por ele. Tinha certeza de que um desses sentimentos devia ser o certo e o outro o errado. Só um deles poderia representar de verdade o que ela sentia por esse homem. Dentro dessa perspectiva, dois mais dois ou são quatro ou são cinco; as duas respostas não podem estar certas. Mas, na verdade, ambos os sentimentos eram verdadeiros e genuínos. No entanto, como você vai ver daqui a pouco, um tem muito mais a ver com o passado do que com o presente. Enquanto não compreendesse que ambos os sentimentos eram válidos, Julia não conseguiria examinar todos os fatos e decidir por qual dos dois sentimentos queria se deixar levar.
2. *Você sempre deve seguir seu coração.* Errado também. Se pensar bem, vai descobrir muitos exemplos em que não devia ter deixado o coração lhe ditar o que fazer. A raiva é o exemplo mais fácil. Seu coração já não lhe sugeriu que batesse o carro no do motorista que acabou de fechar você? Algum dia já não desejou alguém, mesmo estando numa relação que lhe parecia boa e preciosa com outra pessoa? Há muitos casos em que seria imprudente agir em função de um sentimento muito forte. Isso não significa que você não deva dar ouvidos a ele de vez em quando. Deve, sim, mas não sempre.
3. *Sempre é melhor conversar sobre o que você está sentindo.* Não é verdade. Agora você provavelmente está pensando: "O dr. Amador e a dra. Kiersky não devem entender nada de psicologia. Seus Ph.D.s devem ser em astrofísica. Que terapeuta lhe diria para não falar a respeito de seus sentimentos?". Na verdade, muitos terapeutas competentes vão lhe dar esse conselho de quando em quando. Enquanto não entender realmente

a origem de seus sentimentos e não tiver refletido bem sobre a forma pela qual afetam a pessoa a quem você quer revelar suas emoções, muitas vezes é melhor esperar. Você não precisa agir em função de seus sentimentos no exato instante em que eles se manifestam. Mais honesto é agir em função deles mais tarde, depois de tê-los pesado bem.

4. *É preciso defender os sentimentos*. Se você está preso a esse mito, é comum dizer muitas vezes: "Tenho todo o direito de sentir isso!". Mas não há necessidade de defender os sentimentos. Você sente o que sente. Ninguém resolve sentir isso ou aquilo. Esse é outro caso em que pensamentos e sentimentos são confundidos um com o outro. Somente seus atos — como você resolveu reagir a seus sentimentos — precisam de justificativa.
5. *As emoções podem ser controladas*. Você pode exercer algum controle direto sobre o que pensa, mas raramente sobre o que sente. As emoções vêm sem ser chamadas — você simplesmente sente. É verdade que, quando você muda sua forma de pensar sobre certas coisas, consegue influenciar os sentimentos com o passar do tempo. Mas é como a diferença entre dirigir uma lancha e estar no comando de um transatlântico. Vire a direção da lancha: ela responde imediatamente. Vire o leme de um transatlântico: dependendo da velocidade do barco, ele pode precisar, sem exagero, de vários quilômetros antes de mudar de rumo. Os sentimentos são como enormes transatlânticos: poderosos, complexos, muito lentos para tomar uma nova direção, mesmo quando o capitão ordena uma mudança de curso imediata.

Tanto Julia quanto Matt tiveram de aprender a questionar esses mitos antes de conseguirem descobrir seus roteiros pessoais de casamento. Os poderosos sentimentos gerados por seus roteiros não faziam muito sentido para eles. Mas passaram a fazer quando foram rastreados até suas origens na infância.

Julia

Julia precisava assumir responsabilidade pelo que estava sentindo. Especificamente, tinha de compreender de onde vinham a profunda ansiedade e a repulsa que sentia pelas inseguranças de Michael. Depois precisava refletir muito bem sobre a forma de agir em função desses sentimentos, se é que havia necessidade disso. Eis aqui o que ela descobriu.

— Andei pensando muito desde a última sessão. Principalmente sobre por que a insegurança de Michael me faz tão mal. Estava conversando com minha amiga Diane a respeito, e de repente entendi por que isso me aborrece tanto.

Diane ficava me perguntando toda hora "Por que você acha que sente coisas tão violentas em relação à questão de Michael com o chefe dele?". No começo achei que ela estava me imprensando contra a parede, dizendo para eu parar com isso e crescer. Mas, na verdade, ela só estava tentando me ajudar a descobrir por que isso é um problema tão grande para mim. Bem, acho que descobri.

— Sou eu que me sinto insegura. Na verdade, devo ser até mais insegura que Michael. Só que não demonstro, e não tolero isso nos outros! Eis aí uma coisa que me dá nos nervos. Diane observou que, às vezes, eu ficava muito irritada quando ela se mostrava um pouco insegura. Ela tem razão, eu fico. E não é só com ela. Sinto isso muitas vezes. Mas com Michael é muito pior. Qualquer arranhão em sua armadura e pronto: tenho vontade de romper com ele. Ainda não fiz isso, mas às vezes, quando estou sentindo essas coisas, é uma luta não ir lá e acabar com tudo.

Julia fez uma descoberta imensamente valiosa em suas conversas com Diane. Descobriu que a principal fonte de seu desconforto com Michael nada tinha a ver com ele; tinha a ver com o passado dela e com o roteiro de casamento que surgiu daí. Esse roteiro dizia que o marido de Julia devia ser excepcional em vários aspectos, principalmente em relação a seu nível de autoconfiança. Não que não houvesse um fundo de verdade em suas observações a respeito de Michael. Ele era um pouco inseguro nessa área específica. Mas a intensidade do que ela sentia tinha a ver com as *emoções despertadas pela lembrança* de seu roteiro, que amplificavam enormemente as pequenas inseguranças de Michael.

De certa forma, seu roteiro deu-lhe uma lente que aumentava muitíssimo inseguranças insignificantes e outras fraquezas, até elas ocuparem inteiramente seu campo de visão. Quando percebeu isso, Julia compreendeu que a intensidade do que sentia tinha pouco a ver com Michael. Como estava menos inclinada a ter reações automáticas a seus medos, precisou refletir um pouco mais nos sentimentos que eles criavam. Embora nem sempre seja algo fácil de conseguir, à medida que ela se tornou mais familiarizada com a ansiedade que sentia, duas coisas aconteceram. Seus sentimentos de nervosismo e repulsa pelas inseguranças de Michael tornaram-se muito menos assustadores porque, ao se permitir expor-se a eles, descobriu que nada aconteceu. Em segundo lugar, começou a descobrir alguns fatos importantes sobre o motivo exato do que estava sentindo.

Descobriu que estava *projetando* sua própria sensação de incompetência em Michael. Julia era um poço sem fundo de insegurança em relação a si mesma, que ela atribuía à relação que teve com a mãe na infância. Sua mãe a adorava e, na visão de Julia, era "excessivamente protetora", Embora Julia se sentisse muito amada, também se sentia asfixiada e incompetente. Ali estava uma mulher atraente, instruída e bem-sucedida de 30 e poucos anos com horror de si mesma toda vez que se sentia indecisa. Era um de seus maiores defeitos, e ela o odiava; apesar disso, não seria nada fácil acabar inteiramente com ele.

Os conselhos e críticas da mãe e a sensação de insegurança e carência de Julia eram as principais formas de expressão de amor entre mãe e filha, ao menos tanto quanto ela conseguia se lembrar. Quando Julia precisava, a mãe sempre estava lá com conselhos e apoio. Infelizmente, os conselhos raramente lhe davam força e poder, e muitas vezes eram prefaciados com censuras do tipo: "Eu bem que lhe disse" ou "O que há de errado com você? Não viu que isso poderia machucá-la?". Antes de Michael, Julia tendia a namorar homens monoliticamente fortes. Mas, invariavelmente, essas relações acabavam quando ela se sentia escorregar para uma posição exageradamente submissa. Julia odiava esse aspecto seu e, por isso, tinha imensa dificuldade em tolerá-lo nos outros. Mas, quando namorava homens mais próximos de seu ideal do que Michael, a relação a fazia lembrar demais de seu papel com a mãe. Embora fosse familiar e confortável em muitos aspectos, ela já tinha superado havia muito tempo a necessidade de que as coisas fossem assim nas relações amorosas.

Esse conflito criou a impressão de que Julia estava "presa a um ideal". Ela queria estar com alguém que fosse forte e raramente inseguro, se fosse. Mas também desejava alguém com quem ela não escorregasse para seu papel de criança exageradamente dependente. Teria de ser um homem que deixasse transparecer parte de sua própria insegurança e que não adotasse uma atitude de "eu Tarzan, você Jane". Alguém que reagisse às inseguranças de Julia e apreciasse seus pontos fortes.

Como Michael era alguém que demonstrava suas inseguranças, ele não desencadeou as atitudes submissas e dependentes de Julia. Em vez disso, conseguiu fazê-la chegar a um poço fundo de sentimentos que tinham mais a ver com o que ela sentia por si mesma do que por ele. De certa forma, Julia estava ficando igualzinha à mãe: crítica e intolerante em relação à ansiedade e às inseguranças de Michael. Como a maioria de nós, Julia não ficou feliz ao perceber que estava reagindo a Michael de formas negativas, as mesmas formas negativas que sua mãe usara com ela. Todos nós tememos ficarmos parecidos com nossos pais, ao menos no que diz respeito àqueles aspectos de que não gostamos ou que não aprovamos. Mas a verdade é que sempre assimilamos um pouco do ruim com o bom. Não somos mais perfeitos do que nossos pais foram e estamos igualmente sujeitos a repetir alguns de seus erros, assim como eles repetiram erros dos pais deles. É claro que todos nós aplicamos nossa marca pessoal nesses erros, o que torna mais difícil ainda identificá-los e assumir responsabilidade por eles.

O ideal de Julia, sua visão positiva do casamento, era, em muitos aspectos, uma repetição de suas relações com a mãe. Lembre-se, o par ideal deve ser alguém forte, que a faça sentir-se segura e que ajeite os lençóis à sua volta à noite. O que Julia descobriu no decorrer de nossas conversas foi que, embora quisesse ser "aconchegada" na hora de dormir, também queria um companheiro, um igual, alguém que respeitasse e encorajasse sua autonomia e sua força. Quando começou a ver que seu roteiro de casamento a levava a querer ser uma "Jane", mesmo sendo ela alguém que não suportaria viver com um Tarzan, seus sentimentos a respeito da insegurança de Michael passaram a ser vistos sob uma outra luz, que provocava menos ansiedade.

Matt

Como Julia, Matt também teve de assumir responsabilidade pelo que estava sentindo. Para ele, procurar um terapeuta foi o primeiro passo no caminho que levava a esse objetivo, mas enquanto não rompeu o ciclo de acusações e examinou os fatos ele não soube pelo que tinha de assumir responsabilidade. No caso de Matt, os "fatos" eram quase idênticos aos descobertos por Julia. Ele também se encontrava num conflito que dava a impressão de ele estar "preso a um ideal". Um conflito entre os sentimentos gerados por seu roteiro de casamento e os sentimentos que tinha sobre a realidade de sua relação com Miranda.

Vários meses depois de começar a terapia, Matt realizou seu desejo. Miranda e ele começaram a namorar. Foi a essa altura que o conflito veio à tona.

— Ela está me enlouquecendo! Sinto um amor imenso por ela, mas não posso contar com ela para nada. Uma noite dessas, fomos a um bar e um cara começou a olhar para ela. Eles vêem o mesmo que eu vejo, de modo que não fiquei surpreso. Mas ela também começou a olhar para ele! E nas minhas barbas! Tivemos uma briga feia por causa disso.

— O que aconteceu? — perguntei, querendo saber mais detalhes.

— Eu fui ao banheiro e, quando saí, vi que o tal cara estava a seu lado, conversando com ela. Estava praticamente deitado em cima dela! E, do outro lado do bar, eu vi que ela não o estava desencorajando não. Olha, se esse tivesse sido o único caso, eu poderia ter lhe dado o benefício da dúvida. Mas esse tipo de coisa já aconteceu antes.

— É estranho, mas não gosto mais do fato de ela se vestir de maneira sensual. Antes eu gostava muito. Mas agora que ela é minha namorada, eu detesto. Nunca fui um cara ciumento. Mas ela usa umas saias míni mesmo, com salto alto, e parece incrivelmente ardente. Sei que ela sempre chamou muita atenção por causa da aparência, e essa foi uma das coisas que me atraíram nela. Mas isso é demais. Sei que pareço um hipócrita, mas não tenho como evitar."

— O que gostaria que ela fizesse de diferente?

— Gostaria que ela pensasse em como me sinto quando ela flerta com outros caras na minha frente. É barra! — acrescentou ele, irritado. — E ela faz um monte de outras coisas que eu detesto. Ela tem uma amiga, uma tal de Wendy, que sai com ela uma ou duas vezes por semana, e elas sempre voltam tardíssimo. Pior que isso: Miranda promete que vai me ligar à meia-noite, e depois não liga hora nenhuma! Elas ficam na rua até tarde, ela diz que vai ligar, mas não liga. O que eu devo pensar? Ela está me pirando a cabeça!

Enquanto estava atraído por Miranda e por tudo que ela representava, Matt ignorou suas extravagâncias e egocentrismo. Mas o conflito entre o que ele realmente precisava agora (uma mulher que entendesse suas necessidades e fosse mais confiável) e o que seu roteiro de casamento o fazia *sentir* que precisava (alguém que chamasse a atenção quando entrasse numa sala) estavam mantendo Matt preso a uma relação infeliz. Ele levou seis meses para sair dessa relação com Miranda ou, mais precisamente, do conflito entre seu roteiro de casamento e suas necessidades e desejos atuais.

Quando examinou os fatos da situação que estava vivendo, Matt fez duas descobertas importantes que lhe permitiram assumir responsabilidade pelo que poderia mudar a respeito de como via as relações afetivas e a si mesmo. A primeira descoberta foi que seus sentimentos positivos por Miranda eram irracionais. Foi por esse motivo que ele recorreu à terapia no início. Sabia que os sentimentos não faziam muito sentido em termos lógicos, pois eram intensos demais. E não estava feliz com o quanto ficara obcecado por essa mulher.

Mais tarde, descobriu que estava infeliz por não conseguir romper facilmente com ela, mesmo que suas atitudes e sua natureza namoradeira o estivessem deixando arrasado. Foi preciso algum tempo até desenterrar sua segunda descoberta-chave, mas nem por isso ela se revelou menos importante. O roteiro de casamento de Matt havia sido forjado, em parte, por sua relação com o pai. Embora o pai de Matt talvez não concordasse, foi um pai muito crítico. De inúmeras formas diferentes, convenceu Matt de que ele era incompetente e que nunca se tornaria um homem de verdade.

Se você está pensando que vamos começar a arrasar com os pais, está enganado. A questão não é se o pai de Matt teve defeitos como pai. Todos os pais e mães têm. A questão é que, quando Matt era criança, construiu seu senso de identidade positivo em torno de certas idéias que ele tinha sobre a pessoa que se tornaria quando crescesse. Segundo suas palavras, "Eu dizia a mim mesmo 'espere eu crescer — vou mostrar a ele!'" E uma das idéias que Matt alimentou, em sua maior parte inconscientemente, era que devia se casar com alguém que impressionasse o pai. Quando era menino, sua imagem de uma mulher dessas era de alguém que fosse "muito, muito bonita". Uma mulher que virasse a cabeça até do pai. O casamento era uma das muitas formas com que ele esperava conquistar o respeito e a admiração do pai e de, no processo, conseguir sua vingançazinha.

Com o tempo, Matt percebeu que não precisava mais do respeito e da admiração do pai da mesma forma que precisava quando criança. Começou a aceitar o fato de que não podia mudar o passado. Por fim, conseguiu perdoá-lo por seus defeitos de pai. Ao compreender a força propulsora por trás de sua obsessão por Miranda, sentiu-se menos compelido a agir em função dela e mais propenso a agir em função das outras coisas que sentia por ela. Quando aceitou o fato de que provavelmente sempre seria atraído por mulheres como Miranda, conseguiu exercer algum controle sobre o que ele fazia com os sentimentos despertados. Começou a exigir que ela o tratasse melhor. Racionalmente, ele sempre soube que, para ser respeitado pelos outros homens e para respeitar a si mesmo, não precisava estar com uma mulher que virasse a cabeça de todos os homens. Mas só depois de compreender as origens de seu roteiro de casamento e de aceitar que havia pouco a fazer para controlar os sentimentos gerados por ele é que Matt conseguiu introduzir algumas mudanças para melhor.

Aceitação

Ao examinar tanto o que estavam sentindo quanto a realidade de sua situação, Julia e Matt descobriram que não precisavam se casar com seu ideal, não precisavam tanto quanto *sentiam* que precisavam. Ambos sentiram um desejo intenso pelo "amor perfeito", uma espécie de ânsia insistente e inexorável. Mas, quando começaram a entender que esse desejo e a ansiedade que o acompanhava não eram ilógicos, e sim irrelevantes para sua vida atual e mais adequados para suas necessidades de criança, estavam prontos para usar nossa terceira diretriz e passar para o estágio da *aceitação*. Começaram a mudar o foco para *assumir responsabilidade* por aqueles seus lados que poderiam mudar, em vez de continuar tentando realizar sonhos impossíveis e de continuar reagindo a sentimentos do passado. Após lamentarem o que não era possível e aprenderem a não reagir automaticamente ao sentimentos criados por seus roteiros de casamento, passaram a concentrar esforços nas coisas sobre as quais tinham controle.

Depois que Julia e Matt compreenderam as origens dos sentimentos intensos que acompanhavam o roteiro de casamento escrito quando eles eram crianças, conseguiram mudar sua forma de reagir a esses sentimentos. Julia ainda tem vulnerabilidade a sentir repulsa pela insegurança, nela ou em alguém com quem esteja se relacionando. Ao contrário do que alguns de nossos colegas possam pensar, esses sentimentos não desapareceram só porque ela descobriu de onde eles vinham. Mas ela aprendeu a reagir de formas novas à sua repulsa pelas inseguranças de Michael. Ao mudar a forma de reagir a seus sentimentos, ela passou a ver e a sentir coisas que tinham sido obscurecidas por suas reações automáticas anteriores.

Matt também aprendeu a separar seus pensamentos de suas emoções, e estas não governam mais sua vida. Ele não extinguiu por completo a atração que tinha por Miranda ou por mulheres como ela, mas conseguiu ajustar a chama, em vez de ser consumido por ela. A atração sexual ainda era muito importante para ele num namoro, como é para a maioria das pessoas, mas deixou de estar misturada à sua auto-estima. Segundo suas palavras, "Prefiro ser solteiro e ter respeito por mim mesmo do que ter alguém que impressiona outros caras, mas me trata como cachorro".

Assimilação

Quando assumiu a responsabilidade pelos sentimentos despertados por seu roteiro de casamento, Matt deixou de paralisar sua vida. Conseguiu romper com Miranda e livrar-se do conflito no qual estava metido. Começou a se encontrar outra vez com os amigos, em vez de se preocupar obsessivamente com a possibilidade de Miranda ligar enquanto ele estivesse fora ou de ela estar flertando com outros homens. Agora que Matt era capaz de dar a si mesmo o que seu roteiro de casamento sempre lhe prometera — uma auto-imagem positiva de homem —, o roteiro perdeu o poder de ditar em qual relação afetiva ele devia investir.

Às vezes ele ainda se sente atraído por mulheres como Miranda, mas a atração é menos forte e é contrabalançada pelo entendimento do porquê já foi tão consumidora. Agora ele dá a si mesmo o que seu roteiro de casamento e a mulher de sua fantasia lhe dariam: auto-aceitação e confiança em sua masculinidade. Agora ele namora mulheres que parecem estar com mais vontade de ficar com ele. Embora tenha momentos em que anseia pelo ideal, sempre que pára um pouco e examina os fatos o ideal empalidece, se comparado a sua vida real. Está solteiro, muito mais feliz do que antes ou durante sua relação com Miranda, e infinitamente mais aberto para se aproximar da mulher que está namorando agora do que jamais esteve. Incidentalmente, ela é alguém por quem ele se sente muito atraído, mas não é alguém que ele apenas está "tentando conquistar" para fazê-lo se sentir melhor em relação a si mesmo.

Julia também deixou de paralisar sua vida quando parou de obedecer cegamente seu roteiro de casamento. Ao encarar suas inseguranças, em vez de procurar alguém apenas para se sentir amada e segura, ela aprendeu a contar com seus recursos internos para obter parte do que sua fantasia lhe prometera. Quando deixou de procurar o ideal, foi capaz de se concentrar no que achava atraente em Michael. Quando se voltou para o momento presente e para o que havia em sua vida, em vez de ficar pensando no futuro e no que às vezes julgava precisar para se sentir de bem consigo mesma, descobriu que estava curtindo Michael cada vez mais. Acabou se apaixonando por ele e, quando ele a pediu em casamento, ela disse sim. No entanto, mais importante que o noivado é o fato de que Julia lida com suas inseguranças de forma muito diferente de antes. Ela sabe que não pode mudar sua tendência a se sentir insegura, mas sabe que pode assumir responsabilidade por mudar sua forma de reagir a esses sentimentos. Não se volta mais para o casamento para se sentir confiante e segura como mulher. Por isso descobriu-se aberta para o casamento de uma forma que nunca estivera antes.

Tanto Matt, que permanecia solteiro no momento em que este livro estava sendo escrito, quanto Julia, que estava prestes a se casar, incorporaram-se ao mundo dos casais. Não se sentem mais deslocados, e ambos se sentem mais abertos para o amor. Seus roteiros pessoais de casamento não mais os mantêm encarcerados e presos a um ideal, e eles ficaram invulneráveis às pressões feitas pelo roteiro cultural. Nem Julia, que já estava casada na última vez em que nos falamos, nem Matt, que continuava solteiro e feliz, acreditavam mais que precisavam se casar para ficar de bem consigo mesmos. Estavam vivendo sua vida no presente, deixaram de ser governados por roteiros obsoletos do passado e por expectativas irreais em relação ao futuro.

6 Capítulo

A GRAMA DO VIZINHO É SEMPRE MAIS VERDE

Seria bom ele ficar sério e parar de brincar por aí, senão vai acordar um dia e descobrir que está sozinho para o resto da vida. Ele nunca está realmente feliz com ninguém, seja quem for que estiver namorando. A grama do vizinho é sempre mais verde. Ele me deixa maluca com o jeito com que se envolve com essas pobres mulheres e depois se descarta delas para ficar com a próxima.

***MOLLY**, queixando-se do irmão Mark, um financista de 38 anos*

O problema dela é que nunca dá uma chance de verdade ao cara com quem está namorando. No começo ela cai de quatro, mas, de repente, a coisa esfria. Acho que ela gosta demais da conquista para abrir mão dela. Para Sarah, sempre há alguém melhor lá fora.

***JOANNA**, amiga de Sarah*

Uma das piores coisas que os amigos e familiares dizem aos solteiros que eles amam é "Você não está tentando de verdade" e "Você nunca dá uma chance a ninguém". Por trás de observações "bem-intencionadas" como essas está a crença de que os solteiros gostam demais de ser solteiros para algum dia querer deixar de sê-lo. Mais exatamente, adoram receber atenção e gostam demais da conquista para renunciar a ela. Subentende-se que esses indivíduos são frívolos quando se trata de amor e que deviam assentar a cabeça e levar a vida mais a sério.

Em geral, essas descrições têm um fundo de verdade, uma vez que mostram um aspecto da experiência desses solteiros. Lembra-se do que Sarah, a dona da agência de viagens de 28 anos, dizia a respeito disso? Dizia que se sentia "meio como uma criança que precisa crescer. Acho que meu problema é que nem sempre dou muita chance aos homens que namoro. No começo é intenso e febril, mas depois eu meio que acabo me desinteressando. Gosto de mudança e da excitação da conquista". Não negamos que Sarah gosta da conquista. É claríssimo que sim. Mas tanto Sarah quanto sua amiga Jo Anna, que também a acusa de gostar demais da conquista para abrir mão dela, estão focalizando uma parte muito pequena do quadro — mais o efeito que a causa. A essa altura, esperamos que você esteja se perguntando: "Qual é o roteiro de casamento implícito aqui?". Porque é o roteiro pessoal de casamento seguido por Sarah que está lhe causando problemas, e não o fato de ela gostar da conquista e de a próxima relação afetiva sempre parecer mais atraente do que a que ela se encontra no momento. Mark, do qual você logo vai ouvir falar, cunhou a frase que melhor descreve essa tendência: "O casamento é para perdedores".

O casamento é para perdedores

Muitas pessoas são pessimistas em relação ao casamento por não terem a instituição em alta conta por uma série de razões. Em alguns casos, isso não interfere na possibilidade de a pessoa se tornar íntima de alguém, nem de assumir compromisso com outra pessoa a vida inteira. Muita gente faz isso sem a instituição do casamento, embora ainda seja uma minoria. A maior parte das pessoas que concorda com o roteiro que diz que "o casamento é para perdedores" ("Os casados são infelicíssimos" e "Quando você se casa, está liquidado") não tem consciência do fato. Por causa disso, para consternação sua e de seus entes queridos, nunca parecem dar uma chance a ninguém, deixando-os frustrados em relação à perspectiva de se aproximarem realmente de alguém.

No entanto, não se trata de eles resolverem não dar uma chance a ninguém; isso seria um *pensamento* que poderiam controlar facilmente dizendo a si mesmos: "Nesse caso, vou lhe dar uma chance e ver o que acontece". Não, estamos falando aqui é de um *sentimento*. Não conseguem evitar se sentir intensamente atraídos por outras pessoas, mesmo quando estão numa relação afetiva séria. A sensação de que "a grama do vizinho é sempre mais verde" é tão forte que lembra a fissura por uma droga na qual se está viciado. E a fissura é tão insistente que você se manter numa relação afetiva requer uma força de vontade tremenda.

O que eles em geral não sabem é que a tendência de se encantar facilmente com alguém diferente resulta do medo de que, ao se aproximarem demais de alguém, podem acabar se casando. O roteiro de casamento que seguem avisa que a intimidade vai levar ao casamento e que o casamento só poderá levar à infelicidade e, parafraseando a definição que Julia fez no último capítulo, "ao reino dos perdedores". Exteriormente, esses solteiros parecem estar se divertindo tanto, namorando e pulando de uma breve relação afetiva para outra, que nunca vão querer parar. Por dentro, pessoas como Sarah e Mark sentem-se divididas entre o desejo consciente de se aproximarem de verdade de alguém e o ato reflexo de abandonar o barco assim que outra pessoa mais atraente passe por seu campo visual.

Alienação

Mark

Mark é um financista de 38 anos que vive na cidade de Nova York. É bonito, está em boa forma e raramente tem problemas para encontrar mulheres que queiram namorá-lo. Na verdade, seus colegas de trabalho e seus amigos freqüentemente marcam para ele encontros com desconhecidas, que ele aceita com o maior prazer. Isso, somado ao fato de que ele nunca parece levar ninguém a sério, deixa sua irmã Molly preocupadíssima. Molly tem 34 anos e é divorciada. Gostaria de namorar mais do que tem namorado ultimamente, o que agrava seu sentimento de que o irmão está dilapidando levianamente uma imensa riqueza que tem nas mãos.

Tanto Mark quanto Molly concordaram em ser entrevistados para este livro. Em uma das ocasiões, conversamos rapidamente com os dois juntos.

— Molly acha que sou um conquistador barato, que tudo que eu quero é sexo.

— É isso mesmo! — interrompeu ela.

— Bem, seja como for, penso que não me encaixo na definição. A maior parte do tempo a coisa nem chega à parte sexual. Perco o interesse muito rápido. Não me leve a mal, eu adoro sexo...

— Está vendo! — acrescentou Molly rindo. — Você não presta, é exatamente como eu disse!

— Bem, é lógico que eu gosto de sexo! Mas fico sem mais vezes do que você imagina. Aí é que está. Em geral não vale a pena. Fica muito mais difícil você sair fora da relação quando há sexo. Sei que parece esquisito, e eu só comecei a ficar assim há uns cinco ou seis anos, mas agora tenho menos tendência a fazer isso do que antes. Apesar de que... há uma exceção à regra. Se ficar claro desde o início que a relação não vai chegar a parte alguma, eu me jogo nela. Assim não há ressentimentos.

Assim que Mark percebia que não havia possibilidade de nada além de uma relação passageira e sabia que a mulher com quem estava saindo sentia o mesmo, ficava muito aberto para a intimidade física. Pode dar a impressão de que ele estava discutindo detalhes ao negar a acusação da irmã de que tudo quanto ele queria era sexo, mas na verdade suas justificativas deram-nos uma pista importante sobre seus verdadeiros motivos.

— Nunca ouvi você dizer isso antes — continuou Molly.

— Nunca conversamos sobre isso antes. Olha, quando sinto alguma coisa, sinto que sou um perdedor. Gostaria de estar me divertindo ao menos a metade do que você acha que estou. Só que raramente aparece alguém por quem eu me interesse pelo tempo suficiente para querer enfrentar as complicações que vêm junto com a cama. Lembra-se da Carrie? — perguntou à irmã.

— Eu gostava dela. Sempre me perguntei por que você não deu certo com ela. — replicou Molly.

— Foi a relação mais longa que tive em vários anos. Ficamos juntos por quatro meses. Mas não agüentei. Pulei fora cedo demais, e me arrependo. Se eu soubesse que ia fazer isso, nunca teria deixado as coisas irem tão longe como foram. Muitos ressentimentos. Estávamos muito bem juntos. Era bom, havia uma química explosiva. E acho que nunca ri tanto com alguém que eu tenha namorado quanto com a Carrie. Ela é engraçada e muito inteligente. Mas eu saí fora.

O que Mark não revelou nessa conversa com a irmã presente foi a situação que levou ao rompimento com Carrie. Numa conversa posterior só com Mark, ele contou que seu desejo de acabar a relação com Carrie não foi tão aleatório quanto nos levou a acreditar. Um determinado evento desencadeou a separação.

— Um amigo que trabalha comigo perguntou se eu queria que ele marcasse um encontro com uma desconhecida e eu não soube dizer não. Fiquei pensando que poderia perder alguém melhor se não aceitasse. Era um sentimento muito intenso. É como quando eu era criança e meu irmão mais velho podia ficar na rua até mais tarde que eu. Eu ficava na cama me sentindo péssimo, pois tinha certeza de estar perdendo alguma coisa realmente sensacional. É um sentimento muito intenso e difícil de ignorar. Cedi a ele e peguei o número do telefone com meu amigo. Mas só liguei depois de uma semana, porque me sentia muito culpado.

— O problema com a Carrie é que ela tinha deixado claro que não ia sair com mais ninguém e que esperava o mesmo de mim. Por isso me senti culpado ao concordar em marcar o tal encontro. Acabei confessando tudo a Carrie antes mesmo de conhecer a outra. Que idiota! Mas, além de confessar tudo, disse-lhe que tinha resolvido romper com ela porque obviamente eu não queria o mesmo grau de comprometimento que ela. Disse-lhe que ela merecia alguém melhor do que eu. Aquilo não pegou muito bem. Ela me disse que estava cheia daquela história que não tinha nada a ver com ela ou com o que ela merecia ou deixava de merecer. Estava certa. A única coisa que me consola é que pelo menos admiti que ela estava certa ali na frente dela.

Mark tinha ficado constrangido e compreensivelmente relutante em admitir que foi a possibilidade de encontrar alguém diferente que havia desencadeado seu rompimento abrupto com Carrie. Foi mais reticente ainda para revelar os pensamentos que lhe passaram pela cabeça quando considerou se devia ou não aceitar o encontro marcado com uma desconhecida.

Carrie tinha a mesma idade de Mark, 38 anos, e a mulher com quem havia marcado se encontrar tinha só 28. Mark reconheceu que tinha sido tomado pela idéia fixa de que poderia namorar alguém muito mais jovem que Carrie e começou a imaginar todos os motivos pelos quais se sentiria mais atraído por alguém mais jovem. Os sentimentos ligados a essas idéias eram muito fortes. Antes de seu amigo lhe perguntar se queria conhecer essa mulher, descrita como sensual e muito interessada em conhecer Mark, ele vinha se sentindo muito atraído por Carrie. Havia química sexual entre os dois, e ele sentia uma ligação forte com ela em outras áreas. Tinham valores parecidos, e a velocidade e o ritmo de suas conversas eram o que Mark descreveu como "eletrizantes". Mas a idéia de conhecer alguém mais jovem, mais bonito e mais excitante era simplesmente tentadora demais para que ele abrisse mão dela. Por isso rompeu com Carrie para ir ao encontro marcado com essa mulher.

Carrie provavelmente diria que achava que Mark tinha sido decente com ela e que sempre fora honesto em relação ao que sentia. Nunca a tinha feito acreditar que estava sentindo mais do que realmente sentia, e respeitava o desejo de monogamia dela. Tentou ser fiel, mas, quando achou que não ia conseguir, foi franco. Ela ficou com raiva dele por não conseguir lhe dar o que ela queria e merecia, mas achou que ele tinha sido legal com ela. Segundo Mark, se Carrie ainda sentia alguma coisa por ele, era pena. Eis algumas de suas últimas palavras para ele:

— Acho que você está abrindo mão de uma coisa muito, muito boa aqui. Não entendo e acho que você vai se arrepender. Não estou dizendo que vou esperar, mas, se os seus sentimentos mudarem, você pode me ligar.

Um mês depois Mark já estava desejando não ter rompido com Carrie. Sentia falta de sua companhia e da intimidade que tivera com ela. Mais que isso, nunca conhecera ninguém com um senso de identidade tão forte quanto Carrie. Mas não ligou para ela porque ainda achava que não poderia garantir a ela que a mesma coisa não voltaria a acontecer. Seus sentimentos, mais que suas intenções, estavam causando o problema.

Mais exatamente, sua forma de reagir aos sentimentos é que estava causando o problema. Sentia-se intensamente atraído por uma fantasia e agia em função dessa atração ao dizer sim a um encontro com uma desconhecida. Depois reagiu ao sentimento com culpa, precipitando um rompimento com Carrie. Nunca deu a ela, nem a si mesmo, uma chance de examinar o que estava sentindo por causa de suas reações automáticas a seus sentimentos.

Mark acabou se sentindo um fracassado, porque achou que tinha cometido um grande erro. Estando com quase 40 anos e nunca tendo se casado, Mark encontrava-se vulnerável às mensagens transmitidas pelo roteiro cultural de casamento. Sentia-se anormal e com medo de ficar sempre sozinho. Preocupava-se com a possibilidade de haver algo de errado com ele, algum defeito insuperável que sempre o levaria de volta ao lugar onde estava agora. Mark agarrou a chance de ser entrevistado para este livro dizendo: "Ser solteiro é um bode. Não estou tendo um décimo do prazer que todo mundo acha que tenho. Meus amigos mais íntimos estão todos casados e raramente nos vemos hoje em dia. Eles acham que estou sempre na farra, mas me sinto um lobo solitário que nem come carne!". Mark estava se sentindo alienado de seus amigos casados e condenado ao ostracismo por ser um solteirão. Sua irmã não era a única que chegara à conclusão de que ele só não estava casado porque estava sempre na farra. Seus amigos faziam comentários semelhantes, acrescentando que, embora invejassem sua condição de solteiro, estava na hora de Mark assentar a cabeça. Para onde quer que se voltasse, Mark se sentia deslocado. Também estava amarrado ao ciclo de acusações. Culpava-se, dizendo:

— Acho que preciso crescer. Pareço uma criança numa loja de doces. Toda vez que vejo uma moça bonita, é como se minha memória se apagasse. Seja com quem for que eu esteja envolvido no momento, ela simplesmente desaparece. Seja do que for que eu goste nela, apaga-se na mesma hora. Eu não devia estar sentindo essas coisas nesta idade. É uma estupidez.

Durante outra entrevista, ele acusou as mulheres e a sociedade em geral:

— A gente cresce cercado de imagens de mulheres que não existem. Vá a uma banca de jornais; tudo o que você vê ali são jovens mulheres sensuais na capa de todas as revistas. Você nem precisa ir à seção de adultos! É isso que me faz cair fora. Quando você conhece alguém que chega perto da fantasia, em geral ela não tem nada na cabeça, pois passou a vida inteira chamando a atenção com a aparência e mais nada. É uma mensagem dupla daquelas. As mulheres tentam e conseguem parecer sensuais e dizem aos homens que a beleza é o que importa numa mulher, mas você é superficial e não presta quando se preocupa demais com a aparência!

No decorrer de nossas entrevistas, Mark tomou conhecimento do ciclo de acusações e começou a entender por que alternava entre acusar a si mesmo e as mulheres. No início resistiu à idéia dizendo: "É uma coisa ou outra, não acho que eu acuso nem a mim nem às mulheres". Mas, depois que as transcrições do que ele havia dito foram lidas para ele, começou a perceber a tendência. O simples fato de você admitir a existência de um padrão não só o ajudará a perceber quando estiver fazendo algo, como também o ajudará a parar de contar tanto com as acusações para se sentir melhor em relação a si mesmo. Foi exatamente isso que aconteceu com Mark. Ele percebeu que sua raiva das mulheres e da sociedade não o levaria a parte alguma e não diminuiria seus esforços de tentar se compreender melhor. Nesse sentido, as acusações que fazia a si mesmo eram igualmente ineficazes. Como você vai ver, depois que rompeu o ciclo de acusações e passou a avaliar seus sentimentos e as circunstâncias de sua vida mais honestamente, Mark descobriu fatos importantes que o livraram da armadilha onde o roteiro cultural e seu roteiro pessoal de casamento o tinham feito cair.

Sarah

Se você se lembra do que Sarah disse antes, no capítulo 1, vai se lembrar que ela se sentia alienada e se recriminava de formas incrivelmente parecidas com as de Mark. Embora em geral gostasse de estar solteira, sua família e seus amigos se preocupavam, achando que sua condição de solteira tinha se tornado um problema. Ela se sentia "como uma criança que *precisava* crescer". Quando não acusava a si mesma, acusava os pais e a sociedade. Como Mark, ela também se queixava de receber mensagens contraditórias.

— A autonomia sempre foi a prioridade. Foi assim que fui criada e é nisso que acredito. Mas sinto como se eu tivesse recebido uma mensagem dupla. Não só dos meus pais, mas de todo mundo. Você deve se casar. Todos devem crescer e se casar como seus pais.

Na terapia Sarah começou a ver que acusar a si mesma ou a sociedade e os pais não ia levá-la a parte alguma. No começo foi bom ventilar sua raiva e frustração, mas, por fim, essas acusações a fizeram se sentir cínica e desmoralizada. Mais importante: impediam-na de examinar todos os fatos. Ela começou a escrever um diário, como sugerimos no capítulo 4, e fez uma lista de seus pensamentos auto-acusatórios mais comuns. Ela, assim como Mark, imaginou que a simples tomada de consciência desses pensamentos era o suficiente para diminuir a intensidade de sua tendência a fazer acusações. Depois de chegar até aqui, ela poderia passar para o estágio de avaliação de sua condição de solteira num mundo de casais.

Como não pulava mais para as respostas rápidas e fáceis oferecidas pelas acusações e pela culpa, Sarah ficou curiosa sobre sua experiência de alienação. Por que achava que precisava crescer? Era tão diferente assim das amigas de sua idade? Também começou a se perguntar o que poderia estar por trás da ânsia por novos homens. Por que era tão fácil sair de relações afetivas e partir para novas conquistas? Ela fez essas perguntas sem usar as lentes do roteiro cultural de casamento, que a fariam entender esses impulsos como sinal de imaturidade e como defeitos de caráter. Em vez disso, viu-os tais como são: emoções sobre as quais não tinha controle. Algo que poderia ser ignorado ou compreendido. Ela optou por compreender.

Avaliação

Quando Sarah entrou no estágio da avaliação, estava livre para examinar os fatos com toda a honestidade possível. O primeiro mistério que se revelou foi por quê, se ela em geral gostava de estar envolvida com alguém, entediava-se tão facilmente com um relacionamento. Lembra-se do que ela disse a esse respeito? "No começo é intenso e febril, mas depois eu meio que acabo me desinteressando?" Sarah queixava-se de ter se sentido entediada com o último namorado com quem rompeu. Quer você esteja ou não em terapia, sempre que se der o tempo e a oportunidade de examinar o que tem a dizer a si mesmo sobre o que sente, certas coisas tornam-se óbvias.

Como muita gente em terapia, Sarah descobriu que sentir tédio não é um sentimento; ao contrário: o tédio é a ausência de sentimento, e em geral significa que há outros sentimentos à espreita por trás da experiência do tédio, como "Não há ninguém em casa, vá embora". Ela descobriu isso conversando com seu último namorado, Rick.

— Foi meio abrupto. Estávamos jantando uma noite e, de repente, percebi que eu estava com pensamentos duplos. Sabe o que é isso?

— Você começou a pensar em outras coisas? — perguntei.*

— Exatamente. Ele estava falando e eu estava acompanhando seu raciocínio, mas também estava pensando no que tinha a fazer no trabalho no dia seguinte. Quando me surpreendi agindo assim, tentei parar. Mas não consegui. Por mais que tentasse não conseguia permanecer concentrada no que ele dizia. Foi aí que percebi que estava muito entediada com essa relação afetiva.

— Lembra-se do que ele estava falando?

— Não sei, não é isso que importa, é? Simplesmente ficou impossível continuar ali sentada ouvindo. Continuei pensando no fato de que eu tinha de demitir uma de nossas funcionárias. Ela é um doce de pessoa e eu estava péssima por ter de fazer isso. Meus sócios me elegeram porque, segundo eles, sou melhor nisso que eles, mas eis aí uma coisa que não gosto de fazer. Fico muito mal mesmo...

* X. A.

Enquanto Sarah falava, percebi que eu também havia começado a pensar em outra coisa. Estava pensando que eu só dispunha de quinze minutos entre o fim da sessão de Sarah e o início da seguinte. Eu sentia uma necessidade repentina e avassaladora de tomar uma xícara de café e estava calculando se teria ou não tempo de correr até a esquina entre uma sessão e outra. Felizmente essa cadeia de pensamentos não foi muito longe antes que eu me desse conta dela. Comecei a procurar a razão pela qual minha atenção estava se desviando. Será que eu estaria pura e simplesmente cansado? Ou teria algo a ver com o que Sarah estava dizendo? Eu ainda não havia percorrido uma grande parte da minha lista de possíveis desencadeadores do meu tédio quando meus pensamentos foram interrompidos pelo silêncio. Sarah parara de falar abruptamente. Eu estivera olhando para ela o tempo todo, mas acho que ela talvez tenha notado de alguma forma que minha mente estava vagando. Por isso perguntei:

— Por que parou justo agora?

— Não sei — respondeu. — Achei que talvez estivesse sendo chata. Achei que estava me lamentando.

— Você acha que fiquei entediado com o que você estava falando? — perguntei, repentinamente muito atento e presente.

— Não. Não é com você. Só senti que não estava falando nada de importante.

— Na verdade, a razão pela qual lhe perguntei isso foi que achei difícil prestar atenção no que você estava dizendo e, quando parou de falar, pensei que talvez você tivesse percebido.

— Não, não percebi. Eu estava entediando você?

— Eu estava com dificuldade de prestar atenção no que você estava dizendo — repliquei, tentando contornar a pergunta para não nos desviarmos mais ainda do que realmente interessava. — Mas não acho que fosse porque você estivesse me entediando. Na verdade, é um assunto palpitante. A maioria das pessoas não precisa despedir ninguém, mas acho que pode ter sido um desvio inconsciente. Você ainda não respondeu à minha pergunta.

— Qual *foi* a sua pergunta? — indagou ela tentando se lembrar. — Ah, sei. Você me perguntou sobre o que Rick estava falando quando eu comecei a pensar em outra coisa.

— Exatamente — disse eu para encorajá-la.

— Agora me lembro. Ele estava falando que queria viajar comigo no fim de semana. Estava cheio de rodeios. Nunca ia direto ao ponto e me convidava, talvez porque eu não parecia interessada, mas era realmente o que ele estava pretendendo. Ficou falando sobre esse lugar lá nas montanhas Adirondack, aonde ele gostava de ir. Estava me dizendo o quanto era romântico lá nessa época do ano. Lembro-me de pensar que ele estava me sondando para ver se eu estava interessada. Credo!

— Credo por quê?

— Me lembra muito as viagens que eu fazia com meus pais quando a gente acampava. Meu pai adorava acampar nas montanhas. Eu decididamente não estou nem um pouco interessada. Será que foi por isso que comecei a pensar no trabalho em vez de ouvir o que Rick estava dizendo?

— Parece uma boa possibilidade. Mas ainda não entendi bem a parte do "credo!"

— Minha mãe sempre bancava a "dona de casa feliz" nessas viagens. Fazia as compras, preparava todas as refeições, estendia os sacos de dormir à noite e os dobrava de manhã. Meu pai saía para pescar ou caminhar e ela ficava na retaguarda, cuidando do fogo doméstico.

— Você acha que isso aconteceria com Rick?

— De jeito nenhum. Eu nunca deixaria acontecer. E Rick não é desse tipo. Pelo menos eu não acho que seja. Pensando bem, isso não faz sentido. Quer dizer, eu não estava com medo de que fosse acontecer com Rick.

— As emoções não têm de fazer sentido. Você não pode dizer agora vou sentir isso, agora vou sentir aquilo. Você só sente. Mas posso repetir o que disse e você pode me dizer o que a evidência sugere. Quando você e Rick estavam conversando, ficou entediada. Certo?

— Certo.

— Mas o que você descobriu hoje é que seu tédio era, na verdade, uma espécie de máscara. Escondia o que você estava sentindo. O fato é que você estava realmente sentindo algo bem forte. Sentiu repulsa ou, parafraseando o que você disse antes, a idéia de ir acampar fez você pensar "Credo!". Quando lhe perguntei sobre esse sentimento, quando lhe perguntei por que disse "Credo!", seus pensamentos se voltaram para seus pais. Começou a se lembrar da forma como sua mãe era subserviente a seu pai. Você me disse antes que ela era muito infeliz nesse papel, que ela renunciou a muita coisa para continuar casada. Tudo isso que eu disse até agora se encaixa na sua experiência? — perguntei, esperando que Sarah estivesse com a mente aberta para os fatos.

— Encaixa. Não percebi na hora, mas eu senti mesmo repulsa com a idéia de viajar com Rick durante um fim de semana. Mas não significa que eu estivesse com medo. Isso ainda não faz sentido para mim.

— Na verdade, acho que faz sentido no contexto do seu passado. Como você disse, não tem nenhum motivo para achar que seria subserviente a Rick, pois não é assim que você é e ele não parece querer isso. Portanto, naquele contexto, *não* faria sentido que você tivesse medo de assumir esse papel com ele. Mas os sentimentos nem sempre fazem sentido, pelo menos não à primeira vista. A idéia de que você estivesse com medo disso faz muito sentido se o medo for uma lembrança — um sentimento despertado por uma lembrança que veio à tona quando você se aproximou de Rick.

A reação de Sarah a essas observações foi falar o que a fazia sentir como se estivesse indo acampar com os pais quando era pequena. Na verdade, começou a sentir alguns de seus medos antigos no contexto de suas recordações. Quando criança, tinha tido medo de ficar como a mãe. Não havia paixão na relação dos pais e sua mãe não gostava do papel que havia assumido com o casamento. Arrependia-se de ter se casado muito jovem e gostaria de ter feito algo melhor com sua vida. A mãe havia sido infeliz e Sarah tinha medo de ter o mesmo destino.

O fato de Rick ter falado especificamente em acampar não foi mero capricho do destino; ele poderia ter falado de qualquer coisa. Na verdade, estava "nas preliminares", segundo a expressão de Sarah. Estava comunicando o desejo de ter mais intimidade com ela. Nunca haviam viajado juntos antes, e passarem um fim de semana sem mais ninguém teria levado a um nível de intimidade para o qual Sarah não estava preparada. O que Sarah estava sentindo não era medo de acampar; era medo da intimidade. No que dizia respeito a Sarah, uma intimidade maior com Rick era mais um passo na direção do casamento, e o casamento era para perdedores, não para ela.

Seu roteiro de casamento era insidioso, pois carregou-o consigo durante a maior parte da vida sem consciência dele. Depois de adulta, Sarah tinha sido testemunha de muitos aspectos da relação dos pais, e o roteiro resultante desse processo, gravado em seu subconsciente, não era muito atraente. Antes de você se apressar em acusar os pais de Sarah, como ela fez, considere que, quando ela estava sendo criada, seus pais estavam em meio a uma revolução cultural. A mãe se casou jovem, muito porque essa era de longe a opção mais atraente à disposição para uma mulher daquela época. Assim como os papéis das mulheres se expandiram com o movimento feminista, o mesmo ocorreu com as expectativas e o desejo da mãe de Sarah por uma vida diferente. Ela não é mais culpada por seu casamento infeliz do que Sarah por seu desconforto atual por ser solteira. Mas a mãe de Sarah nunca identificou que aspectos do seu eu e da sua relação afetiva ela poderia mudar; por isso ficou com muito do que se arrepender. E sua filha foi deixada com um roteiro de casamento que afirmava "Você é um fracasso como mulher se não estiver casada".

Mas agora Sarah está em condições de assumir a responsabilidade por sua situação. Depois da primeira experiência de tédio que teve com Rick, seu desinteresse continuou aumentando até o ponto em que ela finalmente rompeu com ele. Foi em busca de pastos mais verdes. Agora, mais consciente a respeito de seu roteiro de casamento e de como ele a levou a associar casamento com infelicidade, ela pode começar a fazer alguma coisa com a confusão que ele estava lhe criando. Particularmente, descobriu que seu tédio com Rick era uma reação automática ao medo gerado por seu roteiro. Ela não chegou a essa conclusão da noite para o dia. Foi preciso tempo e uma abertura maior para seus sentimentos. Mas, quando descobriu que seu tédio numa relação afetiva era um sinal típico de que ela estava sentindo medo, Sarah finalmente se pôs em condições de fazer algo a respeito.

Mark

Quando Mark percebeu que sua raiva das mulheres e da sociedade não o levaria a parte alguma e que as acusações que fazia a si mesmo eram igualmente ineficazes, começou a buscar em outro lugar a causa de sua infelicidade. Foi nesse ponto que Mark entrou no estágio de avaliação e conseguiu examinar os fatos mais honestamente. Queríamos saber mais sobre as idéias de Mark a respeito do casamento e, durante uma entrevista, a pergunta foi feita:

— O que você pensa sobre o casamento?

— Não vejo nada de errado com ele.

Sorriu ao dizer isso e depois acrescentou:

Consigo vê-lo no meu futuro.

— Como imagina que seria? — continuei.

— O que eu imagino? — Ele parou como se estivesse imerso em pensamentos profundos. — Vejo uma casa com jardim nos subúrbios, uma cerca de estacas brancas e crianças correndo pelo gramado.

Ocorreu-me imediatamente que seu conceito não incluía também o tipo de mulher com quem gostaria de se casar nem a natureza de sua relação com ela, por isso perguntei:

— E sua mulher? Como imagina que ela vai ser?

— Não sei. Honestamente, nunca pensei muito nisso. Como poderia saber como é que vai ser a minha mulher se ainda nem a conheço? — acrescentou na defensiva.

— Não estou lhe perguntando sobre o futuro. Sei que você não pode falar dele... ao menos suponho que não. — Ambos sorrimos. — Mas você pode imaginar o futuro. O que vê quando se imagina casado? Que tipo de pessoa sua mulher seria? Como seria sua relação com ela?

A resposta de Mark a essas perguntas foi notável, pois, na verdade, ele não tinha como responder. Continuou dizendo que nunca pensara sobre o assunto antes e que achava que não tinha uma imagem do tipo de mulher com quem estaria nem de sua relação com ela. Mas ficou impressionado, como eu também, com o fato de sua imagem do que seria um casamento estar absolutamente destituída de sentimentos ou de uma ligação profunda com alguém. Sua imagem era como se ele estivesse olhando de fora, e nós não estávamos nos aproximando nem um pouco de sua visão do casamento. Portanto, mudei de tática.

— Vamos esquecer a sua mulher e falar da casa, da cerca branca e das crianças no gramado.

— Não se esqueça do subúrbio — ele me lembrou secamente.

— E do subúrbio — acrescentei. — E então, no que essas coisas fazem você pensar?

Com relutância, como uma criança pega com a mão na lata de biscoitos, ele admitiu humildemente:

— Meus pais... Cara, você me faz pensar que tudo sempre diz respeito a meus pais!

— Não se precipite! — contra-ataquei, defendendo a mim e à profissão. — Foi você quem disse isso, e não eu! — Ambos começamos a rir.

— Tá, tá, tá... Certo, fui eu que disse, mas e daí?

— Ainda não sei se existe mais alguma coisa. Só estou tentando ajudá-lo a manter a cabeça aberta para quaisquer associações que você faça para a casa de subúrbio com a cerca branca, jardim e crianças.

— Responsabilidade.

— Pode explicar melhor?

— Não sei, foi essa a palavra que acabou de me passar pela cabeça. — Fez uma longa pausa e depois continuou. — Meu pai ralou a vida inteira. Raramente se queixava, mas sei que se sentia sobrecarregado pelas responsabilidades. Tínhamos uma casa no subúrbio quando eu era criança, e ele provavelmente ainda está pagando por ela.

— Você acha que ele era feliz no casamento?

— Talvez fosse, talvez não. Sei que não cantava de galo. Acho que era controlado pela minha mãe. Ela queria uma casa grande, então ele comprou uma casa grande. Ela não queria que ele saísse com os amigos depois do trabalho, então ele parou de fazer isso. Minha mãe se queixava muito de meu pai e ele meio que agüentava aquilo em silêncio. Eu pensava: "Cara, por que ele não a enfrenta?". Mas raramente ele a enfrentava.

No decorrer dos vários meses seguintes, Mark tornou-se cada vez mais consciente da imagem que tinha do casamento. Nunca havia pensado realmente no assunto antes de a questão lhe ser apresentada. Descobriu um roteiro negativo de casamento que tinha raízes no casamento dos pais. Achava que o pai nunca enfrentava a mãe e que, de modo geral, foi infeliz no casamento. Não temos como saber se a percepção de Mark a respeito da experiência do pai era exata ou não, mas não há necessidade disso. O que importa é compreender o que Mark imaginava que o pai sentia. Porque o que ele imaginava — que o pai era infeliz no casamento — foi a informação de que Mark precisou para elaborar seu roteiro de casamento.

Em certos aspectos, Mark considerava o pai um perdedor. Depois que se abriu para sua visão de casamento, teve mais condições de reconhecê-la sempre que ela, de acordo com suas palavras, "mostrava sua cara feia". Percebeu que também considerava seus amigos casados perdedores. Agora raramente saíam juntos e, quando saíam, costumavam se queixar de suas mulheres.

Como Sarah, Mark também começou a ficar mais aberto para os sentimentos que seu roteiro despertava nele. A atração que sentia sempre que conhecia alguém diferente era muito mais intensa do que a fascinação natural que todos sentem de vez em quando por algo que não têm. A atração era muito forte porque resultava de sua crença de que o casamento era para perdedores. Uma apólice de seguro contra o casamento. Quando Mark percebeu que o medo de se tornar ele próprio um perdedor estava intensificando essas atrações, o que havia acontecido com Carrie começou a fazer mais sentido para ele. E também o preparou para o estágio da aceitação e para assumir a responsabilidade pelos sentimentos e percepções gerados pelo roteiro e pelos problemas que estava causando em sua vida.

Aceitação

Nem Mark nem Sarah podiam evitar sentir o que sentiam pelo casamento. Mark temia perder a virilidade e Sarah tinha medo de se tornar passiva e subserviente. Mas depois que começaram a aceitar esses sentimentos, em vez de tentar se distanciar deles, passaram a assumir responsabilidades. Ao se tornarem mais intimamente familiarizados com esses medos até então inconscientes, conseguiram parar de reagir a eles de forma automática. O fato de terem uma idéia mais acurada da origem desses sentimentos ajudou-os demais. No caso de Mark, fez com que ele deixasse de "abandonar o barco" muito depressa, pois compreendeu que as atrações que sentia eram brisas, e não vendavais que virariam uma relação afetiva mais estável de cabeça para baixo.

Mark nos disse que chegou a ligar para Carrie e a perguntar se ela lhe daria uma segunda chance. Com uma compreensão melhor do porquê se sentia tão atraído por outras mulheres, essa atração perdeu boa parte do poder sobre ele. Ele achou que não estaria mais tão vulnerável a esses sentimentos, agora que tinha uma idéia melhor do lugar de onde vinham. Carrie concordou em se encontrar com ele, mas, com uma prudência compreensível, disse a Mark que não estava fazendo nenhuma promessa e avisou-o de que não acreditava em terceira chance.

Sarah, por sua vez, descobriu um medo diferente, mas com um efeito parecido sobre sua condição de solteira. Tinha medo de acabar como sua mãe. E, da mesma forma que Mark, também abandonava o barco sempre que esse medo se intensificava. Isso levou à experiência de alienação de que falamos antes e fez com que aquilo que poderia ser um momento prazeroso em sua vida ficasse cheio de dúvidas e ansiedade. Quando passou a perceber melhor os momentos em que se via nessa situação, conseguiu controlar a maneira de lidar com esses sentimentos. Também descobriu que a atenção recebida sempre que estava sendo cortejada tinha sido a principal forma com que, até então, procurava afastar esse medo.

Muitos homens se sentem atraídos por Sarah. Em geral eles gostam do que ela faz para ganhar dinheiro e ficam impressionados com tudo que ela conseguiu na profissão. Ela adora contar a história da criação de sua agência de viagens com dois amigos e que viaja para qualquer lugar do mundo com quantias insignificantes. O período de lua-de-mel do namoro, aquele primeiro estágio em que o pretendente estava interessado em saber tudo a respeito dela, dava a Sarah muito mais que a sensação habitual de ser desejada. Ajudava a diminuir os temores criados por seu roteiro de casamento. Quando estava com um homem que queria saber tudo a respeito de seus feitos profissionais, ela sentia tudo, menos qualquer semelhança com a mãe.

Mas sempre que uma relação afetiva começava a se desenvolver e a atenção e os elogios dos primeiros estágios do namoro se desvaneciam em lembranças, o medo de cair num casamento sem paixão e cheio de decepções voltava a se intensificar. Embora sua ansiedade piorasse nesses momentos, nunca chegava à consciência. Desencadeava, porém, uma experiência consciente de que "essa relação se tornou tediosa. Deve haver alguém melhor lá fora".

Como cresceu associando casamento com um sacrifício absurdo, com sentimentos de decepção e perda da paixão, a atração consumidora de Sarah no período de lua-de-mel é compreensível. Quando identificou seu roteiro de casamento, Sarah começou a assumir mais responsabilidades por sua felicidade de mulher solteira. Saber que tinha esse roteiro ajudou-a a reconhecer mais facilmente quando estava sentindo medo. Conseguiu arrastar os sentimentos gerados pelo roteiro para fora do cofre onde estavam trancados, trazendo-os para a consciência, onde podia lidar com eles diretamente, de forma muito mais satisfatória, sem deixar que eles provocassem tanta confusão. Logo aprendeu a assumir responsabilidade por aquelas coisas que podia mudar e a aceitar as que não podia. Como Mark, uma das primeiras coisas pelas quais assumiu responsabilidade foi por seu impulso de abandonar o barco.

Agora está namorando um homem chamado David. Já estão juntos há três meses. Sarah fala sobre um momento em que encarou a tarefa de assumir a responsabilidade pelos impulsos criados por seu roteiro de casamento.

— A paixão simplesmente desapareceu da transa. Foi muito estranho. Percebi que o velho modelo estava sendo ativado outra vez quando voltei de Londres e fui para a cama sem ouvir as mensagens gravadas na secretária eletrônica.

Ela tinha viajado para a Europa durante o fim de semana, como fazia freqüentemente a negócios.

— Nas duas últimas vezes que viajei, quis ouvir minhas mensagens na secretária eletrônica lá do aeroporto, antes mesmo de chegar em casa, para saber se ele tinha ligado!

— Alguma idéia do que desencadeou o antigo modelo?

— Pensei nisso na manhã seguinte. A primeira coisa que me veio à cabeça foi uma conversa que tivemos antes de eu viajar. David disse que quando eu voltasse ele queria que saíssemos com seu irmão e a mulher dele. Não percebi na hora, mas acho que isso me pôs para correr. Fiquei com medo.

— E o que fez a respeito? — perguntei num tom ligeiramente provocador.

— Nada, óbvio!

Ambos rimos com a minha pergunta e a resposta dela. Uma das lições que Sarah tinha aprendido na terapia, depois de muitas e muitas repetições, foi que você não tem necessariamente de fazer algo a respeito de um sentimento. Na verdade, quando você age, em geral mascara o motivo real do sentimento. Sarah havia aceitado que estava com medo. Não tinha de fazer nada a respeito, exceto sentir o medo — e lembrar-se que ele era conseqüência de seu roteiro negativo de casamento. A melhor coisa que há em relação a esse tipo de medo é que, quando você se permite senti-lo bastante, ele acaba desaparecendo. Sarah estava colhendo os frutos da aceitação de seus medos. Foi verificar a secretária eletrônica na manhã seguinte. Dave tinha deixado uma mensagem e ela respondeu. Em vez de sucumbir ao medo, Sarah começou a reivindicar seu lugar e o sentimento de integração. Sentiu-se mais segura no âmbito amoroso e menos defensiva e alienada quando a mãe lhe perguntou se Dave era o homem de sua vida.

Assimilação

Sarah não tinha mais a sensação de que não sabia o que estava fazendo e descobriu que podia curtir o tempo que passava com os pais de uma forma que jamais conseguira. Sentindo-se mais segura de quem era e com menos medo da perspectiva de um casamento, defendeu-se mais efetivamente dos comentários bem-intencionados, mas penosos, que os pais faziam. Usou muitas das técnicas que apresentamos no capítulo 10, "Como evitar o tiroteio bem-intencionado dos amigos", para tornar os pais conscientes dos sentimentos que seus comentários despertavam nela. Também se sentiu menos confusa e assustada por seus sentimentos de tédio nas relações afetivas.

Seu relacionamento com David tinha começado intenso e excitante como muitas de suas relações anteriores. E, como antes, ela de repente se deparou com um muro de tédio. Mas, em vez de reagir a ele rompendo com

Dave e seguindo em frente, ela cavou mais fundo e descobriu um poço de sentimentos que cercavam seu roteiro de casamento. Era a intimidade que vivia com Dave que despertava os agora familiares sentimentos de medo. Depois de trazer esses sentimentos para a luz do dia, Sarah conseguiu ver claramente que não estava entrando numa vida vazia, sem paixão e sem graça como a da mãe. Ao aceitar esses sentimentos e lembrar-se que eles surgiam de lembranças das queixas da mãe e de suas próprias recordações do que é crescer numa família sem paixão, Sarah obteve mais controle sobre a possibilidade de agir ou não em função deles. O impulso de romper com Dave perdeu sua urgência. Em vez de romper, ela procurou formas de reavivar a chama do seu amor. Não sabemos como acabou a relação entre Sarah e David, mas sabemos qual foi o resultado da história de Sarah. Ela chegou à terapia sentindo-se uma criança, incompetente e alienada. Saiu sentindo-se uma mulher, segura de si e certa de estar integrada à vida social. Conseguia pensar mais claramente sobre o que queria numa relação afetiva, e tinha todos os motivos do mundo para acreditar que alcançaria isso. Seus temores a respeito do casamento ainda existiam, mas não mais governavam sua vida.

Na última vez que falamos com Mark ele ainda estava se encontrando com Carrie e disse que as coisas iam muito bem com ele. A julgar por nossa conversa, ficou claro que ele continuava assumindo a responsabilidade por seu desejo de abandonar o barco, e o resultado foi que estava se sentindo menos anormal e menos alienado. Compreendeu o que era esse desejo: uma reação a seu roteiro pessoal de casamento. Não o interpretava mais como um sinal de imaturidade e de fracasso como homem. Aceitàra seu medo.

Ainda temia acabar como o pai e, de vez em quando, sentia o desejo de abandonar o barco. Mas compreendeu que esse desejo era uma lembrança e não algo que tinha de levá-lo a tomar uma providência imediata. Ao se dar tempo e não incendiar as pontes prematuramente, não perdeu nada e ganhou muito. Se Carrie se mostrar parecida demais com a mãe de Mark ou se alguma outra faceta da personalidade dela começar a aborrecê-lo profundamente, ele sempre pode seguir seu caminho. Se isso acontecer com essa relação afetiva, é possível que Mark esteja seguindo em frente por bons motivos, e não por causa de algum fantasma do passado.

7

Capítulo

O MEDO DE FAZER A ESCOLHA ERRADA

Parece que todas as minhas amigas casadas souberam quando era o homem certo. Estou com Brian há quase seis meses e não consigo evitar de me perguntar se ele é o homem certo para mim. Será que a esta altura eu já não devia estar sabendo se é ele mesmo?

KATIE, *empresária de 25 anos*

Às vezes simplesmente não sei o que pensar de Carl. É muito bom quando estamos juntos, mas tenho a sensação de que alguns de meus amigos desaprovam. Eles não dizem isso para mim, mas falam coisas do tipo "Ele ainda está solteiro por algum motivo". Foi um solteirão a vida toda e isso não acontece por acaso. Acho que eu devia ler um desses livros estúpidos sobre a maneira de encontrar o "Homem Certo".

MARILYN, *modelo comercial de 48 anos*

Se você se pergunta muitas vezes se ele é o homem certo para você, a pergunta pode se referir menos ao outro que à falta de confiança em sua capacidade de escolher. Muitos solteiros são perseguidos por dúvidas mutiladoras a respeito de sua capacidade de escolher alguém com quem possam viver felizes. A julgar pelos numerosos livros de autoajuda sobre a maneira de reconhecer se você está ou não namorando a pessoa errada e como encontrar a certa, parece que muitos solteiros realmente padecem do medo de fazer a escolha errada.

À primeira vista, o medo de fazer uma escolha errada parece estar ligado à capacidade de decidir se seu par amoroso do momento é mesmo alguém "à sua altura", alguém por quem vale a pena abrir mão de sua independência, ou se haveria possibilidade de encontrar outra pessoa com quem você seria mais feliz. Muitas questões exteriores podem atrapalhar sua escolha. Ele é atraente? Vem de uma família que não seja desestruturada? É amargo ou cínico demais em relação à vida? Pretende o mesmo estilo de vida que você? Tem sucesso? O problema é saber se seu par amoroso preenche os requisitos do que Katie chamava de "um pretendente".

Num nível menos consciente, a insegurança em relação a sua capacidade de escolher em geral se refere menos ao que é necessário para alguém preencher suas medidas e mais a um roteiro de casamento do qual você não tem conhecimento consciente. Marilyn definiu bem seu roteiro quando revelou sua crença de que "é facílimo você se queimar quando se casa".

É facílimo se queimar

Por um grande número de razões, muitos solteiros passaram a acreditar que o casamento é um perigo. É inegável que a mídia mostra inúmeros casamentos que acabaram mal. Divórcio, infidelidade, "o outro lhe arrancar o couro" e até assassinato são alguns dos resultados com que se deparam aqueles corajosos o bastante, ou tolos o bastante, para se casar. No entanto, muitas vezes esse roteiro é forjado na infância e depois reforçado por todos os exemplos de maus casamentos que a pessoa encontra.

O roteiro "queimar-se" é diferente do roteiro "o casamento é para perdedores" por enfatizar o que a vida de casado vai fazer você sentir e se você pode ou não confiar no outro. O roteiro "perdedores" concentra-se no que o casamento vai fazê-lo sentir em relação a si mesmo. Afirma que você vai sentir que abriu mão de coisas demais, que fez concessões demais e mais alguma outra coisa que não só fará você se arrepender como também se sentir humilhado. Por outro lado, o roteiro "é facílimo se queimar" dedica-se ao quanto você vai sofrer quando se casar. Vai doer e você vai descobrir que não pode confiar realmente no outro ou na relação afetiva de vocês.

Ironicamente, quando as pessoas que seguem o roteiro "é facílimo se queimar" não têm consciência dele, muitas vezes adotam crenças opostas, tais como os casados sabem escolher bem, e escolhem sem dúvidas e sem receios. É o mesmo tipo de manobra defensiva, realizada inconscientemente, que William Shakespeare retratou ao escrever "Parece-me que a senhora protesta demais". Infelizmente, se você acha que os casados devem ter feito tudo certo, é provável que amplifique os aspectos do roteiro cultural que prega "se você é solteiro é porque ainda está indeciso e não sabe escolher". A ansiedade e a insegurança dos solteiros são usadas como mais uma prova de que eles têm um defeito de fabricação. Isso leva a sentimentos de alienação como aqueles expressos por Katie ao dizer "Está começando a parecer que todos já se decidiram, menos eu".

Alienação

Katie

Katie, uma moça solteira de 25 anos que é sócia de uma empresa, veio fazer terapia quando começou a namorar Brian. Estava entusiasmada, mas também ansiosa. Tinha muitas esperanças de que ele fosse "o homem certo", mas também alimentava muitas dúvidas: perguntava-me* freqüentemente:

— Será que é ele? Depois de todo esse tempo na batalha, obrigando-me a ir a todos os eventos para solteiros da cidade, será que finalmente

* J. K.

encontrei a pessoa certa para mim? Mal posso acreditar! Sei que devia estar sendo maravilhoso, mas simplesmente não me sinto segura de nada. Está me dando nos nervos.

Brian, um executivo do ramo bancário em franca ascensão, e bonito, certamente parecia ser uma boa escolha desde o início. Ele e Katie tinham muitos amigos comuns; ele havia freqüentado uma boa escola e tinha um emprego maravilhoso num dos maiores bancos da cidade. O melhor de tudo era que parecia ter muito respeito por Katie. Conversava com ela sobre o trabalho e parecia gostar particularmente de seus conselhos sobre como lidar com as pessoas, uma área onde ela se sentia em casa. Katie o descreveu assim:

— Ele me deixa ser eu mesma e gosta do que tenho a dizer. Acha bom tudo o que faço... mesmo quando estou sendo idiota. Dá para imaginar?

Apesar dessa compatibilidade aparente, Katie estava tendo dificuldade para se sentir segura em relação a Brian, em parte, disse a si mesma, por causa da família dele. Havia divórcios, novos casamentos e uma boa mistura de crenças religiosas na família de Brian. Embora a família de Katie também fosse complicada, não era "como a de Brian". A família de Katie era católica de ponta a ponta. Não havia ninguém divorciado e a maioria de seus irmãos estava casada e com filhos. Mas é bom lembrar que Debbie, a irmã de Katie, bebia muito e se tornava extremamente desagradável quando bêbada e que seu irmão mais velho, Ian, era considerado a ovelha negra da família. Ficara desempregado mais de uma vez e naquele momento morava na casa dos pais. Mas o fato de membros de sua própria família ter defeitos e problemas desaparecia da consciência de Katie quando ela se concentrava nos problemas de Brian. Os problemas da família dele faziam com que ela se preocupasse com a possibilidade de que ele acabasse se revelando uma má escolha como marido.

— Simplesmente não sei se Brian é mesmo o homem certo para mim. Sua família nem é exatamente católica, ele mesmo não é mais um católico praticante. E sua irmã é casada com um judeu. Acho que eles celebram tanto o Natal quanto o *Chanuca*. Quero que meus filhos sejam católicos, isso não se discute.

— E você acha que Brian não quer isso? — perguntei.

— Não sei. Mas sei que os pais de Brian são divorciados. Será que isso significa que vai ser mais fácil para Brian se divorciar? Não faço a menor idéia se tenho mesmo de me preocupar com esse tipo de coisa, mas acho que devo, porque me preocupo. Está me deixando louca. Sinto-me uma idiota perfeita por estar preocupada assim. Por que não consigo tomar uma decisão como todo mundo?

À medida que o tempo foi passando, em vez de ganhar clareza a seu respeito, Katie ficava cada vez mais confusa. Para enfrentar sua ansiedade crescente, ela pedia repetidamente a opinião dos outros.

— Fico perguntando a minhas amigas o que acham de Brian. Parece que elas o adoram! Ficam irritadas é com o fato de eu ficar lhes fazendo perguntas a respeito da minha relação com ele. Querem saber qual é o problema. Por que simplesmente não sigo em frente? Estão cansadas de repassar todos os detalhes mil vezes. Mas parece que não consigo evitar esse tipo de coisa. Fico remoendo o problema na cabeça, parece que nunca vai ser resolvido. Algumas de minhas amigas ficaram irritadas comigo e me pediram que eu parasse de falar dele com elas. Na noite passada, Carol me disse: "Ele é um cara legal, fim de papo. Ou você mergulha na relação, ou cai fora". Todo mundo parece ter mais facilidade que eu nessa área. Sabem quando é a pessoa certa. É como se conseguissem confiar nas próprias entranhas. Só que não sou como todo mundo quando se trata desse assunto. Não tenho a menor idéia do que minhas entranhas estão me dizendo de um minuto para o outro. Eu adoraria ser como todo mundo.

E, quando Katie conversava com as irmãs a respeito de sua indecisão, entrava cada vez mais no estágio de alienação.

— Simplesmente não sou como minhas irmãs. Os maridos delas se revelaram grandes caras, mas foi preciso trabalhar duro para chegarem aí. Eu nunca teria me casado com nenhum dos dois. Mas, sabe, elas resolveram sozinhas. Tenho medo de não conseguir fazer isso. Sou aquela que ainda está aqui sentada sozinha, ainda se sentindo uma incapaz.

Katie se acusava por sua indecisão e por provocar em si mesma os sentimentos de ansiedade que estava tendo. Cometeu o erro comum de que falamos no capítulo 5: achava que tinha controle sobre o que sentia. Isso aumentava seu sentimento de alienação, porque estava convencida de que não devia se sentir tão ansiosa quanto se sentia. Acusava-se do que estava sentindo e de sua falta de segurança para saber se sua relação com Brian era ou não uma boa relação. Mas só fazia essas coisas quando não estava acusando a história familiar de Brian por sua insegurança. Enquanto não rompesse o ciclo de acusações, permaneceria presa no estágio de alienação.

Marilyn

Marilyn, uma modelo comercial de 48 anos, lutava com muitas das mesmas dúvidas e temores descritos por Katie. Mas Marilyn descobriu sua forma particular de enfrentá-los. Vivia a mais de 300 quilômetros de distância de Carl, o homem com quem tinha começado a namorar fazia pouco tempo. A distância era suficiente para assegurar que o tempo que passavam juntos se limitasse principalmente a fins de semana. Quando se encontravam, curtiam intensamente a presença um do outro e conseguiam evitar muitas das questões mais tediosas do dia-a-dia que poderiam ter feito surgir conflitos entre eles (por exemplo, o tempo passado com outras pessoas, atividades, como administrar as finanças, as questões familiares). De modo geral, participavam de atividades que o outro não teria curtido se não estivessem juntos. Quando os conflitos se manifestavam, eles se afastavam, permitindo que o tempo e a distância diluíssem as tensões. Podia ser uma forma de relacionamento muito razoável entre duas pessoas que pretendiam um nível semelhante de envolvimento cotidiano. Mas, depois de vários meses, Marilyn percebeu uma certa ambivalência de sua parte em relação a esse arranjo.

— Faz tempo que estou solteira. Faz mais de quinze anos que me divorciei. Sei que gosto muito da minha independência e de não estar disponível o tempo todo. Mas às vezes também sinto solidão. Com Carl, comecei a me perguntar como seria me casar outra vez. Tê-lo por perto todos os dias, e não só nos fins de semana. Ir para a cama com ele e acordar com ele de manhã. Como todo mundo! Acho que não sentiria solidão com Carl. Sempre temos muito o que conversar. Ele é muito inteligente. Acho que podia ser muito bom. Ele me faz rir muito. Parece que nos damos muito bem mesmo.

Ela e Carl de fato passavam momentos maravilhosos juntos. Gostavam de viajar, em geral para lugares remotos que estimulassem os interesses intelectuais que tinham em comum. Marilyn se encarregava das coisas práticas (tirar os passaportes, aprender a língua do país que iam visitar), enquanto Carl traçava os planos (imaginar todo o cenário da viagem). Quando não estavam viajando, gostavam de ir ao cinema e ao teatro, a *vernissages*, aos restaurantes da região e de se encontrar com um pequeno grupo de amigos, principalmente os da comunidade de Carl. Com o tempo, Marilyn se surpreendeu pensando em partilhar mais de sua vida com Carl. Parecia uma ótima idéia, algo com que ela viria mesmo a sonhar, mas sempre lá longe, no futuro.

Por acaso, sua situação confortável acabou de repente quando Marilyn perdeu o emprego. Como modelo comercial atuando num ramo da indústria que vinha diminuindo lenta, mas inexoravelmente em sua cidade, Marilyn achou que precisava pensar com o maior cuidado em seu próximo passo profissional. O futuro parecia inteiramente em aberto. Embora as novas possibilidades fossem estimulantes, Marilyn também se surpreendeu insone certa noite:

— Estou preocupada, assustada. Não consigo acreditar que fui despedida. Eu sabia que as vendas estavam caindo e sabia que eles iam ter de começar a pensar numa nova equipe ou em fechar a loja. Esse tipo de coisa está acontecendo em toda a parte. Mas nunca pensei que fosse acontecer comigo. Sabe, nunca fiz planos, mesmo vendo as coisas se aproximando. Meu Deus, como isso se parece comigo!

Ao dizer "como isso se parece comigo!", ela estava se referindo a sua sensação de incompetência.

Sua mãe só fez piorar a sensação crescente de inadequação e a experiência inevitável de alienação que acompanha esses sentimentos ao dizer a Marilyn:

— Sua vida é uma bagunça só. Nada de seguro-desemprego, nada de marido e família. Toda a sua vida eu me preocupei com você. Sempre disse que ia ter problemas se não assentasse a cabeça como suas irmãs. Mas você nunca quis fazer isso. Teve muitas chances, mas nunca quis fazer o que todo mundo faz. Sempre fez o maior carnaval em relação a se casar de novo. Não, você tem de ser diferente.

A preocupação da mãe atingiu o nervo. Marilyn realmente se sentia sozinha no mundo e gostaria de ter alguém para ajudá-la a atravessar esse momento aterrorizante. Embora a crise profissional tenha sido o desencadeador de sua preocupação crescente, sua condição de mulher solteira tinha se tornado um foco adicional, e muitas vezes intenso, de insegurança e sentimentos de alienação.

Para enfrentá-los, Marilyn, como Katie, apelou para as acusações. Culpava-se por sua situação presente, por não ter planejado bem o futuro, devia ter pensado na possibilidade de uma demissão; além disso, também se culpava por estar solteira, por sempre ter escolhido perdedores que acabavam revelando não ser o que pareciam. Outras vezes, Carl era o alvo de suas acusações:

— Sabe, quando olho bem para o Carl, pergunto-me por que, afinal de contas, estou com ele. Nunca se casou e provavelmente não consegue assumir um compromisso com ninguém. Na verdade, ele só pensa em si mesmo. Pensando bem, Carl tem uns defeitos bem graves.

Só quando aprendeu a romper o ciclo da culpa é que Marilyn pôde começar a procurar em outros lugares as razões de estar se sentindo tão preocupada e insegura.

Para romper o ciclo, a primeira coisa que fez foi procurar o que poderia estar por trás de seus sentimentos de ansiedade além de sua crença condenatória de que era inerentemente incapaz de escolher bem. Foi mais fácil para ela começar o processo examinando esses sentimentos em sua vida profissional. Mas, como você logo vai ver, suas inseguranças na área do trabalho tinham as mesmas raízes que suas inseguranças na área do amor.

Marilyn precisou reconsiderar a questão de por que não tinha planejado bem seu futuro profissional. Na verdade, apesar do que sentia, ela havia previsto a demissão e agira de formas a se preservar. Antes de sua demissão, o pai de Marilyn tinha ficado doente por vários meses. Durante esse período, precisara de atenção adicional, atenção que a afastou de sua vida profissional. Mesmo assim, na época em que foi realmente despedida, ela já tinha começado a procurar seriamente uma coisa nova. Fez isso por saber que seu ramo sofria um declínio generalizado em sua região e que provavelmente estava na hora de promover uma mudança profissional mais drástica.

E Carl? Ele nunca tinha sido casado e Marilyn se preocupava com a possibilidade de ele ser "um solteiro arrematado", um solteirão convicto. Era verdade que ele fora solteiro a vida toda, mas essa era uma constatação superficial e sem importância. O que Carl tinha a dizer sobre sua condição de homem solteiro? Como acabamos por saber, entre as muitas de suas prováveis razões, uma era da maior importância. Carl tinha diabetes e se preocupava extremamente com isso. Temia a possibilidade de ficar cego, como a mãe, que também fora diabética. Disse muitas vezes a Marilyn que não queria se tornar uma carga para ninguém, como sua mãe se tornara.

Marilyn conseguiu romper o ciclo e entrar no estágio de avaliação depois de reconhecer que as acusações não a estavam levando a parte alguma. Ao deixar de ser tentada pela culpa, tinha começado a procurar em outro lugar compreensão para a intensa ansiedade e insegurança que estava sentindo.

Avaliação

Depois de se libertar do ciclo de acusações indefensáveis, como "Sempre faço a escolha errada" ou "Carl deve ser um solteiro arrematado, já que nunca se casou", Marilyn conseguiu examinar os fatos mais objetivamente e descobrir o que poderia estar contribuindo para sua experiência atual de alienação por ser solteira. Fez uma descoberta importante ao considerar sua reação a uma proposta de Carl, que queria ajudá-la.

— Conversei com Carl sobre minha situação profissional e ele tem me dado muito apoio. Sugeriu que eu talvez devesse procurar emprego em Minneapolis, que fica somente a vinte minutos de onde ele mora. Até me ofereceu um apartamentozinho dele que não tem sido usado desde que a mãe morreu no ano passado. Ele acha que eu devia fazer algumas entrevistas e tentar sair daqui, assim não precisaria dirigir 300 quilômetros para voltar para casa. Detesto reconhecer isso, mas eu meio que me apavorei. No começo, o oferecimento me pareceu muito generoso. Depois pensei ah, não. Sei o que ele está querendo. Está querendo que eu fique por perto, mas por conveniência dele. Não porque quer me ajudar; é para que eu tome conta dele. Parece que sempre cruzo com homens que gostam de usar as pessoas.

— Você acha que é o caso de Carl? — perguntei.

— Foi o que senti na hora, pode ter certeza, mas depois pensei: "Só porque parece isso, não significa que seja isso". Assim que dei um passo para trás, percebi que era mais um de meus pensamentos paranóicos.

— Você vai aceitar o oferecimento que ele lhe fez?

— Com certeza. Como você diz, sempre posso mudar de idéia depois, se os meus maiores receios se confirmarem.

— Isso nos deixa diante da questão de saber de onde veio o pensamento "paranóico". Tem alguma idéia?

— Na hora não tive, mas depois, quando começamos a conversar, não pude deixar de pensar no casamento dos meus pais.

— E o que foi que pensou?

— Do quanto acabei sobrecarregada com a necessidade de cuidar de minha mãe. Acho que muitos dos meus medos em relação ao que poderia acontecer com Carl vêm do que aconteceu com meus pais.

A mãe de Marilyn tinha sido alcoólatra e o pai fizera vista grossa para o problema da mulher. Manteve distância dela e fazia as coisas de que gostava fora de casa. Mas nem sempre tinha sido assim. Numa fase anterior do casamento, o pai de Marilyn havia feito o possível para não permitir que alguém soubesse que sua mulher bebia. Mas deixou claro para os filhos que se sentia extremamente sobrecarregado pelo casamento e que esperava a ajuda deles. Por ser a mais velha, coube a Marilyn carregar o piano. Em troca, o pai a cobria de atenções especiais. Mas, quando era adolescente, Marilyn começou a se sentir explorada e dolorosamente abandonada por ele. O pai a oprimia com o que ela achava que deviam ser as obrigações dele e não a protegia das necessidades devoradoras da mãe. O pai sentira-se consumido pelo casamento, e Marilyn, por sua vez, sentia-se consumida por ter de cuidar da mãe.

Em virtude de sua experiência infantil, seus "pensamentos paranóicos", como ela os chamava, podem ser compreendidos como uma autopreservação reflexa, salutar para ela numa certa época. Fazia sentido que aproximar-se demais de alguém a quem amava evocasse o sentimento de que o tiro ia sair pela culatra. Em momentos assim, Marilyn sentia que não sabia em quem confiar e tinha medo de fazer uma escolha errada, como seu pai fizera. Esse medo foi intensificado pela preocupação de que ela acabaria sendo explorada e abandonada por qualquer pessoa de quem se aproximasse muito. Embora nem sempre tivesse consciência desses sentimentos, era o que achava que havia acontecido com seu pai.

Provavelmente não era por acaso que ela estava namorando alguém que tinha o medo complementar de se tornar uma carga para outra pessoa. O fato de Carl se preocupar com o quanto seu diabetes poderia afetar uma companheira contribuiu muito para tranqüilizar Marilyn de que ela não precisaria se responsabilizar por ele. E também a ajudou a enfrentar seus medos nessa área um pouco mais de perto. Segundo suas palavras, "Tenho medo de ter de me responsabilizar por alguém, de ser usada, e é exatamente disso que Carl quer me poupar! O medo é meu mesmo; ele não me deu nenhum motivo sólido para eu me sentir assim". Quando parou de culpar Carl por sua ansiedade, Marilyn ficou interessada em conhecer o que estava realmente por trás de seu temor de ser consumida por alguém. Quando descobriu o roteiro de casamento que escrevera na infância, conseguiu questionar sua relevância para a situação que estava vivendo no momento. A essa altura, começou a assumir a responsabilidade pelos sentimentos gerados pelo roteiro. Mas, antes de contar como foi que ela conseguiu isso, vamos voltar a Katie para mostrar como ela também descobriu seu roteiro de casamento.

Katie

Quando Katie conseguiu romper o ciclo da culpa, no qual oscilava entre acusar a si própria de "ter um problema muito sério e de se sentir ansiosa o tempo todo" e acusar Brian por vir de uma família problemática, ela começou a examinar os fatos honestamente e passou para o estágio de avaliação. Katie primeiro questionou se a atitude de Brian em relação ao catolicismo era realmente um grande problema para ela. Teve de admitir que, apesar da apatia dele, Brian apoiava o desejo dela de se envolver com a Igreja. Na verdade, o ponto de vista de Brian era que ele não tinha abandonado suas crenças, só sua participação em cultos organizados. Achava que, quando tivesse uma família sua, provavelmente se reconectaria com a Igreja. Além disso, ia à igreja com Katie sempre que ela lhe pedia, e ela teve de reconhecer que, sempre que conversavam sobre a substância de suas crenças espirituais, sobre os valores de cada um, Katie sentia que "tinham muito em comum".

E quanto à atitude de Brian em relação ao divórcio? Ele tinha mais probabilidade do que Katie de ver o divórcio como uma opção para os problemas que poderiam surgir mais tarde? Ao contrário. Como Brian explicou a Katie, a dolorosa experiência da separação de seus pais o fez pensar muito na necessidade de assumir os compromissos de uma relação afetiva. Na verdade, ele achava que por isso havia esperado até estar mais consolidado financeiramente e mais maduro antes de considerar a sério a possibilidade de se casar. Ao que tudo indicava, tanto ele quanto Katie levavam igualmente a sério a importância do casamento como um compromisso para a vida toda.

E quanto às auto-acusações de Katie? Será que ela exagerava ao se referir à diferença entre o que ela sentia e o que seus amigos e suas irmãs provavelmente sentiam quando eram solteiros? Será que ela era realmente "mais devagar" do que todos que já haviam se casado? Quando questionou suas auto-acusações, Katie conseguiu algumas boas respostas para o porquê de ela se sentir tão confusa em relação a Brian.

Ao examinar suas expectativas a respeito do casamento como instituição, seus pensamentos voltaram-se naturalmente para o único casamento que ela conhecera intimamente.

— Acho que nenhum dos dois era feliz. Mas eu sempre senti mais pena de minha mãe. A vida de casada foi um inferno para ela por causa da forma como meu pai a tratava. Ele era meio abusivo, chamava-a de burra. Ela estava acorrentada àquela casa. Ele nunca permitiu que ela trabalhasse.

— Mas ela sempre o defendeu. Gostava de falar o quanto ele era bem-sucedido. Ele era, e daí? Isso nunca fez nenhum bem à minha mãe. Ele nunca a deixou gastar um centavo consigo mesma, nem com a casa. E ela não o abandonaria, pois era católica. Minha família simplesmente não tem esse costume.

— Meu pai está melhor agora; não é mais tão violento verbalmente, mas me lembro de sempre pensar que não queria acabar como minha mãe. Ela nunca admitiria isso francamente, mas sei que ela se sentia presa numa ratoeira. Não sei como ela agüentou todos esses anos. Eu teria enlouquecido!

— Acho que, de certa forma, sempre acreditei que Brian, aliás, que qualquer homem, acabaria se tornando exatamente como meu pai e então eu estaria presa na ratoeira e sofreria violências como minha mãe.

Com esta última revelação, Katie conseguiu entender seu foco obsessivo em Brian e como isso funcionava de forma a mantê-la a certa distância dele para se sentir segura. Mas, infelizmente, também a impedia de enfrentar seu próprio medo oculto do casamento e, por fim, de assumir responsabilidade por ele.

Aceitação

Depois que identificou seu roteiro de casamento, Katie conseguiu entender que, entre outras coisas, ser solteira a protegia do destino pior de um mau casamento. Esse novo entendimento sobre suas motivações para continuar solteira ajudou-a a enfrentar suas preocupações com Brian de outro jeito. Em vez de permanecer paralisada na encruzilhada onde hoje em dia é comum encontrar muitos solteiros, ela conseguiu fazer uma opção mais tranqüila por causa de uma compreensão maior dos temores que tinha e de uma nova clareza sobre a diferença entre os perigos reais e imaginários que talvez ela tivesse de encarar. Katie tanto poderia deixar a relação com Brian em banho-maria e manter uma certa distância enquanto descobria novas formas de lidar com seus medos quanto poderia tentar se entregar mais plenamente e trabalhar no sentido de administrar esses medos na relação com Brian. Escolheu a segunda alternativa.

É bom lembrar que, para Katie, entregar-se mais plenamente significava que ela não daria muito crédito ao sentimento de urgência criado por seus receios. Em outras palavras, ela fez um esforço muito grande para não reagir a suas ruminações ansiosas sobre romper ou não com Brian porque ele poderia não ser "o homem certo". Conseguiu isso lembrando-se de que ela "sempre poderia romper com ele amanhã" sempre que sentisse a necessidade. Também concluiu que, se surgisse alguma coisa em sua relação com Brian da qual ela não gostasse, seria capaz de detectá-la e tomar uma providência.

Katie assumiu a responsabilidade por seus medos ao não agir impulsivamente em função deles. Lembrava a si mesma que nunca deixaria acontecer com ela o que acontecera com a mãe. Quando Katie percebeu que nunca cederia como a mãe fizera, pelo menos não mais que algumas horas, começou a confiar mais em si. E, o que é importante, também começou a confiar em seu relacionamento com Brian. Se ele acabasse revelando ser uma má escolha, ela acreditava que saberia e que faria algo a respeito. Não ficaria paralisada como a mãe ficara. Quando viu que seu medo de ser consumida, o que em pequenas doses é uma preocupação normal e saudável, estava muito aumentado pelas lentes fornecidas por seu roteiro de casamento, ficou muito mais tranqüila. Às vezes era "muito assustador", mas, quando ela recuava diante do medo e se lembrava do tipo de mulher que de fato era, o medo deixava de ter poder sobre ela. Poderia cometer um erro ou dois, mas sabia se proteger. Quando assumiu a responsabilidade por seus medos em relação ao casamento, Katie descobriu que poderia se dar ao luxo de se lançar e de aproveitar algumas oportunidades.

Marilyn também aprendeu a assumir a responsabilidade pelos temores gerados pelo roteiro de casamento e pelas experiências da infância como arrimo de família. Sabendo o quanto era vulnerável a sentir pânico diante da possibilidade de assumir o papel de responsável por alguém, Marilyn descobriu que conseguia administrar suas preocupações de uma forma muito diferente da de antes, quando os temores levavam somente à insegurança e a pensamentos paranóicos sobre Carl. Mas agora, tendo conhecimento de onde vinham esses temores, ela se sentia mais segura e tranqüila com sua capacidade de se proteger.

Se há algo que marca quando alguém se diploma no estágio da aceitação é a percepção de que a única coisa que a pessoa pode realmente mudar é sua maneira de pensar e agir. Os solteiros que se encontram no estágio da aceitação sabem que não podem mudar o que sentem, nem mudar os outros. Nos raros casos em que isso é possível, leva muito tempo. Lembra-se da analogia com os navios, que fizemos antes? Tentar mudar seus sentimentos ou as outras pessoas é como tentar mudar o curso de um imenso transatlântico. Você pode virar o leme, mas prepare-se para esperar, pois talvez ele ainda ande muitos quilômetros antes da mudança de rumo.

Por outro lado, mudar sua maneira de pensar e sua maneira de reagir às emoções é como dirigir uma lancha. Você vira o leme e tem de segurar bem, porque a lancha responde na hora. Marilyn aceitou o fato de que não poderia transformar Carl em alguém que não lhe fizesse nunca nenhuma exigência, que nunca precisasse de nada dela. Percebeu também que nem sempre poderia se impedir de sentir medo quando houvesse intimidade entre ela e um homem. Depois de aceitar o que não poderia mudar, finalmente teve condições de assumir responsabilidades.

Como Katie, sentiu-se mais livre para assumir alguns riscos. Teve um impulso muito forte de se candidatar a um emprego, qualquer emprego, em sua cidade. Estava ansiosa para se manter independente e com medo das condições que poderiam estar implícitas no oferecimento de Carl para que ela ocupasse o ex-apartamento da mãe dele. Estava com muita vontade de fazer isso, apesar de o trabalho estar minguando em sua cidade e de que qualquer emprego que encontrasse ali seria quase um passo para trás. Marilyn reconheceu que seu roteiro de casamento provavelmente explicava a intensidade desse impulso. Se confiasse em Carl, se abrisse mão de sua independência, arriscava-se a ser consumida. Embora suas preocupações sobre a vontade de continuar independente sejam compreensíveis e, em geral, razoáveis, seu roteiro negativo de casamento ainda estava em ação. Não se esqueça, sempre há um fundo de verdade em todo roteiro. Mas não se deixe enganar como Marilyn. A intensidade de seus medos e a urgência que eles geravam vinham do roteiro que ela seguia.

Marilyn resolveu aceitar o oferecimento de Carl. Usou o apartamento como uma base de onde procuraria trabalho na área de Minneapolis/St. Paul. Seria bom ter bastante clareza sobre suas motivações. Era evidente que ali havia oportunidades muito melhores para sua profissão, e sua maior hesitação a respeito da mudança era o medo de entrar numa ratoeira como sua mãe e ela tinham entrado no passado. Esse medo era amplificado por seu roteiro de casamento e pelo apartamento oferecido por Carl. Afinal de contas, o pai de Marilyn também tinha sido generoso com ela de uma forma parecida com a de Carl. Dera-lhe casa e segurança financeira e fazia-lhe muitos elogios. Mas cobrou um preço que Marilyn sabia que nunca mais pagaria a ninguém.

— Agora que acho que tirei umas teias de aranha da família que estavam no meu caminho, estou vendo que não sou a pessoa que era quando criança. Posso ter certeza de que não vou acabar como minha mãe. É engraçado, mas quanto mais confio na minha capacidade de me proteger, tanto mais confio nos homens. Não tive muita escolha quando era criança. Agora não dependo de ninguém como dependia quando criança, não sou mais uma menininha. E, quanto a cometer os mesmos erros de minha mãe... Eu também não sou como ela.

Assimilação

Marilyn acabou conseguindo um emprego na área das Cidades Gêmeas. Descobriu novas formas de manter uma distância segura de Carl que não envolvesse nem centenas de quilômetros nem deixar de vê-lo. Embora estejam morando perto um do outro e se vejam quase todas as noites, resolveram não morar juntos. Tendo temores muitos parecidos em relação ao casamento e que ambos respeitam, Marilyn e Carl descobriram que estavam cada vez mais próximos, mesmo mantendo alguma distância geográfica. Na verdade, provavelmente porque mantinham a distância geográfica de que precisavam para se sentir seguros é que a intimidade entre eles estava aumentando.

Para Katie, concentrar-se exclusivamente na adequação de Brian como seu companheiro da vida toda a impedia de descobrir recursos importantes para ela. Katie começou a participar de um workshop sobre vida de solteiro e relações afetivas, realizado em sua igreja. Agora estava vendo Brian e se sentindo muito bem com isso. Não tinha certeza se a relação acabaria em casamento, porque ainda estava insegura quanto ao que queria de um casamento, mas por enquanto estava ótimo. Também estava passando mais tempo com as amigas, tanto solteiras quanto casadas, mas não as aborrecia mais com suas ruminações sobre se deveria ou não ficar com Brian. Sentia-se mais em paz consigo mesma e com as opções que fazia no momento. Descreveu esse novo sentimento da seguinte maneira:

— Por que acho que todos têm uma resposta, menos eu? Descobri que todos lutam, só que de formas diferentes, e que no fim todos chegam a uma conclusão. Estou com medo de fazer a escolha errada, pura e simplesmente. Mas não preciso me decidir agora. E o fato é que quanto mais tempo passo com Brian menos medo sinto sobre essa questão toda!

Quando nos falamos da última vez, tanto Katie quanto Marilyn se sentiam menos alienadas por ser solteiras, mais corajosas diante dos medos que tinham em relação à intimidade e com maior clareza a respeito do que queriam da vida. Essa clareza ajudou ambas a se sentir mais à vontade com o fato de estar solteiras. A clareza sobre o que queriam e a consciência de estarem bem-equipadas para não cometer os erros dos quais seus roteiros de casamento as advertiam abriram às duas a possibilidade de encontrarem parte do que queriam da vida num casamento. Sem os obstáculos do passado e menos preocupadas com o que o futuro lhes reservava, ambas acharam mais fácil viver no presente.

8
Capítulo

AINDA NÃO SAIU DE CASA

Não entendo realmente por que estou tão mal por ter terminado com o Charlie. As coisas não iam nada bem. Estou muito deprimida e me sentindo sozinha no mundo. É verdade que converso com minha mãe todos os dias, mas ultimamente isso também parece demais. Faz com que eu me sinta um pouco patética — que sejamos tão íntimas como somos e eu ainda esteja solteira. Eu não sentia essas coisas a respeito de nossa relação.

***LILY**, gerente de uma imobiliária, 31 anos*

Tom é um pequeno príncipe. É um filhinho da mamãe como nunca houve outro igual. Eu ficava irritada com ele sempre que sua mãe queria que fôssemos à casa dela jantar ou passar um feriado. O que eu queria não pesava. A mãe nos queria lá, só a ele, na verdade, e lá íamos nós. Ele é apegado demais à família. Não que eu não gostasse dela; eu gostava, mas é preciso haver alguns limites. Sei que é por isso que nunca nos casamos... ele ainda não tinha saído de casa.

***STACIE**, falando de seu ex-namorado Tom,*
um designer *de* software *de 40 anos*

A maioria das pessoas é criada em lares que promovem a autonomia e as relações íntimas fora de casa. Mas algumas tiveram experiências infantis que fortaleceram seus laços familiares à custa da autonomia e da ligação afetiva com pessoas de fora. Isso pode ocorrer de muitas formas diferentes e por razões diferentes, mas o modelo resultante da dependência emocional da família é sempre o mesmo no sentido de que dura um pouco demais.

Neste capítulo discutimos um roteiro de casamento que deixa solteiros como Lily e Tom extremamente ambivalentes em relação ao casamento por causa de suas ligações íntimas com a família. Esse roteiro pode assumir muitas faces diferentes. O homem a quem as pessoas às vezes se referem como "o filhinho da mamãe" ou "um príncipe" e a mulher acusada de ser "uma princesa", ou apegada demais ao pai para chegar a ter intimidade com outro homem, são alguns dos exemplos mais comuns.

Mas, na verdade, essas acusações erram o alvo ao exagerar na suposta falta de maturidade da pessoa solteira. Muitos solteiros com esse roteiro mostram-se maduros em muitas outras coisas em que muitos casados não são. Não é a maturidade que está em jogo. O verdadeiro problema é que certos tipos de relação com um dos pais podem, inadvertidamente, criar barreiras para a ligação com pessoas de fora da família. Uma delas é o roteiro de casamento que batizamos com as palavras de Dorothy em *O mágico de Oz*, cantadas para trazê-la de volta à segurança: "Não existe lugar nenhum como a minha casa".

Não existe lugar nenhum como a minha casa

Às vezes, esse roteiro deixa os solteiros com medo de ficarem muito íntimos de alguém de fora da família por receio de perder o lar com que tanto contaram e por tanto tempo. Outras vezes, resulta na incapacidade de imaginar que um casamento poderia ser tão bom quanto o que já existe em casa. Lily e Tom são dois solteiros que nunca se casaram e a quem, em nosso trabalho conjunto, ajudamos a descobrir alguns tipos de ligação afetiva com a família de origem que podem, inadvertidamente, servir de obstáculo para a felicidade em outras relações íntimas.

Lily

Lily veio fazer terapia depois de romper com Charlie, o homem com quem tinha vivido nos últimos três anos. Aos 31 anos de idade, estava sozinha de novo. Embora tivesse certeza de que Charlie não era o homem certo para ela, estava mal com a perspectiva de começar tudo de novo com alguém diferente. Durante sua primeira sessão, ela falou como era estar solteira de novo.

— Não compreendo como posso ter 31 anos e ainda não estar casada! Sei que sou bem bonita, sou inteligente e tenho bons amigos, de modo que não sou retardada socialmente! Quando penso nisso, me dá dor de estômago. Tudo em que consigo pensar é no que vai acontecer pela frente! Se eu acabar como minha tia Sylvia, solteirona e solitária, dou um tiro na cabeça!

Lily achava que a coisa mais importante que ela queria da vida era ter um casamento feliz e uma família sua. Queria outras coisas também, lógico, mas a seus olhos casamento e filhos representavam um marco em termos de desenvolvimento, um marco de maturidade, como representa para a maioria das pessoas. Depois de romper com Charlie, esse objetivo parecia fora do alcance para sempre. Não conseguia se lembrar da última vez em que se sentira tão pessimista e ansiosa. Sentia que havia fracassado e que "ainda era uma menininha"

Explicou por que pensava assim:

— Logo depois que Charlie foi embora, comecei a vir do trabalho para casa e, em vez de fazer um jantar para mim, como costumava fazer, ou de telefonar para uma amiga, eu ligava a televisão e tinha esse sentimento horrível de que minha vida ia ser assim para sempre: trabalho durante o dia e sozinha na frente da tevê durante a noite. Estou tão tensa que não consigo comer; tudo que quero é me enrolar nas cobertas e ficar na cama. Minhas amigas e amigos não entendem. Não acham que Charlie fosse o homem certo para mim e ficam me lembrando o tempo todo que eu nunca fui feliz com ele. Mas não entendem. Não estou mal assim só por causa de Charlie — é por minha causa. Parece que todos estão felizes com alguém, menos eu. Tenho 31 anos.

Se ainda não encontrei ninguém, por que deveria achar que ainda vou encontrar algum dia? Há algo de muito errado comigo.

E o que Lily imaginava estar errado com ela? Achava que talvez fosse muito ligada à mãe.

— E, para piorar as coisas, a única pessoa com quem sinto que posso me relacionar é minha mãe. Desde que Charlie foi embora, há um mês, ela é a única com quem converso toda noite. Somos muito próximas mesmo. Sei que parece um clichê, mas minha mãe é realmente minha melhor amiga. Mas, do jeito que estou me sentindo esses dias, minha amizade com ela está começando a fazer eu me sentir patética, como se eu precisasse crescer. Tive um namorado certa vez, muito antes de Charlie, que disse que meu problema era que eu ainda não tinha saído de casa. Acusou-me de ser tão ligada à minha mãe que não havia espaço para mais ninguém. Acho que talvez ele tivesse razão. Tenho de parar de contar tanto com ela, parar de conversar com ela o tempo todo.

Em nenhuma outra relação afetiva Lily tinha sentido o grau de intimidade, apoio e compreensão que tinha com a mãe. Concluiu que precisava abrir mão dessa relação para se aproximar de um homem. Tom, do qual falaremos em seguida, chegou a uma conclusão semelhante sobre sua relação com a família — com a mãe em particular. Mas o tipo de relação que ele tem com a mãe é muito diferente da que Lily tem com a mãe dela.

Tom

Sem nunca ter se casado e tendo acabado de completar 40 anos, Tom também estava ansioso com suas perspectivas futuras de casamento. Era muito ligado à sua família, seus membros precisavam muito dele e ele se mostrava disposto a comparecer. O pai morrera há alguns anos e sua mãe viúva é aposentada e tem problemas financeiros. Mesmo que ela quisesse trabalhar, não poderia, por causa de múltiplos problemas de saúde. Seu irmão Tim vive a 300 quilômetros de distância, mas mantém contato com a família através de Tom. Tendo sido despedido há pouco tempo, Tim está procurando trabalho e preocupado com o futuro. Tom passa muito tempo levando a mãe ao médico, conversando com ela todo dia e dando-lhe apoio financeiro e emocional. Desempenha um papel semelhante, embora menos intenso, com seu irmão Tim. Os dois conversam toda semana e Tom tem ajudado Tim financeiramente desde que ele foi demitido, há três meses.

Tom sente tanto orgulho quanto ressentimento de seu papel junto à família:

— Bem, fico satisfeito de estar ali quando eles precisam de mim. Em nossa família fomos criados para nos ajudar uns aos outros. Meu pai sempre estendia a mão para os irmãos e os sobrinhos quando havia necessidade. Gosto de ser aquele com quem todos contam. Mas, como vejo minha mãe com muita freqüência, sinto muitas vezes que não tenho tempo para mais ninguém. Falo com ela duas ou três vezes por dia pelo telefone. Não converso muito sobre minha vida pessoal, porque tem muita coisa que ela evidentemente não compreende. Afinal de contas, é minha mãe! Em geral, conversamos sobre ela, e poucas vezes ouço os detalhes de suas dores e mazelas sem prestar atenção. Até já comecei a falar com ela sobre minhas dores e mazelas! Juro por Deus. Outro dia quase tive um troço quando percebi que estava fazendo isso. Vou começar a parecer um velho de 70 anos se continuar falando com ela desse jeito! Mas, fora de brincadeira, no fim do dia simplesmente não tenho vontade de conversar com mais ninguém. Sinto como se minha vida estivesse passando por mim.

Problemas com mulheres e inércia na profissão foi o que motivou Tom a fazer terapia há um ano, e não os sentimentos despertados pela família que ele acabou de descrever. Naquela época ele disse:

— Quero tocar minha vida, mas parece que não consigo. Sinto-me paralisado. Por anos tentei terminar meu doutorado, ver se consigo virar executivo, mas a inércia parece insuperável. Inscrevi-me num curso de meio período na universidade, com dois anos de duração, que está rolando agora. Comecei este ano, mas não fui até o fim. Vou trabalhar todo dia das nove às cinco e fico pensando que não estou fazendo o que realmente quero. Com o namoro acontece a mesma coisa. Estou saindo com essa mulher, a Josie, há quase um ano, mas não sinto aquele amor todo por ela, não. Faço os movimentos necessários no trabalho e faço os movimentos necessários com Josie. Meu coração não está nem num lugar nem em outro.

Quando lhe perguntei onde achava que estava o seu coração, ele respondeu:

— Com minha família. Adoro minha família. Eles contam realmente comigo, principalmente depois que meu pai morreu. Mas dá a impressão de que eles são as únicas pessoas com quem converso — além de Josie e dos caras do trabalho. Minha mãe precisa de muita atenção. Passo lá três vezes por semana, troco uma lâmpada, conserto a máquina de lavar louças e levo-a ao médico. Conversamos todos os dias, em geral mais de uma vez. Ela não dirige mais, portanto a levo para fazer compras de supermercado uma vez por semana. É um trabalho que faço por amor. Temos uma relação muito boa, mas estou me sentindo meio anormal. Minha última namorada acusou-me de ser um filhinho da mamãe! Aquilo me pegou. Talvez ela tenha razão. Estou com 40 anos — nunca me casei. Mas tenho a dizer em minha defesa que, se minha mãe não precisasse tanto de mim, sei que não estaria passando tanto tempo com ela.

Tom sente-se paralisado tanto no trabalho quanto no amor. Mas, ao contrário de Lily, não é a *intimidade* de sua relação com a mãe que está levando Tom a se sentir alienado; é a *quantidade de tempo e energia* que se sente obrigado a gastar com ela. A versão de Tom do roteiro de casamento que diz "não existe lugar nenhum como a minha casa" gira mais em torno de como ele se define como homem. Não se trata da sensação de que "nunca encontro nada melhor que isso", e sim do sentimento de que "o lar é onde posso me sentir homem". Em outras palavras, ser um filho (e irmão) responsável, leal e carinhoso era o fundamento de seu senso de identidade. Era grande parte da definição de seu senso de identidade. A menos que encontrasse outras maneiras de se sentir bem com quem ele era, ficaria realmente preso em casa. Mas não por ser um "filhinho da mamãe", como pensava sua última namorada, mas porque era "o homem da casa".

Lily

Lily sentia-se alienada porque, sem saber, estava seguindo o roteiro cultural de casamento que dizia que ela tinha de ser defeituosa ou imatura por estar com mais de 30 anos (31, para ser exata) e ainda solteira. Começou a se preocupar, achando que talvez seu maior defeito fosse a dificuldade em se separar da mãe. Talvez precisasse rejeitar a mãe para "seguir em frente" e sentir-se ligada a um homem. O fato de Lily ter muita intimidade com a mãe a fazia se sentir cada vez mais alienada de suas amigas casadas, que se queixavam dos pais, como todo mundo. Lily achava que ser tão próxima como ela era da mãe significava ser imaturo. Solitária e preocupada com as perspectivas para o futuro, chegou à conclusão prematura de que devia ser a culpada da situação que estava vivendo. Mais especificamente, seu desejo de manter uma relação próxima com a mãe, de continuar a desfrutar do apoio e da amizade adulta que elas partilhavam, devia ser o culpado.

No passado, Lily tinha apelado mais rapidamente para o recurso de acusar os homens. Embora tivesse namorado muitos homens diferentes ao longo dos anos, logo ela os rejeitava porque inexplicavelmente eles, de certa forma, "não pareciam ser o homem certo". Ela achava difícil sentir muita intimidade com os homens que namorava. De acordo com sua experiência, os homens em geral eram "bufões insensíveis". Houve pelo menos uma exceção, um jovem de quem se sentira muito próxima quando tinha 20 e poucos anos. Mas essa relação terminou logo depois que os dois amigos foram para a cama. E Charlie? Nesse caso, ela acusava a si mesma pelo rompimento.

— Eu era muito dura com ele, uma coisa que tenho tendência de ser, acho. Charlie também achava. Ele dizia que eu esperava demais dele e que o estava afastando ao tentar fazê-lo me dar o que não tinha. Eu queria que ele fosse alguém que ele não era — mais sensível a meus sentimentos e com uma capacidade maior de comunicação. Era injusto esperar dele ser qualquer dessas duas coisas. Charlie não é esse tipo de cara. É um homem muito legal, mas não tem sintonia com os sentimentos dos outros, a menos que você os enfie goela abaixo!... Sempre escolho caras com muitos defeitos e depois os enlouqueço por causa disso.

Apesar da compaixão e empatia que Lily descobriu ter por Charlie desde que romperam, ela sempre tendeu a acusá-lo por sua infelicidade quando viviam juntos. Revelou que houve um longo período durante seus três anos de vida em comum em que ela tivera certeza de que Charlie poderia ter lhe despertado o sentimento de ligação afetiva profunda que ela queria, mas que ele refreava isso de propósito, por causa da raiva que sentia dela. Com o tempo, desistiu de acusar Charlie e passou a achar que ele estava realmente lhe dando tudo que podia. E acusá-lo não a estava ajudando a encontrar respostas. Mas acusar a si mesma também não.

Lily sentia-se profundamente isolada das amigas e amigos, da família e dos colegas de trabalho, que, em sua maior parte, eram casados. Achava que só conseguiam enxergar o que estava na superfície, uma bela jovem que estava livre do que tinham passado a chamar de um namorado de segunda categoria. A única pessoa que ela achava que a compreendia e que realmente sabia o que havia acontecido em relação a Charlie era sua mãe. Mas quando resolveu se distanciar da mãe na tentativa — segundo suas próprias palavras — de "crescer", aumentou sua sensação de isolamento. Lily sentia-se desconectada das amigas e amigos e exageradamente ligada à mãe, sem a menor idéia de como aproveitar o amor e o apoio que esses entes queridos lhe ofereciam.

Tom

Tom sentia coisas surpreendentemente parecidas com as que Lily sentia. Sentia-se distante de Josie e cada vez mais alienado dos velhos amigos, todos casados. Na verdade, Rick, seu melhor amigo, já tinha se casado duas vezes, mas não era isso que importava. Tom nunca tinha considerado seriamente a idéia de se casar — nem uma vez. Ao menos Rick tinha tido a coragem de pular no abismo não uma, mas duas vezes! O fato de Tom nunca ter tido esse desejo preocupava-o e reforçava a acusação feita contra ele por sua antiga namorada Stacie. Talvez fosse mesmo um filhinho da mamãe, talvez precisasse crescer.

Ele sabia que essa era a opinião da mulher de Rick. Os três estavam jantando certa noite na casa de Rick e Wendi, quando ela disse:

— Não compreendo, Tom, você é um cara maravilhoso. Quando é que vai ter coragem e assentar a cabeça?

— Quem disse que não assentei a cabeça? Provavelmente tenho mais responsabilidades que a maioria das pessoas. Não pensem que todo dia fico na farra até as duas da manhã!

— Você sabe o que estou querendo dizer. Tem medo de quê?

— Quem disse que tenho medo de alguma coisa?

— Deve ter — contra-atacou Wendi. — Senão não seria tão devagar!

— Bem, como eu não sei, por que não vai em frente e me diz? Mesmo porque tenho certeza de que é o que vai fazer de qualquer jeito — censurou ele.

Nesse ínterim, Rick levantou-se abruptamente da mesa. Rindo enquanto tirava os pratos, disse:

— Vou lavar a louça e ficar fora do caminho enquanto a Grande Abigail dá um jeito em sua vida amorosa!

— Só estou tentando ajudar — prosseguiu Wendi um pouco na defensiva. — Não sei, Tom, é que parece que você se sente infeliz por ser solteiro e fica se encontrando com essas mulheres maravilhosas, mas a coisa nunca chega a parte alguma. Você está sempre falando de sua mãe e de seu irmão — sinceramente, acho que você tem medo de sair de casa! Talvez só precise de um pouquinho de coragem. Aproveitar algumas oportunidades. Aventurar-se por aí e parar de gastar tanta energia com sua família. O que há de errado com Josie, por exemplo? Achamos que é uma ótima pessoa.

Wendi estava certa sobre uma coisa. Tom estava com medo, mas não do que ela pensava. Porém, para descobrir do que é que tinha medo, Tom precisava sair do ciclo de acusações. Dissemos antes que Tom havia começado a pensar no que sua ex-namorada Stacie, e agora Wendi, tinham lhe dito. Talvez precisasse realmente crescer. Acusava-se por isso e acreditava que era o que o fazia se sentir infeliz com sua condição de solteiro. E o que também aumentava seu senso de alienação dos amigos.

Mas ele também acusava as mulheres. Só se deu conta disso depois que começou a fazer terapia, antes achava difícil não ver as mulheres que namorava como fardos. Tinha a dizer o seguinte a respeito da atual namorada:

— Agora está fazendo dois anos que Josie está divorciada. Ela é tão carente... Às vezes acho que tem medo de ficar sozinha. Telefona para mim sempre que acontece alguma coisa! Hoje ela me ligou no trabalho quatro vezes: para dizer oi, para dizer que estava com saudade de mim, para dizer que uma de suas colegas de trabalho estava em período de experiência e para me perguntar quando eu ia chegar em casa. Não posso parar tudo o que estou fazendo só porque ela está se sentindo sozinha ou com saudade de mim.

Mas Josie havia dito certas coisas recentemente que tornaram difícil para Tom manter sua crença de que ela ia se tornar um fardo emocional.

— Ela me disse que achava que eu talvez nunca quisesse me casar. E que, se fosse assim, ela queria que eu lhe dissesse. E sabe por que ela queria saber isso? Não era um ultimato nem nada do gênero; ela só queria saber porque, se eu não quisesse me casar nunca, então ela não queria continuar monogâmica. Queria começar a sair de novo com outros caras. Não estava dizendo que ia romper comigo — na verdade, disse que me amava e que adorava os momentos que passávamos juntos —, mas queria se casar de novo e não queria apostar todas as fichas em mim se eu não estava interessado em me casar um dia!

Tom achou irônico o fato de se sentir mais atraído por Josie depois que ela lhe disse essas coisas. Mas, como veio a descobrir mais tarde, quando tomou conhecimento de seu roteiro de casamento, fazia o maior sentido ele se sentir mais atraído por Josie depois dessa sua afirmação de autonomia e força pessoal. A questão decisiva para Tom naquele momento era ser capaz de questionar seus sentimentos e crenças irracionais a respeito de Josie e das mulheres em geral. Conseguiu ver que acusá-las era simplista demais e não o estava levando a parte alguma.

Tom

Agora ele estava em condições de enfrentar o verdadeiro problema. Seu roteiro de casamento alimentava duas crenças irracionais que ele teve de aprender a questionar para poder seguir em frente. A primeira era que a única forma de ele ser amado e se sentir um homem era no papel de arrimo de família. A segunda era que todas as relações amorosas são um fardo.

Tom sentia-se preso na encruzilhada que Sarah descreveu no capítulo 2. Queria se casar, mas toda vez que tomava essa direção sentia-se sobrecarregado e oprimido pela relação e recuava para a tal encruzilhada de novo. No caso de Tom, a decisão entre continuar solteiro e casar-se dependia de um conflito entre sentir-se obrigado a cuidar da outra pessoa e ter repulsa por essa idéia. A estrada da esquerda era a vida de solteiro, que simbolizava liberdade em relação a cargas e responsabilidades emocionais; a estrada da direita era o casamento, que parecia oferecer a perspectiva de responsabilidades e cargas maiores ainda do que as que já tinha no momento.

Mas, nesse caso, por que não ia atrás das mulheres independentes deste mundo, daquelas que jamais se tornariam uma carga emocional? Então talvez a estrada da direita lhe parecesse menos onerosa e opressiva. A principal razão era que se sentia pouco atraído por elas. Não se tratava, portanto, de ser masoquista e nem mesmo de, por estar acostumado a cuidar dos outros, ser esse o papel em que mais se sentia à vontade. Não. Era porque seu senso de valor, de amor-próprio, de ser um homem adulto estava inextricavelmente ligado ao papel de provedor, daquele que cuida.

Se ficasse com uma mulher que precisasse pouco de seu apoio emocional ou financeiro, ia se sentir perdido e, entre outras coisas, menos homem. Seu pai tinha sido um provedor, aquele que cuidava de todos. Estar com uma mulher que necessitasse pouco dele o teria deixado sem um papel definido no casamento. Recebia tanto amor e afeição e era tão valorizado pela família por assumir esse papel que não conseguia imaginar por que outro motivo uma mulher o amaria. Tom não estava simplesmente com medo de sair de casa, como Wendi pensava. Estava com medo de perder o papel que o definia na vida.

Nesse contexto, não é de surpreender que Tom em geral se sentisse atraído por mulheres que, segundo suas palavras, "eram carentes" de uma forma ou de outra. Sempre que estava no papel de provedor, daquele que cuida de tudo, sentia-se forte, inteiro, valorizado e amado. Mas o preço agora estava alto demais. Tinha se tornado ambivalente em relação a esse papel. Não funcionava mais para ele como da primeira vez que seu pai lhe dissera, quando tinha 15 anos:

— Sua mãe e eu vamos estar fora até segunda-feira. Aqui está o número do telefone onde você pode nos encontrar. Tome conta de Timmy. Você agora é o homem da casa, filho.

Naquele momento o papel tinha sido atraente. Quando seu pai estava morrendo, anos mais tarde, os dois tiveram várias conversas sobre a maneira pela qual Tom iria cuidar da mãe e do irmão. Até mesmo no túmulo seu pai contava com ele.

Como muita gente em terapia, Tom teve um período breve em que entrou em contato com a raiva que sentia dos pais por esperar e promover todo esse altruísmo de sua parte. Mas, com o perdão, veio um entendimento muito mais profundo de seu próprio papel no teatro familiar. Era bom estar no papel principal. Para falar a verdade, era maravilhoso. Mas o tempo de representar esse papel já tinha passado havia muito tempo. Tom precisava urgentemente de um novo roteiro, de outra forma de se sentir homem que não implicasse assumir o papel de único provedor, de único responsável. Sem esse novo roteiro, ele ficaria preso entre o passado e o presente.

Lily

Enquanto fazia terapia, Lily foi levada a questionar muitas de suas crenças condenatórias. Estaria realmente esperando demais de Charlie? Era a sua imaturidade que a fazia ficar tão próxima da mãe? Charlie seria realmente incapaz de se sintonizar melhor com seus sentimentos e de se comunicar com mais eficiência? Talvez a maioria dos homens fossem bufões insensíveis. Conseguiu pensar na possibilidade de que, como Charlie, ela também não devia ser acusada pela situação que estava vivendo, nem pelo que ela despertava. Conseguiu se abster cada vez mais de fazer acusações, principalmente depois de uma conversa particularmente catártica com Charlie.

— Estávamos jantando algumas semanas depois de nos separarmos. Ele estava triste. Ambos queríamos que as coisas tivessem sido diferentes, mas estávamos tão infelizes juntos... Charlie me disse que sempre se sentia muito inadequado perto de mim. Como se não estivesse a minha altura. Fiquei tão triste ao ouvi-lo dizer aquilo que comecei a me acusar e a pensar que talvez eu estivesse cometendo um grande erro com ele. Era tão estranho ele estar aberto daquele jeito sobre o que sentia... Era exatamente por aquilo que eu brigava o tempo todo. Mas sem ter a menor idéia, ele me ajudou a parar de me criticar e de me acusar. Disse que acreditava que simplesmente nós não combinávamos. Por mais que quisesse me dar o que eu queria, não podia, porque não estava nele.

— Tive de lhe dar um certo crédito também. Ele tentou mesmo. Lembro-me de uma vez em que estava muito ansiosa com uma coisa que tinha acontecido no trabalho. Ele ficou tentando me falar o que fazer, como enfrentar a questão de outra forma. Fiquei tão frustrada e irritada por ele não entender o que eu precisava dele naquele momento! Mais tarde, eu estava contando à minha mãe a conversa que havíamos tido e ela me falou sobre este livro, *Men are from Mars, women are from Venus [Os homens são de Marte, as mulheres são de Vênus]*, que aborda as diferenças profundas entre homens e mulheres e a importância de compreender e aceitar essas diferenças. Rimos muito ao ver como Charlie e meu pai eram parecidos com os homens descritos no livro, pois estavam prontos a tentar resolver qualquer problema do qual tomassem conhecimento. Mais tarde contei a Charlie a conversa com minha mãe sobre esse livro e lhe pedi que parasse de ficar tão voltado para a resolução de problemas. A única coisa que eu queria dele era que me ouvisse e tentasse compreender como eu me sentia. Bem, a coisa deu certo! Foi uma das melhores conversas que tive com ele. Na verdade, funcionou tão bem que saí e comprei o livro. É um bom livro; aprendi um monte de coisas, mas não era a resposta. Li-o e segui os conselhos religiosamente, mas acho que Charlie e eu simplesmente estávamos longe demais um do outro. Acho que eu era de Mercúrio e ele de Plutão!

Lily achava que tinha dado o melhor de si na relação com Charlie. Não podia acusar a si mesma mais do que a ele. Ambos tinham dado tudo que tinham. Deixando de apelar para as acusações como um remédio para seu problema, ela passou a procurar as respostas em outro lugar. Começou a olhar mais de perto sua relação com a mãe e de que forma poderia estar atrapalhando sua busca de intimidade com um homem. Como em todo roteiro há um fundo de verdade, não é de surpreender que a relação de Lily com a mãe estivesse criando barreiras contra a ligação afetiva com um homem, mas não da forma que ela pensava. Ao contrário de sua teoria anterior, o que descobriu a respeito de sua relação com a mãe e do roteiro de casamento gerado por ela não levava à falta de auto-estima.

Lily sentia-se tão próxima da mãe que acreditava que nenhuma outra relação afetiva poderia se comparar a essa em intimidade e recompensas. Fazia confidências diárias à mãe, discutindo os altos e baixos de cada dia, o que comer, o que usar. E a mãe fazia o mesmo. Quanto mais conversavam sobre sua relação, tanto mais Lily a achava especial. Disse uma vez:

— Sabe, é engraçado, nunca percebi que a maioria das pessoas não tem essa intimidade toda com os pais. Converso com minha mãe todo dia, sobre coisas triviais, mas é uma parte gostosa do dia. Ela praticamente lê meus pensamentos... mas no bom sentido! — acrescentou, rindo. — Sempre terminamos as frases uma da outra. Temos valores semelhantes e respeitamos e compreendemos uma à outra de verdade.

Lily e a mãe espelhavam os sentimentos uma da outra. Na dança de sua comunicação, eram extremamente bem-coordenadas e sincronizadas, como Fred Astaire e Ginger Rogers — com Lily harmonizando seus estados de espírito e comentários com os da mãe, e vice-versa. Era realmente algo que não exigia quase esforço nenhum. Quando duas pessoas se comunicam com ritmo, respeito e compreensão mútua, é muito bom. A mãe e o pai de Lily tinham uma facilidade parecida de comunicação e eles em geral também se sentiam sintonizados um com o outro. A experiência pessoal de Lily com a mãe e sua observação dos pais juntos haviam criado, compreensivelmente, a impressão de que de fato não havia lugar nenhum como a casa dela. Esse tipo de ligação afetiva tinha se tornado a referência para ela julgar se uma relação estava no rumo certo. Ou, simplificando, como fez Lily:

— Não consigo me imaginar casada com alguém com quem eu não possa conversar desse jeito.

Quando estava com um homem com o qual não se achava sintonizada, sentia-se ansiosa e sozinha. Descobriu que esses sentimentos eram gerados por um roteiro de casamento que ela havia escrito inconscientemente, baseada na primeira experiência de relação íntima que teve na vida: a relação com a mãe. Se não pudesse sentir com um homem a mesma familiaridade e espelhamento que vivera no seio da própria família, a perspectiva de passar o resto da vida com ele parecia árida e solitária.

Mas por que Lily sentia essas coisas? Não faz sentido. Na verdade, seus sentimentos a respeito das perspectivas que tinha para o futuro depois do rompimento com Charlie também não faziam sentido. Mesmo que estivesse num casamento que fosse um pouco menos que perfeito, ainda não poderia contar com a mãe e com o pai para ter essa sintonia? Por que a sensação de terror e a expectativa de solidão no casamento?

Como acabou por se revelar, as pessoas cujo roteiro de casamento é "não existe lugar nenhum como a minha casa" não conseguem, para o bem e para o mal, imaginar-se casadas e, ao mesmo tempo, mantendo relações afetivas com sua família de origem. Acham que casar-se é sinônimo de queimar todas as pontes que levam a seu antigo lar. Por exemplo: a versão que Tom escrevera desse roteiro dizia-lhe que, quando se casasse, sua mulher precisaria tanto dele que não sobraria nada para dar à mãe e ao irmão. Perderia seu lugar e seu papel na família. Lily também achava que precisava queimar as pontes se quisesse se casar um dia. O roteiro cultural de casamento desempenhou um papel importante nesse caso, porque ela temia que houvesse alguma anormalidade no fato de ser muito amiga da mãe. Agiu em função do roteiro cultural ao se distanciar da mãe na tentativa de "crescer".

Sendo próxima da mãe como ela era, não teve como evitar falar sobre parte do que estava sentindo. Isso resultou exatamente no que Lily mais temia: a mãe começou a ficar ansiosa e na defensiva. Achou que Lily poderia estar lhe dizendo: "Mãe, você não me preparou para o mundo, você foi negligente". No início, em vez de apoiar a busca de Lily por independência emocional, a mãe a impediu, fazendo a filha saber o quanto se sentia mal com isso.

O que foi particularmente triste nesse período da relação mãe/filha é que a mãe queria para Lily exatamente as mesmas coisas que Lily queria para si. Mas, como estava tentando lidar com seus sentimentos usando as acusações, a relação entre as duas ficou tensa. Lily não acusava diretamente a mãe de coisa alguma, mas, apesar disso, esta recebeu a mensagem transmitida pelo afastamento abrupto da filha. E seus sentimentos de rejeição levaram Lily a se sentir culpada e com mais raiva ainda.

Lily tinha conseguido ver o que havia por trás de seu estado de ansiedade atual e de sua ambivalência em relação ao casamento, mas ainda não estava assumindo responsabilidade pelos sentimentos criados por seu roteiro de casamento. Em vez disso, voltara às acusações, para sentir que tinha um controle maior da situação e que se estava mais à vontade nela. Acusou a mãe e o relacionamento entre as duas pela ambivalência que sentia em relação ao casamento. Embora em geral seus sentimentos fossem expressos de maneiras sutis, ela primeiro acusou Charlie, depois a si mesma e, agora, estava acusando a mãe. Mas, quando a própria mãe passou a se acusar, Lily percebeu que estava simplesmente passando para a frente os sentimentos que estava tendo por si mesma. Foi preciso prática e vigilância, mas Lily finalmente conseguiu parar de fazer acusações para enfrentar os sentimentos gerados por seu roteiro de casamento e começar a fazer o trabalho necessário para assumir responsabilidade por eles.

Aceitação

A mãe de Lily era uma pessoa muito carinhosa e dedicada, e a idéia de que sua relação com a filha tinha de algum modo deixado Lily despreparada para a vida fez com que se sentisse terrivelmente culpada. Quando Lily parou de acusar a mãe e passou a tentar assumir a responsabilidade pelos sentimentos gerados por seu roteiro de casamento, conseguiu começar a reparar os danos. Disse à mãe:

— Você não tem de ser tudo para mim. Só porque não lhe estou fazendo confidências como eu fazia, não significa que deixamos de ter intimidade uma com a outra. Quero começar a confiar mais em outras pessoas agora, e isso não significa que você não fez um bom trabalho. Não preciso mais que você seja minha mãe, mas ainda quero ser sua amiga. E, nesse exato momento, o que preciso de meus amigos é um pouco de espaço para respirar.

— Você está dizendo que eu a sufoco? — perguntou a mãe, tentando compreender.

— De jeito nenhum. Talvez eu tenha achado isso no começo, mas não é o que acho agora. Penso que confiei tanto em você a minha vida toda que é difícil para mim imaginar como seria confiar em outra pessoa. Faz sentido? — perguntou Lily esperançosa.

— Faz. E me fez lembrar de quando você tinha uns 7 anos e teve uma briga terrível com a nossa vizinha Jenny. Você se lembra do ano em que ela não convidou você para a festa de aniversário? Lembra da raiva e da mágoa que sentiu e do que me disse?

— A mesma coisa que eu sempre dizia quando estava irritada. Disse que queria ficar no seu colo para sempre. Que eu não precisava de Jenny, nem de mais ninguém, pois tinha você.

— Lembra-se do que eu fiz? — perguntou a mãe de Lily em tom brincalhão.

— Como eu poderia esquecer? — respondeu Lily rindo. — Você entendeu o que eu sentia, sei que entendeu, mas aí você me fez cócegas até eu rir e esticar as pernas e assim escorregar do seu colo e cair no chão. Quando tentei voltar para o seu colo, você me disse que eu não poderia voltar enquanto não dissesse a Jenny o quanto eu estava triste e irritada.

— Sabe por que fiz isso?

— Na época não, fiquei bem confusa e um pouco magoada quando você não me deixou voltar para o seu colo. Você nunca tinha feito isso antes! Lembro de ir bater na porta de Jenny e de ter me sentido a criança mais solitária do mundo. Nem minha mãe me queria! Mas resolvi o problema tão depressa quanto Jenny e fui recompensada. E bem lá no fundo eu sabia que você não estava me abandonando.

Como tinham uma relação boa e conseguiam se comunicar bem, a mãe de Lily compreendeu imediatamente o que a filha desejava. A história que contou deixou claro que não queria que Lily fosse exageradamente dependente dela e que era capaz de encorajar suas ligações afetivas com pessoas de fora da família. Embora o modelo predominante entre mãe e filha tenha levado à criação do roteiro "não existe lugar nenhum como a minha casa", tudo quanto Lily teve de fazer foi dar um passo em outra direção, e a dança entre mãe e filha começou a mudar. A mãe de Lily só conseguiu entender e reagir bem depois que Lily manifestou suas necessidades sem culpar ninguém pelo que estava sentindo.

A mãe compreendeu que precisava fazer agora o que tinha feito antes, quando Lily era criança: chegar a um ponto de equilíbrio entre proporcionar uma base doméstica para a filha, onde esta pudesse se sentir segura e valorizada, e dar-lhe a oportunidade de testar suas asas. Da forma como entendia a situação, esse era o momento certo para ela recuar e deixar a filha procurar relações afetivas com outras pessoas.

Mesmo com a compreensão e o apoio da mãe, Lily ainda estava diante da tarefa aparentemente assustadora de testar as asas. Poderia confiar em sua capacidade de julgar pessoas e situações? O que esperar realisticamente dos homens que namorava? Seu roteiro de casamento tinha sido escrito e ensaiado durante toda a infância. O fato de a mãe agora estar apoiando Lily no sentido de a filha assumir a responsabilidade pelos sentimentos gerados pelo roteiro de casamento não ajudou em nada a diminuir a força dele. Na verdade, embora tivesse sido maravilhoso para ela saber que a mãe compreendia e não se ressentia por Lily estar se afastando um pouco, a nova situação reforçou, inadvertidamente, a sensação de que "não existe lugar nenhum como a minha casa". Em outras palavras, Lily ainda tendia a sentir que sua relação com um homem não era tão rica nem tão imediatamente íntima como aquela que mantinha com a mãe e que isso então talvez significasse que ele não podia ser "o homem certo". Mas isso não significava que ela não poderia fazer algo de mais construtivo com esses sentimentos.

Uma das coisas mais construtivas que Lily fez foi aprender a separar os sentimentos dos pensamentos. Percebeu que esse roteiro continha duas crenças irracionais: a primeira é que só existe um tipo de intimidade que vale a pena — isto é, aquela em que duas pessoas são muito parecidas e têm uma empatia ou compreensão instantânea entre si. Têm os mesmos gostos e conseguem terminar as frases uma da outra. Com esse roteiro, fica difícil estabelecer relações afetivas que não tenham essas dimensões, sem dúvida gratificantes. Em muitas relações, os amigos precisam explicar o que estão sentindo, em vez de supor que o outro vai conseguir ler seus pensamentos na mesma hora. Isso, porém, não significa que não existe intimidade e que a relação é inerentemente menos valiosa.

A segunda crença é que, se a relação não tiver uma empatia imediata, nunca vai ter. Lily pode ter se esquecido de que a mãe teve a vida inteira para se comunicar com ela. E que como ela é uma pessoa carinhosa e dedicada pode ter investido muito de seu tempo e energia para descobrir tudo a respeito dos estados de espírito e pensamentos de Lily. De certa forma, as duas eram especialistas no caráter uma da outra. Mas, na maioria das relações, esse grau de intimidade com outra pessoa desenvolve-se aos poucos. As pessoas precisam de tempo e de oportunidades para se conhecer bem. Se Lily pudesse aceitar esse fato, ficaria livre para desfrutar o processo de aprendizagem.

É importante notar que, como a mãe era muito competente em adivinhar os pensamentos e sentimentos da filha, Lily nunca precisou desenvolver certas capacidades de comunicação que a ajudariam a expressar claramente suas necessidades. Não estava acostumada a ter de batalhar para dizer às pessoas o que a estava aborrecendo, porque sua mãe sempre havia demonstrado muito talento para descobrir esse tipo de coisa. Não estava acostumada a ter de se esforçar para se explicar a uma outra pessoa que não a tinha compreendido de imediato. Às vezes esse é um trabalho duro, claro, mas é o tipo de trabalho que pode deixar você se sentindo mais próxima do outro e mais competente e esperançosa com sua capacidade de estabelecer relações verdadeiras.

Quando Lily começou a namorar depois do rompimento com Charlie, percebeu que, sempre que o novo namorado não parecia ter compreendido imediatamente o que ela estava dizendo, ela se desligava. Disse-nos que não conseguia evitar pensar que, "se eu tenho de me explicar, então é porque ele não é o homem certo para mim. Ele vai ser como Charlie; nunca vai me entender". Para assumir a responsabilidade, ela teve de aprender a questionar esses pensamentos e tolerar a ansiedade despertada nessas horas.

— Eu estava com esse cara, o Will, muito bonito, e estávamos falando de trabalho. Eu lhe contei a briga que tive com meu chefe e ele simplesmente não entendia o que estava me incomodando. Acho que ele estava tentando ser educado, agindo como se tivesse entendido, mas não tinha entendido. Pensei: "Como é que vou poder estar com esse cara se ele não entende... se ele não me entende? Que tipo de idiota emocional ele é?".

Não foi surpresa nenhuma saber que Will percebeu a frustração de Lily com ele. Mas, quando lhe perguntou se alguma coisa a estava aborrecendo, ela disse que não. A tensão provocada pela demora de Will em compreender Lily aumentou a relutância dela em tentar construir uma ponte para transpor o fosso criado entre eles. Lily não conseguiria deixar de sentir o que estava sentindo nem que quisesse, mas poderia ter mudado sua maneira de pensar sobre a situação e deixar de agir em função dos sentimentos.

Lily ficou interessada em saber como reagia aos sentimentos que tinha em situações como essa acontecida com Will. Resolveu tentar perceber quando ficava irritada, ansiosa ou desligada durante as conversas. Descobriu que sempre que havia pausas na conversa, quando o homem com quem estava não entendia bem o que ela dizia, ou quando tinha um ponto de vista diferente, ela começava a duvidar da compatibilidade entre eles. Ficava preocupada em saber se era ou não o homem certo para ela e, em alguns casos, como o de Will, ficava irritada.

Depois de refletir, percebeu que tinha um grau muito baixo de tolerância a mal-entendidos e que isso era produto de seu roteiro de casamento, assim como também eram a ansiedade e a raiva provocadas por esses mal-entendidos. Esse o ponto fraco de Lily. Intelectualmente, ela compreendia que nenhum homem tinha condições de competir com a mãe nessa esfera, pelo menos não sem uns bons anos de experiência de intimidade com Lily, mas ela não conseguia se obrigar a sentir diferente. Mas, agora que conhecia a verdadeira origem desses sentimentos, ela estava mais bem-equipada para fazer algo construtivo com eles. Não se sentia mais impelida a lhes dar o crédito que dera no passado.

No trabalho, ela mostrava bastante competência para explicar as coisas a seus empregados. Eles comentaram várias vezes que Lily era uma boa professora, de modo que ela resolveu usar algumas dessas capacidades durante as conversas com o namorado. Sempre que sentia que não estava sendo compreendida, em vez de sucumbir à frustração e bater em retirada, tentava descobrir o que ele achava que ela tinha dito. Era assim que agia no trabalho. Quando estava ensinando um novo procedimento a um funcionário, ela explicava e depois lhe pedia para dizer o que ela tinha acabado de explicar. Desse modo Lily sabia o que fazer em seguida, quando era necessário fazer alguma coisa, para garantir que o procedimento tivesse sido aprendido corretamente. Como tinha senso de humor, a tarefa ficou mais fácil ainda para Lily. Eis aqui uma descrição que ela fez numa das primeiras vezes que tentou esse caminho.

— Era nosso terceiro encontro. Ivan estava realmente crescendo na minha afeição, quando eu bati a cabeça nesse muro de frustração e preocupação porque ele simplesmente "não me entendeu". Estávamos falando de uma discussão que eu havia tido com minha amiga Betsy. Ela está com um namorado novo e, desde que ele entrou em sua vida, ela saiu da minha. É como se eu não existisse mais. É óbvio que todo mundo passa menos tempo com os amigos quando está começando um namoro, mas com Betsy foi uma coisa extrema. Eu não a estava aborrecendo por causa disso, nem nada, sabia que com o tempo as coisas iam entrar nos eixos, mas o que estava me deixando irritada era que eu não conseguia fazer mais nada com ela. Era sempre "depois eu te ligo", porque ela queria esperar para ver se *ele* ia convidá-la para sair. Então eu estava contando ao Ivan que a Betsy me deixava esperando a semana toda e depois tinha a pachorra de me ligar no trabalho na sexta-feira para ver se eu ainda queria sair à noite. Bem, eu disse a ela tudo o que estava pensando e que não gostava de ser tratada daquele jeito. Também achei que não era tão boa idéia assim ela ficar completamente à mercê desse cara.

— Coitado do Ivan, ele não tinha a menor idéia da fria em que estava se metendo. Ouviu minha história e as primeiras palavras que saíram de sua boca quando terminei foram: "Ela deve se sentir muito insegura". Que cara esperto, não? Ele estava obviamente interessado no que eu estava dizendo e conseguiu ler nas entrelinhas e ver que Betsy estava muito insegura. Mas, na hora, eu não estava nem aí com a Betsy. Tudo o que eu queria dele era que compreendesse como a gente se sente ao ser posta de lado por uma das melhores amigas e quando se é tratada com a maior insensibilidade, e que ele ficasse do meu lado. É o que minha mãe teria feito! — acrescentou ela rindo alto.

— Na verdade, pensei: "Que retardado!" Acredita? Comecei a me preocupar não só por ele não ter entendido o que eu precisava, mas também porque nunca entenderia. Quando tive esse pensamento, foi como se um sinal de alarme tivesse começado a tocar em minha cabeça. Achei que estava mais que na hora de tentar pôr em prática o que tinha aprendido. E foi o que fiz.

— Pensei comigo mesma: imagine que ele é o seu supervisor, que ele é novo nesse ramo e que você ainda não sabe se ele é ou não um débil mental; tenha paciência e experimente outra tática. Devo ter começado a sorrir com essa idéia, porque Ivan me perguntou do que eu estava achando graça. Contornei a pergunta e entrei na minha freqüência de instrutora. Foi um alívio enorme não ficar ali sentada, obcecada com a idéia de ele ser ou não o homem certo para mim só porque sua primeira reação à minha história não foi a que eu queria: que lesse meus pensamentos. Será que algum dia vou deixar de sentir isso? É tão neurótico!

Lily era uma boa instrutora e Ivan um aluno disposto a aprender. Conseguiu entender o que Lily mais queria dele nessa conversa em particular. Começou a se solidarizar com ela pela falta de sensibilidade com que a amiga a estava tratando, em vez de tentar ajudá-la a compreender a situação, como tinha sido seu primeiro impulso. Lily chegou a reconhecer um pouco a sua "neurose", como ela a chamava, ao lhe explicar depois que ficava louca da vida quando as pessoas não compreendiam imediatamente o que ela estava dizendo. Talentoso para ler nas entrelinhas, Ivan perguntou:

— Como quando eu me apressei em lhe explicar o comportamento de Betsy em vez de compreender como você se sentia em relação a ele?

— Sou tão óbvia assim?

— Na verdade, não. Ao menos não até você dizer: "Deixe-me explicar isso para você bem devagar, porque acho que não está entendendo o que estou querendo dizer!"

Ela não tinha dito essas palavras literalmente, mas Ivan percebeu sua frustração e achou que sabia o que a irritava. Ambos deram uma boa risada com essa tradução do que ela tinha falado realmente. O mais importante é que ambos se sentiram mais próximos por ter havido uma tensão entre eles e a terem resolvido juntos.

Lily provavelmente não deixaria de ter esse "ponto fraco", como o chamava, por muito tempo ainda. Mas poderia impedi-lo de governar sua vida. Assumiu o controle quando descobriu por que tendia a se sentir assim e de onde esses sentimentos se originavam, e quando traçou um plano de ação sobre como agir no futuro. Quanto mais vezes ela tolerava a ansiedade gerada por seu roteiro de casamento, menos poder ele tinha sobre ela. Simples bom senso, na verdade. Sempre que você enfrenta repetidamente aquilo que teme e não se machuca, você fica com menos medo. Saber que a ansiedade era gerada por seu roteiro em relação à intimidade e ao casamento ajudou Lily a tolerar os medos. Continuava se lembrando de que não precisava ter necessariamente com seu par amoroso o mesmo nível de comunicação que mantinha com a mãe. Essas relações poderiam ter diferenças, não precisavam ser idênticas. Ela também se tranqüilizava ao lembrar que as pessoas podem aprender, quando querem.

Tom

Depois de compreender que sua atração por relações afetivas nas quais pudesse ser aquele que cuidava de tudo e de perceber que esse papel estava obsoleto e não funcionava mais para ele, Tom pôde começar a assumir responsabilidades. Seu roteiro de casamento o aterrorizava.

Dizia que a independência em relação à família significava abandoná-la e perder seu lugar de direito como "o homem da casa". Claro que não eram pensamentos racionais. Na verdade, Tom referiu-se a eles indiretamente ao dizer:

— Tive aqueles pensamentos psicóticos sobre minha mãe e meu irmão na noite passada. Eu estava conversando com mamãe sobre Josie, contando como as coisas estavam indo. Ela ficava me dizendo que queria me ver feliz, que eu encontrasse alguém, e o tempo todo eu ficava pensando "Ah, é? E aí, o que vai acontecer com você?" Quero acreditar nela e acho que acredito, mas não consigo imaginar o que ela e Timmy fariam sem mim.

— Louco, não é? Timmy tem 37 anos, e minha mãe, 72! Quem eu acho que sou? Eles passam muito bem sem mim. Se você tivesse perguntado a minha mãe, a Timmy e a mim se conseguiríamos imaginar a vida sem meu pai antes de ele morrer, os três teriam respondido que não. Mas sobrevivemos, e estamos passando muito bem. É megalomania minha achar que sou tão importante assim.

Tom conseguiu perceber que tinha outra crença irracional. Talvez você tenha acabado de identificá-la. Ele parecia achar que, se cassasse, a mãe e o irmão teriam de "se virar sem ele". Por quê? Tom respondeu o seguinte:

— Não sei exatamente. Acho que penso que, quando eu realmente me casar, se é que isso vai acontecer algum dia, não vou mais ter tempo para eles.

Depois descobriu o motivo pelo qual achava que não teria tempo. Ser casado poderia significar que não lhe restaria nada para dar à mãe e ao irmão. Havia muita coisa dependendo dele, e as exigências de uma relação conjugal seriam grandes demais. Na verdade, se Tom continuasse namorando mulheres muito carentes, esse poderia mesmo acabar sendo seu destino.

E assim voltamos de novo à questão de por que Tom não se sentia atraído pelo único tipo de mulher com quem toleraria se casar. O que havia nas mulheres que irradiavam autoconfiança e autonomia que era tão difícil para ele? No começo, quando falávamos das mulheres que se encaixavam bem nessa descrição, Tom explicou que eram "chatas, tediosas". Se você se lembrar do que dissemos sobre o tédio no início deste livro, então saberá que essa afirmação não deixou de ser questionada. Na verdade, ele acabou descobrindo que ficava ansioso, e não entediado, quando namorava mulheres independentes e autônomas. Não era uma ansiedade despertada pelo fato de se sentir ameaçado por elas, mas pelo fato de sentir que essas mulheres não teriam nenhum motivo para achá-lo atraente ou para amá-lo. Depois que se familiarizou com essa ansiedade e ficou mais disposto a identificá-la sempre que sentisse tédio, ela perdeu poder sobre ele.

Embora tenha passado a ver Josie como uma mulher muito menos carente do que às vezes achava que era, Tom ainda sentia que não formavam um bom par. Ela começou a sair com outros homens depois de perguntar a Tom se ele desejava um compromisso e ele respondeu da seguinte forma:

— Acho que sim, mas, sinceramente, não tenho certeza se quero me casar.

Ela acabou encontrando alguém que queria as mesmas coisas que ela e rompeu com Tom. Nessa época, Tom tinha clareza em relação a seu roteiro de casamento e já sabia identificar muito bem a ansiedade gerada por ele. O mais importante é que também já havia adquirido prática em não agir em função dessa ansiedade desaparecendo de cena como tinha feito tantas vezes no passado. Sempre que sentia que "o coração não estava ali", ele parava e considerava a possibilidade de que talvez estivesse com medo e que "seu coração estava fechando as portas" como reação ao medo. Foi assim que conseguiu identificar e enfrentar diretamente os sentimentos e as crenças irracionais gerados por seu roteiro de casamento.

Tom descreveu como assumiu a responsabilidade por esses sentimentos quando nos contou uma conversa com sua atual namorada, Peggy, médica recém-formada que estava fazendo residência num hospital.

— Estávamos deitados na cama num domingo, lendo o jornal e tomando café, quando Peg me disse que tinha tido uma briga daquelas com o médico-chefe da residência no começo da semana. Quando ele apresentou os horários do plantão, o nome dela estava lá para o próximo fim de semana, apesar de termos planejado viajar. Na verdade, ela havia pedido aquele fim de semana específico quase um mês antes. Eu estava prestes a lhe dizer que para mim não tinha problema e que poderíamos viajar noutra ocasião, quando ela me disse que, no fim, tudo tinha dado certo. Mas parece que foi uma verdadeira batalha campal durante alguns dias. Ela o fez apresentar todos os outros horários de plantão dos últimos cinco meses para provar a ele como estava sendo injusto em não atender a seu pedido. Sentiu-se ligeiramente culpada porque uma outra residente que era amiga sua e que teria de trabalhar naquele fim de semana também tinha planos, mas sentiu-se justificada.

— Mais tarde, me surpreendi perdendo o interesse em viajar com ela. Era estranho, pois parecia não haver nenhum motivo. Então pensei: "Quando foi que comecei a sentir isso e o que poderia ter desencadeado esse desinteresse?" Claro, tinha sido a história sobre o horário dos plantões. Percebi que estava me sentindo meio ignorado, como se ela devesse ter ligado para mim ou algo do gênero. Na minha cabeça, achei aquilo ótimo. Eis aqui alguém que é independente e capaz de resolver os próprios problemas. Não tinha que me envolver em todos os seus pequenos dramas. Mas, no fundo, o que eu estava sentindo era quase pânico. Senti como se estivesse completamente sozinho no mundo. Como se eu tivesse sido deixado de fora de algo importante. Sabia que tinha acertado na mosca, porque comecei a me sentir melhor em relação à viagem.

Tom havia aprendido muito bem a identificar os pensamentos irracionais, ou "psicóticos", como os chamava, gerados por seu roteiro de casamento. Conseguiu começar a imaginar um novo papel para si num casamento, um papel que não exigia que ele se consumisse inteiramente em nome do amor. Poderia ser um homem sem estar sempre tendo de ser o provedor e a pessoa que cuidava de tudo e de todos. Melhor ainda: com esse roteiro específico, ele não tinha de abandonar a família. Podia até imaginar a possibilidade de conseguir alguma ajuda para os fardos que carregara até então. Na verdade, tinha conhecido Peg numa das consultas médicas de sua mãe. Peggy estava substituindo o cardiologista de sua mãe, que estava de férias. Já estava envolvida nos cuidados com sua mãe!

Assimilação

Toda a vida de intimidade que Lily teve com seus pais apresentava muitas vantagens. Sua mãe reconhecia facilmente seus sentimentos e conhecia uma porção de pequenos detalhes de sua vida, por isso Lily não era obrigada a perder tempo para explicar muitas das situações que estava vivendo. Quando queria conversar sobre um problema, podia fazer isso sem precisar falar muito sobre as origens dele. Sua mãe, que estava aposentada, também tinha muito mais tempo para ela do que a maioria das outras pessoas de quem se sentia próxima. Lily sabia que podia contar com sua disponibilidade, companhia e consolo. Embora sua relação com o pai não seja o foco deste capítulo, é bom lembrar que Lily o achava divertido e sempre disposto a sair com ela. Quando quis aprender a jogar golfe, pediu ao pai para ensiná-la, embora vários de seus colegas de trabalho fossem jogadores fanáticos. A generosidade e atenção do pai eram muito positivas para Lily, como são para quase todos.

Mas esse grau de intimidade cria problemas quando é exagerado e não é contrabalançado com intimidade também fora da família. Lily chegou a reconhecer os problemas e os medos que acompanhavam seu roteiro de casamento "não existe lugar nenhum como a minha casa". Estava tão próxima dos pais que não tinha aberto seu leque de interesses. Mãe e filha gostavam de fazer compras, de conversar, de ir ao cinema. Mas nenhuma das duas nunca tinha tido tempo ou assumido o risco de conhecer melhor o mundo dos esportes, por exemplo, ou da música, ou da culinária. Quando os interesses de duas pessoas são muito convergentes, outras atividades podem parecer pouco importantes e até estranhas. Ao limitar suas relações sociais íntimas aos níveis muito elevados de contato que tinha com a mãe, Lily limitou seu grau de participação em um grande número de outras atividades divertidas, excitantes e que poderiam levá-la a conhecer outras pessoas.

Lily tirou sua vida da paralisia quando se tornou mais consciente da ansiedade gerada pelo roteiro de casamento que ela seguia. Na verdade, como dissemos antes, esse roteiro dizia respeito tanto à intimidade quanto ao casamento. Sempre que anseia por intimidade e conexão, mas algo dentro de você o faz ter medo, você se retira do mundo a sua volta. Lily tinha começado a entender que tinha medo de perder a família e, o que foi ainda mais importante, deu-se conta das muitas formas pelas quais negava às pessoas uma chance de construir relações afetivas íntimas com ela. Com essa consciência, ela conseguiu envolver-se mais diretamente com pessoas que não faziam parte da família. Desfrutou a intimidade possibilitada por essa coragem e por esse otimismo recém-adquiridos não só com Ivan, que ela continuava namorando, mas também com suas amigas.

Tom não sentia mais a necessidade de crescer e, por isso, não se sentia mais alienado dos amigos, mas exatamente igual a todo mundo. Sim, estava com 40 anos e nunca tinha se casado, porém ficou sabendo que essa não era uma situação tão inusitada quanto ele pensava. Estava enfrentando ativamente os sentimentos criados por seu roteiro de casamento. Mantinha-se em guarda, atento para os sentimentos e as crenças irracionais aos quais era vulnerável. Agora conseguia perceber que a intimidade com alguém não exigia que ele se afastasse da família. Exigia, sim, que ele se afastasse um pouquinho dela emocionalmente, não que a abandonasse por completo.

Tom e Peggy apaixonaram-se um pelo outro. Foi um processo lento, mas a ligação entre eles tinha se fortalecido. Sua relação com Peggy desenvolveu-se paralelamente à sua compreensão de que havia um papel de mais reciprocidade para ele nas relações. Conseguiu entender que não existia só uma forma de ser amado e valorizado. Peggy dependia realmente dele em algumas coisas, mas nem de longe da maneira que ele temia. O mais importante é que seu interesse por mulheres independentes não entrou em colapso sob o peso de seu roteiro de casamento, como acontecera tantas vezes no passado. Como Tom estava prestando muita atenção em tudo o que o deixava ansioso na independência e na força pessoal de Peggy, conseguiu manter o fogo aceso e fazer sua vida andar.

9

Capítulo

NUNCA VAI ATÉ O FIM

Todos os meus amigos íntimos estão casados e a maioria já tem um filho, às vezes dois. Sinto como se tivesse sido deixado para trás. Quando Anna e eu estávamos juntos e os amigos me perguntavam quando eu ia me casar, eu sempre dizia: "Estamos pensando no assunto". Mas aí era o máximo aonde nós chegávamos. Continuávamos pensando no assunto, mas nunca demos o passo seguinte. Ela era muito carente. Eu tinha esperança de que mudasse, mas não mudou. Por mais duro que tenha sido quando ela rompeu comigo, estou satisfeito por isso ter acontecido. Não íamos chegar a parte alguma, só íamos ficar dando voltas.

DAVE*, gerente de restaurante, 29 anos*

Amo Alex, mas não me sinto preparada para me casar com ele. Muitas amigas e familiares me disseram que a esta altura eu já devia estar, mas o fato que é não estou. Não consigo tocar em frente com as coisas tal como são. Abri mão de muita coisa na minha vida para ficar com ele. Larguei meu emprego e me mudei para podermos ficar juntos quando ele conseguiu esse emprego novo. Passamos todo o tempo com os amigos e a família dele e raramente vejo os meus. Será que eu quero fazer isso pelo resto da vida? Não. Algumas coisas precisam mudar antes de darmos o próximo passo.

***LUCIE**, professora primária, 31 anos*

A ambivalência é universal e normal numa relação afetiva. Mas solteiros como Lucie e Dave parecem mais que ambivalentes. Ter intimidade e ficar monogâmico por causa de alguém raramente é um problema; o que causa estranheza é o fato de a relação parecer nunca chegar a lugar nenhum. Ela definha num limbo, não vai em frente nem acaba. Os amigos e os familiares fazem uma observação que muitas vezes é uma censura: "Você nunca vai até o fim". O que não é óbvio em relação a solteiros como Lucie e Dave é a crença inconsciente de que o "preço" do casamento é alto demais.

Quando Lucie se queixou de que já tinha perdido grande parte de sua identidade na relação com Alex e quando Dave preocupava-se com o fato de Anna ser muito carente, davam a impressão de ter ambos um roteiro de casamento particularmente aterrorizante. Nesse caso, esse roteiro difere dos que discutimos até agora porque as relações íntimas são formadas, mas nunca evoluem para compromissos de uma vida inteira. Você também pode chegar a essa conclusão pelos tipos de medo que surgem sempre que a relação afetiva fica íntima demais. Para as mulheres, esse roteiro revela-se em comentários como o de Lucie: "Eu desapareço sempre que estou com alguém", enquanto os homens expressam temores como Dave, que observou certa vez: "Toda mulher com quem me envolvi é extremamente carente e egocêntrica. Quero alguém à minha altura, não uma criança".

Vou me perder se me casar

Não é que pessoas como Lucie e Dave não queiram se casar, é que têm medo de se perder se derem esse passo. Embora estejam em relações afetivas monogâmicas, continuam sem se casar e paralisados em sua versão particular da encruzilhada da qual falamos ao longo deste livro. Acham mais fácil permanecerem ali do que fazer uma escolha. Pior ainda, como são vulneráveis às mensagens transmitidas pelo roteiro cultural de casamento, ficam absolutamente infelizes quando tentam tomar uma decisão.

Nesse sentido, embora pareça semelhante ao roteiro "não existe lugar nenhum como a minha casa", o roteiro de Tom (capítulo 8) tem algumas diferenças evidentes. O roteiro de Tom não o fazia ter medo de se perder no casamento. Levava-o a ter medo de perder seu lugar junto à família. É um roteiro que gira em torno das ligações com a família de origem e da maneira pela qual essas relações podem levantar barreiras para a ligação afetiva com pessoas de fora. O roteiro que é o tema deste capítulo gira em torno da premissa de que você vai perder sua individualidade, que suas necessidades serão ignoradas por causa da forma como você se aproxima das outras pessoas. Lucie e Dave são bons exemplos do que acontece quando você segue o roteiro ao pé da letra. Depois de vários casos "sérios" (isto é, relações que se tornaram íntimas e quase resultaram em casamento), ambos começaram a reconhecer alguns medos que tinham em relação à intimidade, medos claramente irracionais, ao menos aparentemente.

Alienação

Lucie

Bonita, cheia de energia, inteligente e professora primária excepcionalmente talentosa, Lucie não devia ter problema algum para encontrar alguém com quem quisesse passar o resto da vida. Ao menos era o que suas amigas e colegas de trabalho diziam. É uma pessoa cordial, com facilidade de comunicação, e não parece ter inimigos neste mundo. Na verdade, a maioria das pessoas ficaria surpresa em saber que ela ainda não estava casada. Seu supervisor observou muitas vezes que não conseguia entender por que Lucie ainda não estava casada. Namorava Alex havia três anos. Viviam juntos fazia bem mais de dois anos, e Lucie disse que gostaria de estar casada, mas que a relação não estava do jeito que precisava estar para ela se dispor a dar o passo seguinte.

No trabalho, todo mundo gostava de Lucie. Seu supervisor, de quem era amiga, comentou que "Lucie podia escolher quem ela bem quisesse. São muitos os homens que vibrariam se pudessem ter Lucie como mulher. Alguma coisa deu errado com Alex. Ela devia seguir em frente". Como seu supervisor, Lucie às vezes acusava Alex por sua relutância em querer se casar, já que estava chamando certa atenção dos amigos e familiares.

O fato de ela ter passado recentemente da época que ela mesma estipulara para o seu casamento levou Lucie a se sentir tristemente fora de compasso e distante dos que a cercavam. Sentia uma acusação sutil a seu caráter e grau de maturidade.

— Toda vez que alguém me pergunta por que Alex e eu ainda não nos casamos, parece que estou ouvindo as entrelinhas: "O que há de errado com você? Se ele não é o homem certo, siga em frente. Ou assume, ou parte para outra". Mas tenho medo de partir para outra. Investi muito nessa relação e o amo de verdade. E morro de medo de nunca encontrar ninguém, de acabar completamente sozinha.

Sua melhor amiga tem dúvidas sobre o desejo de Lucie se casar:

— Sei que todo mundo se pergunta por que Lucie e Alex ainda não se casaram. Mas, sabe, não acho que seja tão complicado assim. Lucie se casaria, se quisesse. Para mim é claríssimo que ela simplesmente não quer. Não sabe fazer concessões e não quer saber. É mais feliz solteira.

Lucie sentia-se malcompreendida e cada vez mais alienada dos amigos e colegas de trabalho, que participavam do coro que existia em sua cabeça, que cantava: "O que há de errado com você?... por que ainda não se casou? O que há de errado com você?... por que ainda não se casou?". Mas ela se refugiou na crença de que o problema era com os homens com os quais se envolvia e de que existia uma tendência masoquista de sua parte de escolher homens como Alex, que exigiam demais e davam pouco. Sua oscilação entre acusar a si mesma e acusar o sexo oposto era tão rápida que os limites entre os dois pólos perderam a nitidez. Em outras palavras, Lucie acreditava que os homens que namorava eram inerentemente ruins para ela e que tinha uma tendência de escolher homens que não prestavam.

Alex, com quem tinha se envolvido desde os 28 anos, era um alvo fácil para as acusações. Lucie achava que ele era emocionalmente "desligado" e muitas vezes egocêntrico. Na verdade, Alex não era alguém que tivesse facilidade em expressar o que estava sentindo e realmente tinha a tendência de considerar Lucie um ponto pacífico em sua vida. Ela se lembrou de um incidente paradigmático:

— Eu estava planejando uma festa de aniversário para ele, uma festança mesmo, com todos os seus amigos, e ele chegou muito tarde. Quero dizer, mais de uma hora depois! Pensei com meus botões: "Que diabos está havendo aqui?". Senti que ele estava completamente desconectado e que não tinha consideração por ninguém. Senti como se eu não existisse.

Outros incidentes — como quando ele planejou sair de férias sem ela — deixaram Lucie sentindo que "são sempre os planos *dele*, quase nunca os *nossos*". Na tentativa de compreender como tinha ido parar num relacionamento assim, Lucie disse:

— A única conclusão a que posso chegar é que sou atraída por homens egocêntricos e egoístas.

Mas essa conclusão não ajudou muito; só aumentou seu sentimento de alienação.

Quando lhe perguntei se poderia ter previsto como essa relação evoluiria quando começaram a namorar, Lucie teve de admitir que provavelmente ninguém poderia. As coisas começaram bem para o casal e Lucie achou que Alex não era realmente tão insensível quanto ela agora achava que era. Na verdade, ele prestava bastante atenção nas necessidades dela e era capaz de ser altruísta.

Será que essa capacidade de se doar fora apenas resultado da fase de lua-de-mel do namoro? Ou teria acontecido alguma coisa ao longo do caminho que o deixou mais egocêntrico? É provável que ambas as explanações fossem verdadeiras. A inclinação natural de Lucie numa relação afetiva era esvaziar-se emocionalmente. Ela disse:

— Abri mão de tanta coisa por causa dessa transa... Mudei para o apartamento em que Alex queria morar, sustentei nós dois quando ele ficou desempregado e fiz das tripas coração para me dar bem com seus amigos e com sua família. Quando ele conseguiu esse novo emprego em Boston, não havia a menor dúvida, ao menos na minha cabeça, de que eu devia ir com ele. Senti que as coisas aconteceram como ele esperava. Não sei dizer quando exatamente, mas pouco antes de nos mudarmos para Boston parece que ele deixou de me colocar antes das outras prioridades de sua vida.

— Preciso que Alex esteja mais disponível para mim. Sei que ele me ama, sei que procura me dar o que eu quero, mas parece que não sabe como. Talvez eu tenha tido um papel nessa história. Não sou muito competente para me fazer ouvir. Quando ele chegou atrasado na festa de aniversário que dei para ele, não lhe disse nada durante alguns dias e, quando disse, dourei a pílula. Ele nunca soube realmente o quanto fiquei magoada e irritada com aquilo.

É óbvio que o problema não era apenas que Lucie escolhia homens egoístas. Alex tinha mostrado que era capaz de ser altruísta e generoso. Mas, de alguma forma, sua relação evoluíra para uma via de mão única. Quanto mais Lucie se dedicava a Alex, tanto mais ele esperava que isso acontecesse. O interesse em descobrir o motivo que a levava a se dedicar tanto às necessidades de Alex e por que relutava em expressar as suas ajudou Lucie a sair de sua dependência das acusações para obter respostas. Também abriu a porta para um território importante que ela ainda não tinha explorado.

Dave

Como Lucie, Dave costuma ser descrito como alguém que "nunca vai até o fim". Envolve-se, "mas nunca assina o papel". Estava sentindo a pressão da família e dos amigos, que lhe diziam que Anna era perfeita para ele, expressa nas palavras de seu grande amigo Greg: "Vai nessa que é quente". Mas se fosse tão simples quanto decidir "entrar nessa", Dave já teria entrado há muito tempo. Sua relutância em se casar não era uma decisão; era um sentimento, e Greg não entendia a profundidade do medo contra o qual Dave lutava.

Dave estava com Anna fazia dois anos. Antes disso, não havia tido nenhum envolvimento importante por aproximadamente três anos. Queria se casar e queria que desse certo com Anna, mas descobriu que não conseguia chegar a fazer o pedido de casamento. Para piorar as coisas, tinha medo de romper a relação. Preocupava-se, porque, se não fosse com Anna, então com quem mais haveria de ser? Talvez nunca encontrasse ninguém. A pressão para se decidir vinha aumentando à medida que se aproximava do aniversário de 30 anos, idade que muitos consideram perfeita para se casar. Quando olhava em volta e via amigos e colegas casados, ele se perguntava se não haveria algo de errado com ele. Até seu irmão mais novo já estava casado.

Dave também estava preso no ciclo das acusações.

— Quando estou numa pior, acho que o denominador comum sou eu, isso para mim é claro. É o resultado final. Simplesmente não consigo fazer uma relação amorosa dar certo. Rompi com todas as mulheres que queriam compromisso sério. Nunca me senti tão incompetente em toda a minha vida. É deprimente.

Outras vezes, Dave dizia:

— Muitas das mulheres que namorei pareciam estar tão na delas... Podem ser doces, acolhedoras e generosas no começo, mas no fim sou usado. Como Jen, que me usava para provocar ciúmes no ex-namorado. Duvido que ele fosse realmente um ex. Ele lhe dedicou uma peça de teatro importante certa vez, quando estávamos namorando, e ela acabou voltando para ele.

Antes, Dave em geral se culpava por ficar cego para o óbvio. Mas nos últimos anos passou a acusar as mulheres cada vez mais, acusava-as de só pensarem em si e de ser manipuladoras.

É bom ressaltar que, quando lhe foi pedido que descrevesse sua relação com cada uma dessas mulheres, ele percebeu que, na verdade, somente algumas das que namorou se encaixavam nessa descrição pouco lisonjeira. Outras ele não chegou a conhecer o suficiente para poder julgar, e outras, ainda, não tinham nada de egoístas.

— Sabe, provavelmente com uma ou duas das mulheres com quem cheguei a ter intimidade poderia ter dado certo. Estavam longe de ser "pura vaidade". Lembra daquele comercial de tevê? Uma mulher fala o tempo todo de si mesma e aí pára e diz ao cara com quem está conversando: "Chega de falar de mim, vamos falar de você. Acha que estou bonita hoje?". Não, só Suzie é que era pateticamente egocêntrica!

Esse exercício, cujo objetivo era questionar suas generalizações negativas a respeito das mulheres, fez com que Dave pensasse que talvez não houvesse ninguém a quem acusar por sua condição de solteiro. Na verdade, era um fato que devia ser compreendido no contexto de seu desejo de se casar. Não era algo pelo qual alguém devesse ser acusado.

Enquanto estava concentrado em encontrar um bode expiatório, ele não estava prestando atenção nenhuma no que sentia quando estava envolvido nessas relações afetivas. Logo descobriu que muitas vezes sentia certo pânico sempre que a relação ficava mais séria, como se estivesse pisando em ovos e precisasse ficar atento ao menor movimento que a namorada fizesse, para se certificar de que ela não ia se irritar ou se decepcionar com ele. Essa percepção levou, naturalmente, a uma questão importante:

— Nunca pensei muito sobre isso, mas estou sempre nervoso quando estou com alguém. Por que será? Como no caso de Anna, estou sempre muito ligado no estado de espírito dela. Quando está de mau humor, perco o meu dia. Não consigo deixar pra lá, deixá-la sentir-se irritada ou deprimida, estou sempre por perto tentando consertar o que quer que eu ache que tenha feito de errado. Às vezes ela grita comigo, fala para eu deixá-la em paz, que nem tudo tem a ver comigo. Sempre tenho certeza de que devo ter feito alguma coisa para deixá-la mal. Gostaria de ser mais parecido com o Greg. Quando a mulher dele está de mau humor, ele não leva a coisa para o lado pessoal. Não sei por que faço isso.

Com um recém-despertado interesse em saber por que ele sentia o que sentia quando estava namorando, Dave deu um passo para descobrir a origem de sua ambivalência em relação à intimidade e ao casamento.

Avaliação

Dave

Sempre que Dave se sentia mais seguro de que queria continuar com Anna, ela ficava distante e pessimista com a relação afetiva dos dois. Quando ela estava se sentindo apaixonada e confiante no futuro dos dois, Dave sempre estava irritado e distante. Andaram assim para a frente e para trás durante dois anos. Quando Dave falou pela primeira vez a respeito desse modelo, acusou Anna. Ela só se sentia próxima dele quando ele estava irritado e distante. Mas, com o passar do tempo, ele conseguiu ver que "é realmente preciso duas pessoas para dançar um tango". Os dois tinham chegado a um grau de distância emocional na relação que ambos podiam tolerar. O *insight* de Dave de que, na verdade, estava sempre "nervoso" nas relações, acusando-se pelo mau humor de sua namorada, ajudou-o a ver que ele também precisava de algum distanciamento quando estava com Anna. Mas tudo isso desembocava na questão: por quê? Embora este livro não se proponha a explicar em detalhe *como* ele respondeu a essa questão durante seu processo terapêutico, contará *o que* ele descobriu.

Dave não tinha como evitar sentir que as relações lhe cobravam um preço alto em termos de identidade pessoal. Seu roteiro de casamento foi escrito e praticado na relação que teve com a mãe quando criança. O pai abandonou sua mãe por outra mulher quando Dave, o mais velho de três filhos, tinha 5 anos. A mãe voltou-se para ele em busca de consolo e, às vezes, de apoio emocional que ele não tinha condições de lhe dar. Relacionava-se com Dave mais como cônjuge do que como mãe. Para piorar as coisas, sofreu de uma depressão clínica não diagnosticada durante a maior parte da infância de Dave. Quando uma pessoa fica deprimida, seu estado afeta a todos em volta. Isso se aplica particularmente à família da pessoa deprimida. Dave fez tudo o que era possível fazer, principalmente quando criança, por alguém deprimido. Por vontade própria, correu a preencher o vazio.

Mas aquilo estava acima das forças de Dave. Nada que pudesse fazer melhorava o estado de espírito de sua mãe por mais de uma hora ou duas. E também não conseguia provocar nela nenhum impacto evidente sobre a visão pessimista que ela tinha da vida. Dave tinha medo de que a mãe entrasse em colapso. Uma lembrança infantil descreve de maneira pungente as origens do nervosismo que Dave sentia quando adulto em suas relações amorosas.

— Houve um jantar para pais e filhos homens na escola quando eu tinha 13 anos, e Joe DiMaggio, dos Yankees, seria o convidado de honra. Acho que o jantar era para levantar fundos para o beisebol infantil, ou algo assim. Seja como for, fiquei muito deprimido, porque queria ir, mas não pude; naquela época, só víamos meu pai durante um mês, todo verão, e em alguns feriados. Ele morava muito longe. Senti-me desprezível quando cheguei em casa. Lembro-me de que fui para baixo das cobertas e chorei. Também me senti constrangido por não ter um pai para me levar e provavelmente humilhado por estar chorando por causa daquilo. Quando minha mãe chegou em casa, ouvi-a batendo as portas e lembro de enxugar as lágrimas e pular da cama. Não queria que ela me visse chorando.

Uma das coisas que Dave descobriu sobre si na terapia foi que quase sempre punha os sentimentos das mulheres na frente dos seus. Descobriu que esse tipo de coisa tinha se estabelecido desde que ele era pequeno. Muitas vezes, quando se sentia triste, a mãe ficava ansiosa. Mais por si mesma do que por Dave. Ela era muito sensível e amorosa, mas antes de a depressão ser finalmente diagnosticada e tratada, ela se deixava arrasar por seus próprios sentimentos de tristeza e ansiedade. Como muitas pessoas clinicamente deprimidas, ela só via sua própria tristeza e desamparo. Tinha antolhos que a impediam de ver as necessidades do filho. Quando Dave chorava, ela dizia: "Ah, não, Davey, não fique triste, preciso que você seja forte. Você não, você é minha razão de viver". Nesse momento de sua vida, Dave não pôde contar com a mãe para ajudá-lo com o que ele estava sentindo.

— E eu enxuguei as lágrimas e estava saindo da cama quando ela bateu na minha porta com toda a força e abriu-a violentamente, gritando: "Não mereço isso! Por que as latas de lixo ainda estão na calçada, sua jaqueta no chão, e onde estão seus irmãos? Você devia estar tomando conta deles!". Eu disse que sentia muito, peguei minha jaqueta do chão e fui pegar as latas de lixo e cuidar dos meus irmãos. Mais tarde, fui para a cozinha e ela estava conversando com uma amiga no telefone. Estava soluçando, quer dizer, chorando para valer, sacudindo os ombros, e estava dizendo que se sentia tão só, que não tinha mais por que viver. Fui até ela e abracei-a. Eu estava aterrorizado. Pensei que de alguma forma eu é que tinha provocado aquela reação. Por isso tentei consolá-la, mas ela mal notou minha presença estava chorando como um bezerro desmamado. Lembro-me de pensar:

"Vou ter de cuidar dela, senão tudo vai desmoronar". A última coisa que me passou pela cabeça foi o que aconteceu na escola.

— Ela finalmente se acalmou e desligou o telefone. Deu-me um abraço fortíssimo que parecia que ia durar para sempre. E ficou dizendo "Graças a Deus tenho você, graças a Deus, você é minha razão de viver, graças a Deus". É triste dizer, mas nunca percebi que ela nem estava me agradecendo — Deus é que ficava com a glória toda. Eu não existia fora daquilo que eu podia lhe dar naquele momento.

Esse evento isolado não foi o responsável pelo roteiro de casamento que Dave seguia e pela sensação de ter de pisar em ovos que tinha em suas relações com as mulheres. Essa foi apenas uma entre incontáveis interações com a mãe que o deixaram com a impressão de que, sempre que você tem intimidade com alguém, corre o risco de se perder. Na relação com a mãe, ele não era mais um menino de 12 anos que sentia falta do pai, uma criança que se sentiu constrangida pelo fato de o pai não poder levá-la para conhecer Joe DiMaggio. Tinha se tornado o consolador e o confidente da mãe, sua "razão de viver". Embora essa lembrança em particular não explique por si só os temores de Dave nas relações afetivas, tornou-se para ele uma pedra de toque, que usava para assumir a responsabilidade pela ansiedade e pelo pavor que seu roteiro de casamento criara.

Quando criança, Dave tinha sucumbido ao mito de que precisava ser altruísta, de que não podia ter necessidades pessoais, que tinha de alimentar o amor da mãe e mantê-la de pé. A forma como Dave se perdeu na relação com a mãe é uma reação muito comum à depressão de um ente querido, tema sobre o qual um de nós é co-autor de um outro livro. No decorrer da infância, Dave aprendeu a deixar de lado seus sentimentos e necessidades, na crença equivocada de que isso era o que sua mãe precisava para sobreviver. Na verdade, o fato de ele cuidar dela costumava fazê-la se sentir muito culpada. Ironicamente, seus sentimentos de culpa pelo quanto dependia do filho diminuíam mais ainda sua auto-estima e acabavam agravando a depressão. Anos depois, quando Dave descobriu que sua mãe tinha sofrido de depressão durante quase toda a sua infância, as peças do quebra-cabeça começaram a se encaixar. Deu-lhe uma compreensão mais clara do papel que tinha assumido junto a ela e o papel em que a depressão o colocou. Saber disso ajudou-o a parar de concentrar toda a sua energia em acusações contra a mãe pelo que acontecera e, desse modo, liberou-o para identificar as origens de seu roteiro de casamento.

Conseguiu enxergar que seu medo de assumir um papel semelhante com uma esposa, o papel de companheiro altruísta e explorado, baseava-se mais na memória que na realidade. Tinha realmente muito pouco com que se preocupar porque, na condição de adulto, podia estabelecer limites dentro do casamento. Dave não era mais o menino que tinha sido. Era um homem com necessidades muito diferentes das que o levaram a adotar o roteiro escrito quando criança. Com clareza a respeito tanto de seus medos quanto do fato de não precisar aceitar mais uma situação como a de antes — quando criança —, em que não havia escolha, Dave agora estava em condições de assumir a responsabilidade por seus medos, em vez de automaticamente agir em função deles.

Lucie

À medida que Lucie foi descrevendo várias de suas relações afetivas, começou a surgir um modelo claro e coerente que era difícil ela não perceber. Embora fosse uma mulher forte e assertiva quando estava sozinha, tendia a se tornar passiva e a abrir mão de muitas de suas prioridades quando se envolvia com um homem. Por exemplo: descreveu sua relação com Ben, com quem viveu durante um ano quando tinha por volta de 25 anos:

— Ben e eu trabalhávamos juntos, mas ninguém na escola sabia de nós. Era muito estranho e difícil. Basicamente eu tinha de fingir que era solteira quando não era! Ben trabalhava na administração e eu dava aulas. E achava que não ficaria bem se os outros professores soubessem.

— Abri mão de muita coisa por ele. Ele definiu a maior parte de nossa vida em comum. Quando fomos morar juntos, foi no apartamento dele. O meu era tão confortável e vantajoso quanto o dele, mas, sem saber bem como, acabei indo morar no de Ben. Tínhamos tantos móveis que precisei pôr a maior parte num depósito. Eu devia ter imaginado que as coisas tinham tomado a direção errada. E só pioraram. Ele saía para trabalhar antes de mim, para não ter de se preocupar em "manter as aparências", como dizia. A situação era absurda. Ele estava preocupado com as aparências e com o emprego dele. E eu? E o que eu sentia? Mas, apesar disso, toquei em frente. No fim, foi ele quem rompeu comigo, e não o contrário. De certa forma, fiquei um pouco aliviada.

À medida que fomos conversando sobre várias relações amorosas que ela tinha tido, Lucie acabou ficando interessada no motivo pelo qual tinha tendência a "desaparecer", como dizia. No começo, concluiu que era masoquista, mas aquilo não explicava nada e, na verdade, estava longe do alvo. Entre os fios comuns que apareceram nas histórias de suas relações amorosas anteriores estava o foco excessivo nas necessidades do outro, fosse quem fosse o homem com quem ela estivesse envolvida, foco que censurava a expressão de suas próprias necessidades e desejos.

No caso de Lucie, podemos apontar as origens desse modelo em sua relação com o pai quando criança. Homem amoroso mas rígido, o pai de Lucie era emocionalmente distante. Embora muitas das interações entre pai e filha poderiam ter esclarecido o roteiro atual de Lucy a respeito de casamento, uma ocorrida quando ela tinha 8 anos permaneceu gravada em sua memória:

— Meu pai nunca vinha me ver, eu é que sempre tinha de ir procurá-lo. Quando ele chegava do trabalho, minha mãe me chamava e dizia: "Vá dar um abraço em seu pai". Quando ele entrava pela porta da frente, eu estava esperando por ele para lhe dar seu abraço. É engraçado, nunca pensei nisso antes, mas era mesmo o abraço dele, e não meu, eu sempre sentia que era um dever, não algo dado espontaneamente.

— Certa manhã, estávamos sentados na mesa da cozinha e ele me ajudava com os deveres de casa. Toda manhã ele fazia isso. A educação era muito importante para ele; tenho de lhe agradecer por isso. Acho que explica em boa parte por que sou professora. Mas ele era muito crítico. Lembro dessa manhã em que estava quase tudo errado na minha lição de matemática. Ele ficou sacudindo a cabeça e me chamando de "burra". Depois de repassar a lição inteira, ele me disse que eu era estúpida e que não valia a pena ficar me matando daquele jeito. Jogou a folha de exercícios no chão com uma expressão de desgosto profundo e disse que eu devia ter vergonha e que ele não sabia por que perdia seu tempo corrigindo meus deveres de casa se era aquela porcaria que eu sabia fazer. Eu tinha muita dificuldade com matemática e ele sabia! Tinha trabalhado duríssimo naquela lição e achei que ele estava sendo muito mesquinho e injusto. Quando saiu da cozinha, eu estava em lágrimas. Ele viu, e a minha mãe também. Depois que ele foi trabalhar ela me consolou dizendo que ele não quis dizer exatamente aquilo e que eu devia trabalhar mais duro ainda porque sabia o quanto ele queria que eu tivesse êxito. Porém fiquei inconsolável. Estava chorando mais de frustração e raiva do que por qualquer outra coisa.

— Naquele mesmo dia, quando ele voltou para casa e minha mãe fez o seu ritual de "seu pai está em casa", não saí do quarto. Agi como se não tivesse escutado o que ela disse. Estava com raiva dela também, por não ter ficado do meu lado. Mas ela nunca o havia enfrentado. Não sei por que pensaria em enfrentá-lo por minha causa.

— Mais tarde, quando desci, ele estava sentado em sua cadeira lendo o jornal. Ele me ignorou quando me sentei no sofá. Não sei como foi que começou, mas de repente consegui falar — ou acusar, para ser mais exata. Disse-lhe que ele não tinha sido justo e que eu tinha ódio dele. Minha mãe escutou o que eu disse e entrou correndo na sala como um demônio da Tasmânia e me agarrou pelo braço. Arrastou-me para o meu quarto e disse-me para eu ficar lá até aprender a ter mais respeito pelos outros. Lembro-me de ouvi-la dizer: "Não fale com o seu pai desse jeito!". Durante o tempo todo que isso estava acontecendo, meu pai não disse uma palavra. Ignorou-me como se eu não tivesse dito nada. Eu era apenas uma criancinha, pelo amor de Deus! As crianças deviam ter espaço para sentir essas coisas de vez em quando.

— Quando tive permissão para sair do quarto, vi que meu pai tinha ido para a salinha da televisão. Quando o jantar ficou pronto, ele disse à minha mãe que não tinha fome. Estava emburrado como uma criança grande. Minha mãe acabou trazendo o jantar dele e comeram juntos, sentados no sofá. Ela ficou com raiva de mim. Me fez comer sozinha na cozinha. Disse que meu pai não merecia o que eu lhe dissera. Ficou emburrado uma semana! Uma semana, sem exagero! Eu me senti muito sozinha. Minha mãe ficou com muita raiva de mim o tempo todo e ficava me dizendo que eu tinha de fazer as pazes com ele. Mas eu não queria. E ficava pensando: "E eu, o que mereço? Não tem importância para ninguém?".

— Mas nunca vi ninguém ficar emburrado como meu pai, e ele acabou me vencendo. Não tive outra escolha além de aprender a lição com minha mãe: não entorne o caldo e fique de boca fechada que vai dar tudo certo. Quando pedi desculpas a ele, era como se eu tivesse tido permissão de voltar para a família. Ele parou de me ignorar, minha mãe voltou a ser carinhosa comigo e tudo voltou ao normal. Eu não tive nenhuma outra opção naquela época. Até ele me pediu desculpas. Não por me chamar de estúpida, mas por ser tão frio. Disse que detestava quando as coisas ficavam malparadas entre nós. Em momentos como esse, ele até ficava mais carinhoso, dando-me um abraço e dizendo que eu sempre ia ser a sua menininha.

Em sua relação com o pai, Lucie aprendeu que devia reduzir, e até renunciar, a suas necessidades e sentimentos, ou arriscar-se a perder o amor e a aceitação que todos desejam. Essa associação e suas observações a respeito do casamento dos pais formaram o roteiro de casamento que ela seguia agora.

Para piorar a ambivalência que ela sentia em relação a compromissos na vida adulta, existia o fato de que, durante grande parte da infância, ela tinha alimentado grandes esperanças de transformar o pai. A julgar pelas recordações de Lucie, fica claro que seu pai não se sentia inteiramente à vontade com sua frieza e que dava indícios de que gostaria de ser mais amoroso, mas a verdade é que não foi. Um pouco de psicanálise de sofá para explicar essa tendência do pai de ser emocionalmente "travado" ajudou Lucie enquanto lutava para compreender a aparente falta de interesse dele por ela. Chegar a um entendimento mais profundo das limitações do pai ajudou-a a não levar tão a sério seus defeitos. Mas essa também era uma armadilha perigosa. A cada *insight* relativo ao caráter do pai ou à personalidade de Alex, já que tocamos no assunto, ela era mais atraída para o silêncio que mantivera durante a maior parte da infância. Tornou-se como a mãe, que tentava explicar-lhe o seu pai na tentativa de silenciá-la e de construir uma ponte entre os dois. Mas quando Lucie passou a utilizar esses *insights* para perdoar, em vez de usá-los para calar a boca, começou a andar e a assumir alguns riscos emocionais.

Aceitação

Lucie

Na verdade, o fato de Alex ser "desligado", como ela o descrevia, tinha facilitado bem as coisas no início da relação amorosa. Mantinha-o a uma distância suficiente para proteger Lucie do medo que sentia da intimidade: intimidade era sinônimo de morte de suas necessidades. Essa ansiedade a teria impedido de ter qualquer coisa com ele se ele tivesse sido mais presente emocionalmente. Mas essa distância emocional, necessária no começo, acabou aumentando sua ambivalência sobre a necessidade de seguir ou não em frente com a relação.

Mas, ao entender melhor por que havia se sentido atraída por Alex, ela deixou de se ver como uma masoquista e a Alex como alguém emocionalmente travado. Opções que nunca haviam lhe ocorrido a sério abriram-se para ela. Antes Lucie sentia que tinha de escolher entre a submissão e a renúncia a suas necessidades e persistir na esperança de transformá-lo. Agora, com os olhos voltados mais confiantemente para suas próprias necessidades dentro do casamento, ela descobriu outras opções. Podia aprender a aceitar que Alex não era mesmo um homem que falasse francamente o que sentia ou que se interessasse pelo que Lucie sentia, e parar de tentar mudá-lo. E podia aceitar a responsabilidade e o risco de expressar suas necessidades a despeito das limitações dele. Ou então podia partir para outra, confiante de que não ficaria sozinha na vida e com uma compreensão maior do que ela realmente precisava para se sentir realizada numa relação amorosa. Em qualquer dos casos, ela poderia assumir a responsabilidade pelos medos criados por seu roteiro de casamento e começar a tocar sua vida.

Dave

Dave conseguiu perceber que, com Anna, "nunca estar em sintonia emocional" mantinha-a a uma distância suficiente para ele permanecer na relação. Quando Anna estava disposta a se comprometer, ele não estava. Quando parecia que ela ia embora, Dave se sentia seguro para se comprometer. Mas, quando ele começou a descobrir do que exatamente sentia medo, achou mais fácil estar mais perto de Anna e, ao mesmo tempo, menos ameaçador sair da relação caso sentisse necessidade.

O roteiro que assimilou na relação com a mãe exigia que ele pisasse em ovos com suas namoradas. Anna não queria que ele fizesse isso; na verdade, essa atitude a fazia se sentir culpada uma boa parte do tempo. Mas agora, sempre que Dave sentia a inclinação de ser solícito demais com Anna, apelava para a pedra de toque de que falamos antes. Lembrava-se do terror que sentira ao abraçar a mãe e tranqüilizá-la, dizendo-lhe que tudo acabaria bem para ela. Com seus sentimentos identificados e devidamente rotulados como "lembranças", ele se acalmava ainda mais ao pensar que "Anna não é minha mãe e eu não sou filho dela".

Anna detectou a mudança de abertura de Dave com ela e consigo mesmo. Reconheceu que algo tinha mudado para melhor. Na verdade, Dave ficara mais vulnerável no sentido de que estava cada vez mais honesto em relação ao que sentia na relação. Em razão disso, sentia-se cada vez mais inclinado a se comprometer seriamente com Anna, e disse isso a ela. Embora ele achasse que ela era menos sensível a suas necessidades do que seria o ideal para ele, estava disposto a fazer concessões, e sua mudança de atitude ajudou-a a se tornar um pouco mais generosa. Como havia deixado de sentir que Dave estava sempre frustrado com ela e se sentindo uma vítima, ela passou a se sentir menos culpada e menos crítica. O relacionamento entre os dois parecia estar indo na direção do casamento.

Assimilação

Depois de compreender a história que existia por trás de seu temor de expressar suas necessidades nas relações amorosas, Lucie conseguiu ver esses sentimentos a partir de uma perspectiva melhor. Eram lembranças, não eram a realidade de sua situação atual. Não estava correndo o mesmo risco que correra ao tentar dizer ao pai o que estava sentindo e o que estava precisando dele. Como mulher adulta, o maior risco que devia correr agora era o de tolerar a ansiedade que acompanhava o fato de dizer a Alex como estava se sentindo.

Apesar disso, nem sempre foi fácil realizar essa proeza. Seus medos levaram-na muitas vezes a acreditar que acabaria se sentindo sozinha e rejeitada com Alex da mesma forma que se sentira com o pai. Pior ainda era a crença de que o isolamento seria permanente — que ela sempre estaria fechada no quarto ou jantando sozinha na cozinha. Mas, felizmente, Alex era bem diferente de seu pai e, mais importante ainda, Lucie passou a acreditar que não devia aceitar na vida adulta o que, quando criança, era obrigada a aceitar. Quanto mais assumia o risco de expressar suas necessidades, tanto mais oportunidades ela criava para Alex ser receptivo a elas.

Sua relação com Alex mudou lenta mas profundamente. Lucie achava que ele nunca se transformaria no tipo de homem "sensível" com que às vezes ela tinha vontade de estar e, por algum motivo desconhecido, nunca a atraíam. Mas ela viu que ignorar suas próprias necessidades na relação tinha feito com que uma profecia se realizasse. Quanto mais ela se dedicava a Alex, mais ele esperava que ela só pensasse nos interesses dele. Quando ela começou a dar passos em outra direção, só restou a Alex duas opções: ou ele a seguia, ou ia ficar falando sozinho. Mas, no fim, ele acompanhou todos os seus movimentos e o impasse acabou. Cerca de um ano depois que Lucie parou de só satisfazer as necessidades de Alex, ele a pediu em casamento e ela aceitou.

Mas não se deixe enganar pelo final feliz. Lucie saiu da paralisia em que estava sua vida quando entendeu os medos gerados por seu roteiro de casamento e começou a assumir responsabilidade por eles. Pensou seriamente na possibilidade de que sua relação com Alex poderia não evoluir para o casamento, mas não se deixava mais vencer pelo terror dessa possibilidade. Na verdade, foi porque ela deixou de se dedicar tanto a ele que se sentiu livre tanto para seguir em frente quanto para sair fora.

Dave, por outro lado, perdeu a chance de propor casamento a Anna. Deixando de se sentir asfixiado pela relação, estava pensando seriamente em pedi-la em casamento. Tinha falado a respeito desse assunto na terapia, e também com vários amigos, de uma maneira que nunca tinha falado antes. Mas, de repente, segundo a perspectiva de Dave, Anna rompeu com ele. No início ficou amargurado e regrediu para o estágio de alienação criado por sua condição de solteiro, mas seu cinismo em relação às mulheres e até sua tendência de se acusar por não ter percebido que as coisas estavam por um fio duraram pouco. Depois de passar por todos os quatro estágios da condição de solteiro num mundo de casais, ele estava menos propenso a cometer os mesmos erros.

Como aconteceu com sua mãe, Dave conseguiu perdoar Anna por não ter sido capaz de lhe dar o que ele gostaria de ter tido. Amou-a de verdade e sentiu que, para estar à altura desse amor, precisava aceitar a natureza essencial dela, tal como era. Ela também tinha medo da intimidade, medos incrivelmente parecidos com os de Dave. Essa foi a razão pela qual haviam se aproximado um do outro. Ele descreveu a situação à risca ao dizer "É como se os dois estivessem cegos. Ambos tínhamos exatamente as mesmas limitações. Se um de nós fosse surdo e o outro cego, teríamos tido condições de fazer a coisa dar certo". Anna não era a mulher certa para Dave, nem ele o homem certo para ela. Agora ele tem certeza disso. E também tem certeza de que ainda quer alguém com quem passar a vida inteira, e uma família sua. Não sucumbindo à culpa e ao cinismo, ele manteve o coração aberto. E também conseguiu não paralisar sua vida, como fizera durante a maior parte do tempo em que ele e Anna permaneceram juntos.

Libere-se do passado

Esperamos que você tenha aprendido algumas lições vitais com as experiências de Lucie, Dave, Tom, Lily, Katie, Marilyn, Sarah, Mark e os demais homens e mulheres solteiros sobre os quais falamos. Ser solteiro no presente é um objetivo pelo qual vale a pena lutar. Se você está vivendo sua vida no presente, já conseguiu alguma paz e auto-aceitação. Liberou-se do domínio de seu passado porque o compreendeu. Você tem uma idéia muito mais clara sobre o roteiro que escreveu na infância e como ele o leva a perceber e experienciar as relações amorosas.

Talvez seu roteiro o leve a ter medo de se perder no casamento ou, na outra ponta do espectro, promete-lhe a recompensa de finalmente ver o seu valor quando se casar com a pessoa perfeita. Independentemente desse roteiro, ou da combinação de roteiros, você descobriu elementos relevantes para a sua situação, viu o valor enorme de cultivar o interesse em seus sentimentos e a origem deles, e de relutar em fazer acusações. Se você ainda não identificou seu roteiro, não perca a esperança. Como você está envolvido com essa tarefa, se continuar interessado em suas emoções e na origem delas, todos esses elementos vão acabar se revelando com o tempo.

Nos três próximos capítulos, você vai ficar sabendo mais coisas ainda sobre a vida de solteiros como você, que enfrentaram as pressões e o estigma decorrentes do roteiro cultural de casamento. Também vai aprender com a experiência de seus entes queridos. Esses três capítulos mudam nosso foco quase exclusivamente para o roteiro cultural e para o que os solteiros e seus entes queridos podem fazer para evitar sua influência perniciosa. Esses capítulos foram escritos tanto para você quanto para seus entes queridos que, sem saber, tornam a vida de solteiro no presente muito mais difícil do que devia ser.

a defesa de sua posição num mundo de casais

10

Capítulo

COMO EVITAR O TIROTEIO BEM-INTENCIONADO DOS AMIGOS

Você rompeu com ele! Meu bem, é horrível eu ser a pessoa a lhe dizer isso, porque me faz parecer muito velha, mas você já não é mais uma criança. O que havia de errado com esse? Tanto quanto eu sei, era perfeito — bem-sucedido, bonito e muito bem-educado. Não entendo o que passa pela sua cabeça. Acho que você tem de aprender a fazer mais concessões. Você é exigente demais.

CONSELHO DE GRACE À SUA FILHA SARAH,
28 anos, dona de uma agência de viagens

Sabe, você não tem a vida inteira pela frente, se está pensando em ter filhos. Vai querer estar com a minha idade com um monte de crianças engatinhando pela casa? Não acha que está na hora de assentar a cabeça e levar a vida a sério?

WILLIAM, *pai de Matt, advogado de 37 anos*

Você sabe que o trabalho não é tudo. Se continuar se dedicando exclusivamente a sua carreira, nunca vai encontrar ninguém. Acho que os homens ficam intimidados com você. Se tentasse de verdade, tenho certeza de que encontraria alguém.

MÃE DE DEBBIE, *contadora de 34 anos*

Mais vezes do que gostaria, provavelmente você já foi atingido pelo tiroteio bem-intencionado das pessoas mais próximas. O que queremos dizer com essa expressão nesse contexto talvez seja evidente por si mesmo. No caso de não ser tão evidente assim, vamos definir o tiroteio bem-intencionado como um assalto lançado acidentalmente contra os solteiros por entes queridos que estão tentando ajudar. Pode ser sob a forma de palavras ou de atos, ou ambos. Sempre que se sentir criticado ou solapado por um ente querido *pelo fato de ser solteiro*, saiba que essa atitude pode levá-lo de volta ao estágio de alienação.

Nenhum livro sobre a questão de ser solteiro num mundo de casais seria completo sem alguns conselhos sobre a forma de enfrentar o impacto negativo que o roteiro cultural de casamento tem sobre sua ligação com as pessoas de sua vida. O tiroteio bem-intencionado é um dos produtos mais comuns e mais perniciosos do roteiro cultural. Como aliena muito freqüentemente os solteiros de seus entes queridos, os próximos capítulos apresentam exemplos especiais de tiroteio bem-intencionado que vem tanto da família quanto dos amigos. Aqui prestamos uma atenção especial aos ataques feitos pelos membros da família.

Se você é solteiro e está lendo este capítulo, vai ver que há muita coisa que pode fazer para se proteger desses ataques. Como um soldado no campo de batalha, sua principal tarefa é certificar-se de que os que estão do seu lado vêm quem você é, não quem eles acham que você é. Lembre-se que seus entes queridos provavelmente estão seguindo um roteiro cultural que diz que você é alguém de quem se ter pena e que deve estar desesperado para se casar. Quando sua experiência real for reconhecida e compreendida, você vai ver que seus entes queridos vão parar de obedecer cegamente o roteiro e se tornar mais competentes em ver você como realmente é. Sua tendência natural de lhe dar apoio será então dirigida a *você*, e não ao que o roteiro cultural os fez acreditar que você é. Mas você não tem como fazer tudo isso sozinho. Depois que você terminar de ler este livro, pense em pedir a seus familiares presos nos grilhões desse roteiro cultural que leiam este capítulo. Grande parte deste capítulo foi escrito para eles.

Se você faz parte da família de alguém solteiro, lembre-se, por favor, que *estamos todos do mesmo lado*! Nao estamos aqui para acusar você.

Mas achamos que podemos ajudá-lo a se tornar mais eficiente na hora de dar o apoio que gostaria de dar.

Em nossa cultura, ser solteiro sempre foi uma questão familiar. Quase nenhum grupo de pessoas investe mais emocionalmente na situação de uma pessoa solteira do que sua família. Não há dúvida de que isso é metade bênção, metade maldição. Às vezes, a pessoa mais sensata e que dá mais apoio durante épocas difíceis é um membro da família. Mas já conversamos com centenas de mulheres e homens solteiros, e está claro para nós que muitos sentem que não podem se voltar para a família em busca de apoio. No entanto, esses mesmos solteiros reconhecem que as intenções da família em geral são as melhores possíveis. Como, então, os membros da família podem aprender a agir de acordo com suas intenções, de maneira que seus esforços sejam vistos como tentativas de apoio e não como atitudes duras e críticas? O primeiro passo é aprender a identificar o tiroteio bem-intencionado.

Como saber quando o tiroteio é bem-intencionado

Se você é um leitor solteiro, a melhor forma de saber se o tiroteio é bem-intencionado é perguntar-se simplesmente: "Machucou?". Matt, por exemplo, o advogado de 37 anos que nunca tinha sido casado e do qual falamos no capítulo 5, teve uma experiência tocante com seus pais, que ele contou certa vez durante a sessão de terapia.

— Resolvi não convidar a Susan [*sua namorada na época*] para vir à nossa casa no Dia de Ação de Graças. Ela estava dando a entender que iria e pensei em convidá-la, mas simplesmente não acho que já chegamos a esse ponto. Eu pelo menos não cheguei.

— O que quer dizer com isso? — perguntei*, achando que já sabia a resposta, mas querendo ter certeza.

— Você sabe como eles são — vão colocá-la embaixo de um microscópio. Não acho que Susan e eu estejamos próximos o bastante um do outro para encarar uma situação dessas agora.

* X. A.

— E como foi lá com os seus pais?

— Foi bom. Foi bom mesmo. Minha irmã estava lá com o marido e as crianças. Também foi bom vê-los. Mas eu estava muito pra baixo na sexta-feira. Só saí da cama perto do meio-dia. Acho que precisava ficar sozinho.

— Aconteceu alguma coisa na noite anterior?

— Era o dia do tal jantar de Ação de Graças. Foi legal. Mas pensando bem... provavelmente comecei a me sentir um pouco deprimido durante o jantar.

— Em que altura? Lembra-se do que estavam conversando? — perguntei para encorajá-lo.

— Não tenho muita certeza. Mas sei que conversamos muito sobre os filhos de minha irmã. São maravilhosos. Sammy tem 4 anos e Ben, 2; ambos são afetivos e é gostoso estar com eles, são divertidos; não é mais como quando eles eram bebês. Não os vi muito nesses últimos seis meses. Eles cresceram muito. Minha mãe e meu pai estavam falando da rapidez com que eles estavam crescendo. Minha mãe disse coisas do tipo "Parece que foi ontem que sua irmã e você tinham a idade deles". E meu pai disse coisas do tipo "É melhor você andar logo com isso, Matt; ou vai querer estar com a minha idade com um monte de crianças engatinhando pela casa?"

— Consegue se lembrar do que mais disseram? — Achei que talvez tivéssemos encontrado o motivo da indisposição de Matt.

— Acho que sim... Eles começaram a me perguntar se eu estava namorando alguém agora. É, isso foi porque lembro de meu pai repetir o discurso "Você não tem a vida inteira pela frente". E minha mãe ficava dizendo: "Só quero ver você feliz". Eu disse que era feliz e então lhes contei que estava namorando, para ver se eles me deixavam em paz. E é óbvio que eles começaram a fazer todos os tipos de pergunta sobre Susan. A primeira pergunta de minha mãe foi: "Ela é bonita?". Devo ter feito uma cara de quem comeu e não gostou, porque me lembro de trocar um olhar com minha irmã, e ela parecia estar perguntando se precisava de ajuda. Precisava, sim!

Quando lhe perguntei se havia acontecido alguma coisa na noite anterior que poderia explicar seu estado de espírito na manhã de sexta-feira, os pensamentos de Matt se voltaram para a conversa do jantar de Ação de Graças. Depois reconheceu que sua indisposição tinha realmente começado na mesa de jantar e que os vários comentários e perguntas de seus pais sobre sua condição de solteiro é que haviam desencadeado o mal-estar. Matt ficou magoado com o que eles disseram. Sentiu-se pressionado pelo pai, que o acusava de não tentar realmente encontrar alguém para se casar. A crítica do pai sobre a motivação de Matt não deixava de ser irônica, pois Matt tinha vindo fazer terapia e estava investindo uma boa quantidade de dinheiro e tempo na tentativa de compreender o tipo de relação afetiva que estabelecia. Podia ser acusado de qualquer coisa, menos de negligência!

A mãe também não ajudou a levantar o astral dele. Quando disse "Só quero ver você feliz", quando Matt já estava se sentindo feliz, fez com que ele se sentisse invisível e, de uma forma sutil, anormal. Ele se surpreendeu pensando "Talvez seja um mau sinal eu estar feliz sem ser casado". E a primeira pergunta da mãe a respeito de Susan, "Ela é bonita?", reforçou um comportamento negativo do qual estava tentando se livrar. No capítulo 5, descrevemos esse comportamento em detalhe, mas aqui basta dizer que se a mãe de Matt compreendesse mais o filho essa pergunta não teria sido a primeira a ser feita, se é que devia fazer alguma. Sua irmã, por outro lado, estava em sintonia com os sentimentos de Matt. Por isso não participou do tiroteio bem-intencionado e por isso ofereceu ajuda.

Neste capítulo não pretendemos entrar em detalhes sobre o motivo pelo qual esses comentários e perguntas foram particularmente penosos para Matt; esses motivos são irrelevantes para nossos objetivos aqui. O principal é que as preocupações de seus pais deixaram Matt se sentindo defeituoso, pressionado e um pouco desmoralizado por ser solteiro. Se soubessem que suas perguntas e comentários teriam esse efeito, talvez tivessem percebido que estavam às voltas com um tiroteio bem-intencionado.

Se você faz parte da família de alguém solteiro, deve dispor de algumas fontes de informações para saber se suas tentativas bem-intencionadas não estão machucando. A primeira é óbvia: seu ente querido solteiro. Se tiver interesse na forma pela qual seus atos e palavras o afetam, você vai minimizar naturalmente sua participação no tiroteio bem-intencionado. Matt e seus pais não estavam em sintonia uns com os outros. Seus pais não estavam interessados em saber como seus atos nessa área afetavam o filho, e Matt não estava lhes dizendo nada. Não cometa o mesmo erro. Cultive o interesse sobre como seu ente querido se sente quando você fala sobre sua condição de solteiro ou sobre sua vida amorosa; com isso você já vai dar um passo para sair dessa situação.

Você também pode descobrir o que ele sente com base no que outros solteiros nos disseram. Examine a lista abaixo, referente às piores coisas que os familiares e os amigos podem dizer aos solteiros que amam. Você faz perguntas ou comentários como estes?

Lista do tiroteio bem-intencionado

Faça um sinal em frente das observações que você já fez ao conversar com um solteiro da família:

— "Você é tão bonito(a), não entendo por que até agora ninguém te agarrou!"

— "Se tentasse de verdade, já teria encontrado alguém."

— (Quando vocês se encontram depois de um tempo sem se ver) "E então... está saindo com alguém?"

— "Acho que seu problema é que você é muito exigente."

— "Os homens ficam intimidados com você."

— "Não sei do que está se queixando, ele é um cara ótimo e tem um emprego fabuloso."

— "Só uma vez eu gostaria que você encontrasse um cara decente."

— "Na sua idade, todos os que prestam já estão com alguém."

— E então, quando é que você vai assentar a cabeça?"

— "Seu problema é que você nunca quer casar."

— "Tome cuidado: se esperar demais vai acabar se arrependendo."

— "Seu problema é que você não faz nenhuma concessão."

— "Você vai encontrar alguém quando menos esperar."

— "Do que está se queixando? Ela é uma graça de pessoa e nós a adoramos!"

Se você fez uma marquinha na frente de uma ou mais dessas frases, pode estar envolvido num tiroteio bem-intencionado. Se as razões pelas quais alguns desses itens estão em nossa lista não estiverem claras para você, continue lendo e veja os conselhos que damos aos leitores solteiros sobre como reagir a esses comentários e perguntas. As respostas que oferecemos têm a intenção tanto de revelar a mensagem implícita que machuca, transmitida nas entrelinhas, quanto de injetar um pouco de humor na relação, para ajudar a diminuir a tensão. Mas não se esqueça de fazer perguntas a seu ente querido. Mesmo que ele não consiga esclarecer o motivo pelo qual incluímos um determinado item na lista, pelo menos pode dar início a um diálogo entre vocês sobre a questão do tiroteio bem-intencionado.

E o que provoca o tiroteio bem-intencionado? Como você logo vai descobrir, é essencialmente a mesma coisa que provoca os tiroteios bem-intencionados nos campos de batalha de verdade. O solteiro não é visto como ele é, mas pelo tipo de pessoa que o roteiro cultural faz seus entes queridos acreditarem que a maioria dos solteiros é. Na próxima seção, apresentamos algumas respostas a essa questão e, em seguida, alguns conselhos, tanto para os solteiros quanto para seus entes queridos, sobre como lidar com o problema do tiroteio bem-intencionado.

O que provoca o tiroteio bem-intencionado?

Em alguns casos, o tiroteio bem-intencionado é óbvio e você pode usar o bom senso para identificá-lo. Dizer "Você é exigente demais", quando o último homem com quem sua irmã saiu tinha mau hálito, cheiro forte de suor e fez com que ela assinasse o cheque; ou dizer "E por que isso é tão importante? Você rompeu com ele há mais de um ano!" depois de saber que sua filha está em depressão porque o ex-namorado acabou de se casar na semana passada, são exemplos claros de tiroteio bem-intencionado. Mas o que está por trás desses ataques?

Sejam óbvios ou sutis, sempre resultam de uma obediência cega ao roteiro cultural e da dificuldade de ter empatia. Para os membros da família, tomar consciência e ter mais empatia é a chave para evitar agravar, sem saber, a experiência de alienação de seu querido solteiro. Se você é solteiro, uma das melhores formas de se proteger é não deixar de expressar seus sentimentos, para que seus entes queridos conheçam o que você realmente precisa e deixem de lado o que eles pensam que você precisa.

Mas o que exatamente é empatia? Você sente empatia quando compreende a situação, os sentimentos e os motivos de seu ente querido. É a capacidade de se colocar na pele da outra pessoa e sentir o que ela está vivendo. Quando fazemos isso, sentir compaixão é quase sempre inevitável. E quando sentimos compaixão é difícil magoar o outro, intencionalmente ou não.

Empatia é o que usamos para superar as diferenças e criar laços de amor. Infelizmente, nas famílias, superar as diferenças costuma ser posto de lado em favor de preocupação ou interesse pessoal em nossos próprios sentimentos a respeito de alguma coisa. E a maioria das famílias tem muitos pensamentos, opiniões e sentimentos sobre o fato de um ente querido estar solteiro. Como a mãe de Sarah, sobre a qual você vai ler daqui a pouco, os membros de sua família podem se sentir ansiosos pelo fato de você estar solteiro, ou até invejosos ou constrangidos. Sejam quais forem os sentimentos, eles sempre são um obstáculo à empatia.

Como evitar o tiroteio bem-intencionado

Sarah e Grace

É comum as mães ficarem ansiosas com os filhos adultos que ainda estão solteiros. Claro que só isso não constitui um tiroteio bem-intencionado. Mas, quando a mãe fala repetidamente com o filho ou filha "Tenha cuidado, se esperar demais vai acabar se arrependendo", é provável que sua própria ansiedade a esteja impedindo de compreender os sentimentos do filho a respeito de sua condição de solteiro. Essa falta de compreensão — a perda da empatia — é o que prepara o terreno para o tiroteio bem-intencionado. Veja a mãe de Sarah, Grace, que pergunta muitas vezes à filha sobre sua "situação amorosa" e a adverte de que seu tempo pode estar acabando.

Grace, uma mulher que se casou "tarde", com 35 anos, sempre desejou ter se casado antes. Sentia-se o prêmio de consolação de um marido que a lembrou disso durante todo o casamento. Grace quer poupar a filha da humilhação que sentiu, mas também fica um pouco constrangida pelo fato de, aos 65 anos, ainda não ter um genro, e muito menos netos.

Sarah, por outro lado, vê-se como alguém que "só tem 28 anos" e muito tempo pela frente para se casar. Adora seu trabalho e não se preocupa muito com a questão de arranjar um marido, exceto quando sua mãe "começa a persegui-la". Nesses momentos, Grace e Sarah não conseguem ter uma conversa civilizada. Ambas se sentem irritadas, magoadas e malcompreendidas. Nesse caso, como é que Grace e Sarah podem manter uma empatia maior uma pela outra e evitar serem pegas pelo tiroteio bem-intencionado? Um bom começo é fazer um teste de empatia.

Isso implica descobrir o que a outra está realmente pensando e sentindo, em vez de fazer suposições. Se você é um membro da família, está na hora de verificar a quantas anda seu grau de empatia quando você acabou de falar com um ente querido a respeito de alguma faceta de sua condição de solteiro e se afasta pensando: "O que está acontecendo aqui? Eu só estava querendo ajudar, mas parece que tudo o que digo ou faço só piora as coisas! Nunca tenho razão". Se você é o solteiro em questão, está na hora de verificar a quantas anda sua empatia quando você encerra uma interação com um membro da família sentindo-se pior em relação ao fato de ser solteiro e com raiva dessa pessoa.

Embora o tiroteio bem-intencionado se inicie pelo ente querido do solteiro, este pode maximizar ou minimizar as mágoas com o que vier a fazer em seguida. É por isso que verificar seu grau de empatia é a coisa mais eficiente do mundo quando posta em prática tanto pelos membros da família quanto pelo solteiro. Consiste em três perguntas que podem parecer fáceis de responder, mas que em geral são difíceis de responder com sinceridade. A experiência nos ensinou que essa estratégia vale todo o tempo e energia despendidos nela porque propicia relações mais saudáveis e mais felizes entre os solteiros e sua família.

Teste de empatia

1. *O que estou sentindo e de onde vêm esses sentimentos?* Se você é um membro da família, pergunte-se o que sentia quando era solteiro. O que sente a respeito de seu ente querido estar solteiro? Deixa você nervoso, constrangido, impaciente ou triste? Se você é o solteiro, pergunte-se como a interação fez você se sentir em relação a si mesmo. Desmoralizado, anormal, desvalorizado ou irritado? Você se sente vulnerável a essas coisas de modo geral ou o que está sentindo é específico de suas interações com esse membro da família?
2. *Que suposições eu fiz a respeito do outro que não chequei com ele?* Se você é o membro da família: acha que seu ente querido está infeliz por ser solteiro, sentindo-se solitário ou desesperado para casar? A única forma de saber com certeza é perguntando a ele. Se você é o solteiro: por que acha que esse membro da família está dizendo ou fazendo essas coisas? Você está levando em conta todas as possibilidades ou pressupôs de antemão que já sabe a resposta?
3. *O que fazer para reparar o mal e me reconectar? Pergunte-se o que pode fazer para descobrir o que o outro realmente sente, precisa e quer. Depois pergunte a si mesmo se* pode satisfazer alguma dessas necessidades.

Uma interação entre Debbie e sua mãe, que citamos acima, mostra bem como uma pessoa solteira, atingida por um tiroteio bem-intencionado de sua mãe, empregou a empatia para descobrir como minimizar a mágoa, reparar o mal feito à relação entre elas e canalizar os esforços do ente querido para uma direção mais positiva.

Debbie e Margaret

Debbie, uma contadora de 34 anos que trabalha numa grande empresa de marketing, nunca se casou. Teve uma relação séria que esperava que resultasse em casamento, mas não foi o que aconteceu. Debbie precisou de muito tempo e de muito autoconhecimento para entender o que houve com essa relação amorosa; mas, depois de um ano, estava em paz com o que tinha acontecido e com sua situação presente. Há pouco tempo, surpreendeu-se pensando em namorar, com um otimismo que não sentia havia muito tempo. Conseguia ver que era alguém que podia usufruir a vida agora e ao mesmo tempo estar aberta para encontrar alguém, se surgisse a oportunidade certa.

Estava se dedicando muito ao trabalho, que no momento lhe oferecia desafio intelectual e a possibilidade de uma grande promoção. Ela adorava o trabalho e se considerava uma estrela em ascensão na empresa. O êxito na carreira estava tendo um impacto muito positivo em sua auto-estima e dando sentido e significado a sua vida. No geral, Debbie sentia que as coisas iam muito bem.

Margaret, a mãe de Debbie, tem sido dona de casa por quase 35 anos anos. Preocupa-se muito com Debbie, pois acha que ela tem azar com os homens. Margaret alimenta a esperança de que Debbie seja "bem-sucedida". Para ela, isso significa casar-se e constituir família, o quê, ela acredita, vai fazer Debbie feliz e dar-lhe segurança pelo resto da vida. A outra filha de Margaret, Sarah, tem sido uma fonte muito maior de sofrimento e ansiedade para ela do que Debbie. Sarah, cinco anos mais nova que Debbie, já se divorciou de um homem que Margaret sempre considerou "inferior a ela". Sarah nunca andou realmente com os próprios pés e é sustentada pelos pais, que estão suficientemente bem de vida para isso. Para Margaret, é difícil nutrir muitas esperanças em relação a Sarah.

Sarah e Debbie são as únicas filhas de Margaret e, a seus olhos, ela não foi um grande sucesso como mãe. Acha que é culpa sua o fato de nenhuma das duas filhas estar casada, que de alguma forma ela não fez um bom trabalho ao criá-las. Margaret está convencida de que o foco de Debbie na carreira e na independência vai acabar por fazê-la sofrer um dia, porque Margaret está seguindo o roteiro cultural que lhe diz que nenhuma mulher solteira pode chegar a ser realmente feliz algum dia. Isso era verdade quando ela era criança. De fato, sua própria irmã Jody divorciou-se e precisou trabalhar para se manter. Ela achava que a irmã nunca tinha se estabelecido como um membro respeitável da comunidade e, por isso, saía com homens "de classe inferior" que se aproveitavam dela. Estava sempre a um passo da pobreza e teve de recorrer inúmeras vezes a Margaret e a seu marido para lhe "emprestarem" dinheiro. Jody, a irmã de Margaret, era o principal modelo que ela tinha de uma mulher solteira. Na visão de Margaret, não era um modo de vida muito atraente.

Desde que Debbie e o namorado romperam no ano anterior, Margaret vinha se sentindo particularmente ansiosa em relação ao futuro da filha. Pensava cada vez mais na irmã, Jody, e estava cada vez mais desesperada para ajudar a filha na qual depositava mais esperanças.

Foi nessas circunstâncias, no contexto de Debbie se sentindo completamente de bem com sua condição de solteira e com a mãe se sentindo ansiosa e culpada com a situação da filha, que Debbie e Margaret se surpreenderam um dia no meio de um *tiroteio bem-intencionado*. Conversavam regularmente pelo telefone e, durante uma dessas conversas, Debbie disse que estava se sentindo mais positiva do que nunca em relação à vida desde o rompimento de um ano atrás. Fez questão de dizer isso porque tinha esperanças de deixar a mãe menos preocupada com o seu futuro. Mas Margaret entendeu mal a mensagem; interpretou-a como um pedido de ajuda para conhecer alguém.

— Então eu estava dizendo minha mãe que me sentia muito bem em relação ao trabalho e ao fato de estar solteira, e sabe o que ela disse? Que teve uma grande idéia sobre como eu podia conhecer alguém... É uma agência, onde você se encontra com os caras para tomar um café. Ela nem me perguntou, mandou um cheque e estou com seis encontros marcados. Você acredita?

— E você não está interessada? — perguntei* sorrindo.

— É claro que não! Em primeiro lugar, estou me sentindo muito bem comigo mesma agora e incrivelmente ocupada com o trabalho. Além disso, há uma pessoa no trabalho pela qual estou tendo interesse. Se eu quisesse a ajuda dela para encontrar alguém, eu teria pedido. É provável que eu tenha exagerado, mas fiquei furiosa com ela por causa disso!

— O que fez você ficar com tanta raiva assim?

— Em primeiro lugar, ela fez parecer que eu estava desesperada, ou algo assim. Disse que, com essa agência, nunca vou ter de me preocupar se as coisas vão dar certo ou não. Sempre tem uma pessoa na fila. Vai ser seguro para mim. Ela disse: "Assim você pode sair sem se preocupar com o fato de ser uma questão de vida ou morte, porque sempre existe o próximo cara da lista". E, para coroar, ela me diz que não quer que eu acabe como a minha tia Jody, que nunca sabia de onde viria o próximo namorado!

Inesperadamente, Debbie ficou furiosa. Não acreditava que a mãe a visse como uma pessoa tão fracassada e desesperada. Continuou:

— Será que ela acha mesmo que não posso resolver essa parada sozinha? E desde quando essa é uma questão de vida ou morte? Fiquei tão chocada que nem respondi. Desliguei o telefone assim que pude. E que diabos isso tem a ver com a tia Jody? É irônico, porque eu estava exatamente começando a me sentir bem com o fato de estar solteira. Pensei que, se pudesse transmitir um pouco dessa sensação para ela, ela ia se acalmar. Só me fez sentir pior, e ela também deve ter ficado mal, porque senti tudo, menos gratidão pelo que ela havia feito.

Boas intenções evidentes tanto da parte de Debbie quanto da de sua mãe transformaram-se em confusão e mágoa para ambas. A falta de empatia de Margaret despertou reação semelhante na filha. Afinal de contas, Margaret só estava querendo ajudar. O pior de tudo é que a questão as deixou se sentindo impotentes e distantes uma da outra.

Ao falar a respeito dessa conversa na terapia, Debbie ficou sabendo da existência do teste de empatia. Chegou à conclusão de que valia a pena tentar. Observei-lhe que, quando as emoções estão explosivas, como estavam nesse caso, pode ser útil ter aquelas três perguntas na sua frente quando falar sobre o incidente. Ela achou meio "bobo", mas, como em termos gerais a idéia fazia sentido, resolveu tentar. Além disso, pediu à mãe para fazer a mesma coisa da próxima vez que se encontrassem. Debbie leu todas as perguntas em voz alta e mãe e filha combinaram ouvir as respostas uma da outra sem interromper e sem retrucar. Aqui estão alguns trechos do que Debbie contou sobre a forma como ambas responderam a cada uma das perguntas.

O que estou sentindo e de onde vêm esses sentimentos? Debbie contou que mãe respondeu a essa pergunta dizendo: "Sei que continuo comparando sua vida com a de minha irmã, mas não posso evitar. A vida de Jody foi tão dura para ela depois que o casamento terminou que não suporto pensar você acabando do mesmo jeito... O fato de ainda não estar casada faz com que eu me sinta uma fracassada como mãe. Já fracassei com a Sarah... Por fim, acho que você nunca vai ser realmente um sucesso como mulher enquanto não se casar e constituir família. Todo o resto é secundário".

Debbie respondeu à mesma pergunta da seguinte maneira: "Liguei para você para lhe dizer que estou indo muito bem mesmo, e achei que você não entendeu nada. Faz muito tempo que estou querendo chegar a esse lugar e só queria que você soubesse que estou me saindo muito bem. Queria lhe contar o que está acontecendo no trabalho, mas não tive a menor chance. Sei que você se preocupa comigo e tenho esperança de que, quando souber o quanto estou me sentindo bem, vai se preocupar menos... Seu 'presente' fez com que eu me sentisse uma fracassada a seus olhos. E é óbvio que você continua preocupada".

Que suposições eu fiz a respeito do outro que não chequei com ele? Sua mãe tinha a dizer o seguinte: "Quando você falou que estava se sentindo melhor, pensei que talvez estivesse insinuando que gostaria de ter alguém novo em sua vida. Que estava pronta para voltar a namorar. Você não saiu com ninguém durante quase um ano. Pensei que você não estava se colocando abertamente e falando sobre o assunto porque não queria que eu me preocupasse. Por isso achei que veria minha iniciativa como um presente... Talvez eu também estivesse querendo me dar um presente que me ajudasse a me sentir mais segura. Preocupo-me com a possibilidade de você acabar sozinha na vida".

Como a resposta de sua mãe à segunda pergunta, a de Debbie também começou a esclarecer um pouco o ocorrido: "Quando você me disse que tinha feito um cheque para esse negócio, pensei que estava achando que estou desesperada e que não vou conseguir encontrar ninguém por conta própria. Acho que me perguntei se você pensa que sou uma perdedora... Acredito que você se preocupa muito mais do que eu com o fato de eu ser solteira".

O que fazer para reparar o mal e me reconectar? "Posso começar pedindo desculpas por não ouvir o que você estava tentando me dizer e por supor coisas demais", disse Margaret. "Embora eu fique nervosa por sua causa, nunca quis magoá-la. Tenho muito orgulho de você, sabia? Falo o tempo todo para minhas amigas do seu sucesso no trabalho... No futuro vou tentar não me apressar tanto para 'fazer sua vida amorosa andar', como você diria. Preciso procurar me lembrar de que meus sentimentos podem estar atravessando o caminho dos seus. Talvez você precise me lembrar quando eu não devo fazer isso. Não vai ser tão difícil assim para você!"

Debbie respondeu a essa pergunta assim: "Sei que você se preocupa muito com a possibilidade de eu não conseguir me sustentar se não me apressar e me casar, e que você tem medo de que eu acabe como a tia Jody. Mas eu não sou a tia Jody, sabe? O que ela ganha mal dá para ela viver. Eu tenho uma situação financeira estável; tenho segurança. Você devia tentar não se preocupar tanto com esse aspecto da minha condição de solteira. E, no que diz respeito à minha felicidade, sou muito mais feliz solteira do que a tia Jody jamais foi quando era casada!... No futuro, acho que posso tentar não levar para o lado tão pessoal quando você fizer esse tipo de coisa. Tenho de lembrar que às vezes você se preocupa com coisas que não têm nada a ver comigo".

Debbie e a mãe responderam de uma forma que é comum quando os sentimentos pessoais interferem na comunicação dos sentimentos do outro. Mas ambas conseguiram recuar e dar o tempo necessário para descobrir o que a outra estava sentindo. Não foi a primeira vez que tiveram um momento difícil ao falar de certas facetas da condição de solteira de Debbie e certamente não será a última. Mas Debbie e sua mãe passaram a ter uma compreensão maior dos motivos e dos sentimentos uma da outra e, o que foi ainda mais importante, uma nova visão da relevância de continuarem interessadas nos sentimentos uma da outra.

Por fim, um dos piores aspectos do tiroteio bem-intencionado é seu poder de levar o solteiro de volta ao estágio de alienação. A alienação em relação à própria família pode ser uma das coisas mais difíceis de enfrentar quando se é solteiro. Para ajudá-lo a se preparar melhor para enfrentar o problema numa base regular, apresentamos algumas coisas que você deve e que não deve fazer para evitar o tiroteio bem-intencionado.

Para evitar o tiroteio bem-intencionado

Você deve Identificar o tiroteio bem-intencionado

Descobrir o que seu ente querido realmente sente

Usar o teste da empatia para reconectar-se

Não deve Trocar acusações por causa de uma interação negativa

Supor que já conhece as motivações e os sentimentos do outro

Tentar ressuscitar os mortos

Com exceção do último, todos os demais itens são evidentes por si mesmos. Mas "não tentar ressuscitar os mortos" refere-se ao problema especial de um parente que não é tão receptivo quanto era Margaret, a mãe de Debbie. Matt tem um familiar assim: o pai. O pai de Matt simplesmente não consegue se colocar na pele dos outros. O pouco que sabemos dele é que também foi criado por um homem muito crítico. Infelizmente, apesar de suas inúmeras tentativas, Matt nunca conseguiu fazer o pai perceber de que formas criticava e magoava o filho. Matt teve de se concentrar em desviar a conversa dos tópicos que provavelmente desencadeariam críticas do pai. O mais importante é que aprendeu a não tomar os comentários do pai de forma pessoal. Quanto mais conhecia a si mesmo e ao pai, mais compreendia que as frases críticas não tinham nada a ver com ele, Matt.

Use o humor para ser visto e ouvido

Na maioria das vezes, evitar o tiroteio bem-intencionado pode ser tão fácil quanto dizer a seu ente querido como você se sente. Em outras palavras, nunca faça de conta que o problema não existe! Faça questão de conversar sobre interações que magoaram você. É claro que, às vezes, você dispõe apenas de um momento para reagir — não tem tempo de se sentar e pôr todos os pingos nos is. Nesses casos, procure usar o humor o máximo que puder. O humor é uma estratégia de grandes riscos e de grandes lucros, portanto tenha cuidado com a forma de usá-lo. Se você se lembrar que seu ente querido foi criado para obedecer o mesmo roteiro cultural que você seguia antes de ler este livro, estará em terreno mais seguro. Vai ser mais fácil não levar as coisas em termos tão pessoais quando forem feitos comentários ofensivos. O humor que você usar deve ter por objetivo fazer seus entes queridos rirem *com* você das atitudes obsoletas deles, em vez de fazê-los sentir que você está rindo *deles*.

Pense nas duas listas que apresentamos a seguir como as piores coisas que familiares e amigos podem dizer a mulheres e a homens solteiros. Elas vêm acompanhadas de algumas respostas que você pode usar para educar seus entes queridos sobre o que é que estão dizendo nas entrelinhas e para ajudar todos a perceberem a graça que há no que está sendo dito. Lembre-se: na maioria dos casos, seu ente querido não tem a intenção de magoar; ele só está se pautando por um roteiro cultural antiquado. Embora tenham o objetivo de reduzir o tiroteio bem-intencionado, as respostas dadas abaixo podem ajudar ou ferir em suas tentativas de melhorar as relações com um ente querido. Tudo depende da forma como você vai usá-las e de se o humor saudável faz parte de sua maneira de se relacionar com as pessoas.

As dez piores coisas ditas a uma mulher solteira, e o que responder

1. "Você é tão bonita, não entendo como alguém ainda não a agarrou!" *Resposta:* "Será que eles não gostam é da minha inteligência e da minha personalidade?".
2. "Se tentasse pra valer, já teria encontrado alguém." *Resposta:* "Você acha? Pois eu sempre pensei que se eu ficasse toda noite

sentada no sofá comendo chocolate o Príncipe Encantado acabaria me encontrando..."

3. Se quando vocês se encontram as primeiras palavras que saem da boca de seu ente querido são "E então... está vendo alguém?" *Resposta:* "Sim, minha visão está ótima, obrigada por perguntar".
4. "Acho que seu problema é que você é exigente demais." *Resposta:* "Você tem razão. Seria melhor estar com alguém que me deixasse infelicíssima a estar solteira".
5. "Você se dedica demais à profissão, por isso está sozinha." *Resposta:* "Se eu estivesse desempregada e voltasse para a casa de meus pais, talvez os homens me achassem mais atraente".
6. "Os homens ficam intimidados com você." *Resposta:* "Talvez *eu* fosse mais feliz com um homem que prefere mulheres burras, desempregadas e inseguras".
7. "Você vai encontrar alguém quando menos esperar." *Resposta:* "É mesmo? Então é hoje, porque faz anos que não espero encontrar ninguém".
8. "Do que está se queixando? Ele é um cara ótimo e tem um emprego maravilhoso." *Resposta:* "Você tem razão, eu não devia deixar o fato de não sentir nada por ele me atrapalhar".
9. "Uma vez que seja, eu gostaria de ver você com um cara *decente.*" *Resposta:* "Mas você sabe que eu adoro perdedores".
10. "É difícil para você porque, na sua idade, todos os que prestam já estão com alguém." *Resposta:* "Que bom ouvir dizer que não estou entre os que prestam!".

As dez piores coisas ditas a um homem solteiro, e o que responder

1. "E então, quando é que vai assentar a cabeça?" *Resposta.* "Tenho um bom emprego, empréstimos para saldar, contas men-

sais e tenho minha casa. Já que tocou no assunto, acho que está mesmo na hora de eu parar de brincar e levar a vida mais a sério!".

2. "Seu problema é que você nunca quis se casar." *Resposta:* "É, isso explica por que fiquei deprimido nos dois últimos casamentos a que fui sem uma namorada!".
3. "Tenha cuidado, se esperar demais vai acabar se arrependendo!" *Resposta:* "Obrigado, a tensão que eu estava sentindo por causa dessa situação ainda não era o bastante".
4. "Seu problema é que você não sabe fazer concessões." *Resposta:* "Mas é claro que sei. Eu preferiria lhe dizer o que realmente penso de sua opinião. Mas não, estou aqui ouvindo educadamente e fazendo que sim com a cabeça".
5. "Pelo menos você não tem de se preocupar com o relógio biológico." *Resposta:* "Belo argumento. Acho que vai ser ótimo ter crianças pequenas com 40 anos. Tenho certeza de que, aos 70, vou ter energia e vontade de educar adolescentes".
6. Se quando vocês se encontram as primeiras palavras que saem da boca de seu ente querido são "E cntão... está vendo alguém?" *Resposta:* "Sim, você. E você, está me vendo?".
7. "Você vai encontrar alguém quando não estiver mais pensando nesse problema." *Resposta:* "Tem razão, acho que eu devia fazer uma lobotomia".
8. "Do que está se queixando? Ela é uma graça de pessoa e seus pais a adoram!" *Resposta:* "É, eu não devia permitir que o fato de não sentir nada por ela me atrapalhasse".
9. "Acho que seu problema é que você é muito exigente." *Resposta:* "Concordo, seria melhor estar com alguém que me fizesse infelicíssimo do que estar solteiro".
10. "Se tentasse pra valer, já teria encontrado alguém." *Resposta:* "Obrigado pela sugestão brilhante! Nunca teria me ocorrido que eu devia tentar".

Para se certificar de que está sendo visto como você é, não leve o tiroteio bem-intencionado para o lado pessoal e expresse o que você sente. Com um pouco de cuidado, o tiroteio bem-intencionado pode ser eliminado das interações com seus entes queridos. O próximo capítulo discute o tiroteio bem-intencionado entre amigos e familiares solteiros. Aqui também a chave é se mostrar interessado no que cada um está sentindo e perceber a necessidade de dar alguns passos para melhorar sua comunicação. Mas, quando o tiroteio bem-intencionado ocorre entre amigos ou parentes também solteiros, há problemas específicos dos quais você precisa ter consciência.

11
Capítulo

A COMPETIÇÃO ENTRE AMIGOS

Não sou competitiva! Lisa é que é! Estávamos nessa tal festa juntas e eu a perdi de vista. Depois encontrei-a conversando com esse cara e fui até lá para dar um oi. É culpa minha se ele começou a me dar mais atenção do que a ela? Não fui lá para roubá-lo dela. Lisa acusou-me de ser competitiva. Acho que ela distorceu os fatos.

***MOLLY**, produtora de televisão, divorciada, 34 anos*

Às vezes acho que Jo Anna fica com ciúmes de mim quando estou namorando alguém e ela não. Ela faz comentariozinhos do tipo "Que ótimo que você está saindo com ele. Não sabia que era o seu tipo". E a minha favorita, quando conheci Tom e fiquei realmente muito a fim dele: "Não dou um mês". Mas, se você lhe desse uma prensa, ela lhe diria que é a pessoa menos competitiva do mundo.

***SARAH**, agente de viagens de 28 anos*

Billy e eu somos muito francos sobre a questão de que competimos pelas mulheres. Não foi sempre assim. Eu negava que era o problemão que é, na verdade. Agora temos um sistema quando saímos juntos, para a gente não se desentender.

***PATRICK**, policial de 37 anos*

Ou "competição" é um palavrão no seu dicionário, ou um fato inescapável da vida. Quando amigos solteiros competem entre si, o resultado pode ser o pior tipo de tiroteio bem-intencionado, principalmente quando os sentimentos competitivos de inveja e ciúme não são reconhecidos. Como você sabe, uma das piores coisas da condição de solteiro é o sentimento de alienação, de não conseguir se ajustar, promovido pelo roteiro cultural de casamento. No fundo, essa experiência é não se sentir ligado a quem quer que seja.

Os entes queridos solteiros podem ser uma fonte de ligação afetiva de valor inestimável. Na verdade, todo solteiro pode ser, se você se identificar com suas vivências. Esse é um dos motivos pelos quais contamos a história de tantos solteiros neste livro. Também é por isso que alertamos para as formas com as quais o roteiro cultural de casamento pode alienar você da população de solteiros que existe por aí, levando-o a acreditar que são anormais e defeituosos de alguma forma. O roteiro cultural também pode tornar mais difícil para você se relacionar com entes queridos solteiros de uma outra forma, menos óbvia. Às vezes, põe uns contra os outros.

O roteiro cultural exige o casamento e tem horror à solteirice. Ele pode gerar uma pressão tremenda para você ter alguém sempre que estiver sozinho. O roteiro faz advertências como: "Não fique para trás", "Você só tem status *quando é casado" e "Você é um perdedor se for solteiro". Quando os solteiros sucumbem a essas mensagens, sentem inveja, ciúme e, às vezes, até competitividade com outros solteiros de quem são íntimos. Acrescente a isso o fato de que o namoro é, em muitos aspectos, uma espécie de competição, e você tem a receita para grandes tensões entre os solteiros que o rodeiam. Aprender a lidar com essas tensões e a manter a ligação afetiva com os solteiros de sua vida é o tema deste capítulo.*

Homens e mulheres costumam diferir na forma de lidar com sentimentos competitivos, e em lugar algum isso é mais evidente que na esfera do namoro. Muita pesquisa já foi feita sobre as diferenças de gênero, e as conclusões são bem parecidas: os rapazes e os homens são caracteristicamente mais francos sobre seus impulsos competitivos do que as moças e as mulheres. Na verdade, os homens são encorajados a cultivar esses sentimentos, ao passo que as mulheres em geral são desencorajadas. Mas isso não significa que os homens não enfrentam problemas com a competição em sua relações com amigos e parentes solteiros. Enfrentam, sim; só que os problemas são ligeiramente diferentes.

Vamos lhe mostrar como identificar os momentos em que você é competitivo, como fazer um ente querido reconhecer sua própria competitividade e o que fazer para impedir que ela acabe com a confiança que você tem nessa relação afetiva. Se você é solteiro e íntimo de um amigo, uma irmã ou irmão também solteiro, inveja, ciúme e competição têm grande probabilidade de se transformar em problema, se é que já não se transformou. Nosso objetivo é ajudá-lo a ver que esses sentimentos são uma parte natural de suas relações afetivas e que eles podem ser particularmente intensos quando duas pessoas estão lutando pela mesma coisa. Quando não se lida com isso de forma saudável, a competição pode lançar ambos os solteiros de volta ao estágio de alienação à medida que a intimidade que tiveram um dia começa a se enfraquecer por causa dos ressentimentos que inevitavelmente surgem.

Quer você ache ou não a competição um problema em suas relações afetivas com um amigo ou parente solteiro, aconselhamos você a continuar esta leitura e a aprender a reconhecer os sinais de alarme. Se ela já é um problcma, procure pôr de lado todas as crenças a respeito de quem é o culpado. Se conseguir, vai descobrir que os sentimentos competitivos são quase sempre inevitáveis nesse contexto e que, como a maioria dos sentimentos difíceis, eles podem fortalecer, em vez de enfraquecer, a confiança e o amor que vocês sentem um pelo outro.

Competição perniciosa

Dependendo da maneira como são expressos, a inveja, o ciúme e a competitividade podem ser saudáveis ou perniciosas para suas relações afetivas. Aqui examinamos situações em que esses sentimentos são perniciosos. Há duas situações gerais em que os sentimentos competitivos costumam se manifestar. Uma delas é quando você está conversando com outro solteiro de seu círculo mais íntimo sobre alguém em quem está interessado. Ferroadas do tipo "Que engraçado! Nunca pensei que ele fosse gostar de você!", "Talvez seja areia demais para o seu caminhãozinho!" ou "Ela está olhando é para mim, não para você" sugerem um motivo adicional que não foi discutido no capítulo anterior sobre o tiroteio bem-intencionado. A observação feita por Sarah e que citamos acima, de que Jo Anna só fazia comentários ciumentos quando Sarah estava namorando e ela não, é uma pista que você pode usar para identificar a competição perniciosa. Mas, independentemente de um de vocês ou ambos estarem namorando alguém, o tiroteio bem-intencionado por parte de outro solteiro sempre sugere a possibilidade de que ele ou ela esteja com sentimentos competitivos. A segunda situação na qual esses sentimentos se expressam é mais óbvia: é quando você e seu ente querido estão interagindo com um membro do sexo oposto.

Molly e Lisa

Você talvez se lembre de Molly, do capítulo 6. É a irmã de Mark, aquela que se queixava de que há mulheres demais para o número de homens disponíveis. Durante nossa conversa com ela, ficou evidente que sua amiga Lisa achava Molly muito competitiva e às vezes com inveja dela, Lisa. Pedimos para entrevistar Lisa, a fim de termos as duas versões da história, mas começamos com o ponto de vista de Molly.

— Acontece muito. Saímos juntas e Lisa fica de cara fechada e muito calada. Quando lhe pergunto o que está havendo, ela diz "Nada". Mas, para mim, é óbvio que fiz alguma coisa que a irritou. É muito desagradável ela não me falar o que houve, porque arruína a noite. Às vezes passam-se dias até ela me dizer o que eu fiz de errado. Ela está sempre irritada comigo. Diz que concorro com ela. Está namorando esse tal de Peter e acho que está nos mantendo longe um do outro de propósito, porque tem medo que eu comece a olhar para ele ou o roube dela, ou algo assim.

— Já ficou com alguém que ela tenha namorado? — perguntei.*

— Não! Mas namorei esse tal de Don durante algumas semanas, um cara no qual ela estava interessada. Ele trabalhava com Lisa. Eu sabia

* X. A.

que eles almoçavam juntos muitas vezes e que não estavam namorando. Eu não sabia que ela tinha algum interesse nele até que ele me perguntou.

— Eu o conheci numa festa na empresa onde eles trabalham. Eu estava encurralada num canto com uma conversa chatíssima e comecei a olhar em volta procurando por Lisa. Vi que ela estava conversando com esse cara no outro lado da sala e pedi licença, dizendo que precisava falar com ela sobre um assunto meio urgente. Fui lá e era com o Don que ela estava. Ela já tinha me falado sobre ele e eu sabia que ela o achava interessante, mas nunca me disse como ele era lindo. Quando ele apertou minha mão e me olhou nos olhos, pensei "Vou ter um troço!" E, às vezes, você sabe quando o sentimento é mútuo. Eu estava vendo que ele também estava sentindo alguma coisa. Nossa química foi explosiva desde o começo.

— Nós três começamos a conversar, mas não demorou muito Lisa nos deixou a sós. Don acabou pedindo o número do meu telefone e eu dei. Não pensei duas vezes e não pensei que Lisa fosse se importar, óbvio. Quando me falava dele antes, ela nunca deu a entender que estava interessada nele.

— Ela ficou muito para baixo o resto da noite. Lembro-me de tentar conversar com ela sobre o fato de Don ter pedido meu telefone, porque eu estava alegríssima com isso. Mas tudo o que ela respondeu foi "E daí?" Então não toquei mais no assunto pelo resto da noite. Nos dias que se seguiram, sempre que conversávamos ao telefone eu podia jurar que havia algo errado, mas ela continuou negando. Fiz de tudo para ela me dizer. Na verdade, só quando Don e eu saímos juntos pela primeira vez é que ela me disse o que estava acontecendo. Disse que eu tinha ficado olhando para o Don e competindo com ela! Não entendi. Don é que ficou me olhando, e não o contrário. E mesmo que tivesse sido eu, e daí? Eles não estavam namorando nem nada! E como é que eu ia saber que ela estava interessada nele? Eu ainda não sabia que ela estava interessada no Don e não consegui entender o que é que eu havia feito de errado.

Dependendo de sua experiência com esse tipo de interação, você provavelmente já tomou o partido de Lisa ou o de Molly. O motivo pelo qual Molly não entende o que fez de errado é que em geral não há certo ou errado em situações desse tipo, só sensibilidade ou falta de sensibilidade para os sentimentos da amiga. É claro que Molly estava insensível ao que Lisa sentia por Don. Mas, antes de se apressar em descobrir de quem foi a culpa por Molly não saber como a amiga se sentia, considere a versão de Lisa.

— Sei que provavelmente ela nunca vai admitir, mas Molly sempre competiu comigo. Acho que ela fica com inveja quando os caras prestam atenção em mim, então tem de chamar a atenção deles para ela. Don é um dos melhores exemplos. Sei que ela acha que nunca dei a entender que gostava dele, mas às vezes acho que ela só vê o que quer. Para ser sincera, sempre achei que Don não parecia interessado em mim. Sei quando os homens se sentem atraídos por mim e achei que Don não era um deles. Mesmo assim, qualquer pessoa que nos visse conversando naquela noite veria que eu gostava do cara. Ele é muito bonito, carismático, e estávamos nos curtindo muito até Molly se meter. Não me entenda mal, adoro Molly e somos amigas há muito tempo, mas não acho que ela seja verdadeira consigo mesma sobre o efeito que tem sobre os homens.

— Não que eu não me defenda. Me defendo, sim. Mas quando Molly começa a olhar para um cara é muito difícil resistir a ela, e foi o que aconteceu com o Don. Ela chegou, apresentou-se e simplesmente ficou olhando direto nos olhos dele o tempo todo em que conversávamos. Mesmo que eu tivesse tido a coragem de lhe lançar um olhar mal-humorado, não poderia, pois em dez minutos ela só olhou uma ou duas vezes na minha direção! Por isso bati em retirada. Pensei que não ia competir com minha melhor amiga por causa desse cara. Não vale a pena — a amizade é mais importante.

— No dia seguinte, no trabalho, Don me perguntou o que tinha acontecido e eu dei uma desculpa esfarrapada. Ele parecia preocupado com a possibilidade de ter feito alguma coisa errada, mas eu disse que não. Mas não consegui me livrar da sensação de que talvez Molly tivesse feito algo de errado. Acho que ela simplesmente tinha de chamar para si a atenção que Don estava me dando. Ele é muito charmoso e sou capaz de jurar que foi isso que despertou o interesse dela. Ela não conseguiu aceitar o fato de que ele estava dando atenção a mim, e não a ela, por isso foi lá e conseguiu o que queria. Ela falou que o namorou por algumas semanas?

— Falou, sim. Parece que foi uma coisa que machucou você — respondi.*

— Para dizer a verdade, não; eu achava que ele não estava mesmo a fim de mim. Além disso, ela é minha melhor amiga, há outros caras na praça, mas só uma Molly. Só procuro ficar longe das situações em que ela vai competir comigo.

Pensei que talvez Lisa estivesse minimizando o quanto essa interação com Molly e Don a tinha magoado e por isso perguntei-lhe sobre seu atual namorado:

— Você se refere ao namoro com o Peter? Molly disse que achava que você não ia apresentar o Peter a ela, com medo de que ela começasse a flertar com ele.

— Ela disse isso? Não pensava que fosse tão óbvio assim. Estamos namorando há alguns meses, nada muito sério ainda, mas, sim, estou com um pouco de medo de que ele a conheça. É meio patético as coisas terem chegado a esse ponto, não é?

— Você tentou conversar com ela a respeito disso? — perguntei.

— Sobre Peter não, mas sobre Don eu conversei.

— E por que não sobre Peter?

— Porque ela só vai me dizer que sou paranóica e que, desse jeito, as coisas só vão degringolar. Seja como for, por que, afinal, você diz uma coisa dessas a uma de suas melhores amigas? Quando conversei com ela sobre Don, tudo quanto ela disse foi que eu devia lhe ter contado, que ela não sabia. Bem, achei que eu não precisava falar nada. Ela devia ter imaginado. Só sendo cega para não ver que eu estava interessada nele!

É óbvio que Molly estava cega. O axioma "o amor é cego", ou, mais precisamente, "o desejo é cego", tornou praticamente impossível para Molly perceber o que Lisa sentia. Esse fato, combinado ao fato de Lisa nunca ter dito explicitamente a Molly que estava interessada em Don e

* J. K.

que a queria longe dele, só piorou as coisas entre as amigas. Então Lisa é a culpada pelo que aconteceu, certo?

Errado. Numa relação afetiva, a comunicação é responsabilidade de ambas as partes, nunca de uma só. Como disse Molly: "Isso já aconteceu muitas vezes antes". Se ela tivesse prestado atenção nos sinais de alarme já familiares, muito sofrimento poderia ter sido evitado. Então a culpa é de Molly, afinal? Essa seria a conclusão lógica.

Mas, quando você pensa que mais tarde, naquela mesma noite, assim como nos dias seguintes, Molly perguntou várias vezes a Lisa se havia acontecido alguma coisa, fica difícil acusar só a ela. Molly chegou até a lhe fazer perguntas sobre determinados sinais de alarme, como o silêncio repentino e a tristeza de Lisa na festa depois que ela, Molly, deu seu número de telefone a Don. Segundo Molly, se Lisa tivesse admitido o que estava sentindo naquela hora, ela não teria ido em frente na transa com Don. Se ele telefonasse, ela poderia lhe dizer que tinha conhecido outro homem. De quem é a culpa? Se você está ficando confuso tentando descobrir, bem pode imaginar como Molly e Lisa se sentiram.

Para obter uma idéia melhor desse conjunto de interações penosas, podemos nos voltar para nossas diretrizes sobre viver bem como solteiro no presente. Essas diretrizes não ajudam só a descobrir seu roteiro pessoal de casamento. Também ajudam você e seu ente querido a diminuir a influência do roteiro cultural sobre suas relações. Lisa e Molly sentiam-se alienadas uma da outra e presas no ciclo de acusações, e isso estava impedindo que elas vissem as formas pelas quais o roteiro cultural as estava pondo uma contra a outra.

Mas quais eram os fatos a examinar nesse caso? Molly estava realmente se sentindo competitiva em relação à amiga, e Lisa estava muito mais magoada e irritada com isso do que admitia, talvez até para si mesma. Sentimentos como esses são gerados muito mais pelo roteiro cultural de casamento e pela dinâmica natural do namoro que por um roteiro pessoal inconsciente. O roteiro cultural gera muitas formas de pressão sobre os solteiros. Exige casamento e tem horror à condição de solteiro. Se você e seu ente querido estão interessados na mesma pessoa (um "par amoroso em potencial", segundo o roteiro cultural), esse roteiro faz advertências como "Não fique para trás" e "Vale tudo no amor e na guerra". E, como o namoro é, sob muitos aspectos, uma espécie de competição, você tem aí uma receita para tensões significativas entre solteiros que têm intimidade entre si.

Mas será que o namoro envolve necessariamente competição? Se você é mulher, provavelmente terá uma tendência maior a desconsiderar essa possibilidade do que se for homem. Na verdade, é provável que não esteja competindo da mesma forma que um homem competiria. Para as mulheres, os aspectos competitivos do namoro costumam ser mais sutis e menos conscientes. Mas quer queira, quer não, você se compara com outros membros de seu sexo e compara o homem no qual está interessada com outros homens. Algumas pessoas, como Molly, sentem esse aspecto do namoro mais intensamente do que outras. Mas, enquanto Lisa e Molly não romperem o ciclo de acusações e examinarem a realidade do que sentem com mais honestidade, não vão conseguir assumir responsabilidade pela forma como agiram levadas por esses sentimentos.

Cada uma delas tem tarefas diferentes a realizar se quiserem assumir responsabilidade. Molly precisaria aprender a trabalhar seus impulsos competitivos de uma forma mais construtiva e Lisa teria de aprender a expressar sua raiva mais diretamente. Se tivessem juntado forças em vez de lutar uma contra a outra, teriam enfrentado a competição de modo mais satisfatório para ambas.

Há poucas emoções tão poderosas quanto aquelas que existem no reino do sexo e do amor. Nos capítulos anteriores, encorajamos você a fazer uma distinção entre o que você *pensa* e o que *sente*. Poucas vezes essa lição é tão importante quanto em situações como a enfrentada por Molly e Lisa. Lembre-se: sentimentos nem sempre precisam fazer sentido e, às vezes, são muito mais fortes do que as circunstâncias sugerem que têm o direito de ser. Molly e Lisa são amigas desde a infância. São extremamente próximas uma da outra e há entre elas uma história de admiração, lealdade e ajuda mútua. Talvez nunca possamos descrever adequadamente o amor que essas duas amigas tinham uma pela outra, porque foi forjado no decorrer de muitos anos e de experiências conjuntas. Mas é exatamente por causa desse amor que Lisa e Molly não conseguiam aceitar a idéia de que fariam algo para ferir intencionalmente uma a outra. Apesar disso, tanto Lisa quanto Molly estavam agindo de formas que magoavam. Vamos analisar os sentimentos de Molly e ver como ela estava agindo em função deles no começo.

Molly estava acostumadíssima a chamar a atenção com sua beleza e disponibilidade para o flerte. Em certa medida, dependia dessa atenção para se sentir bem consigo mesma. Como o foco deste capítulo não é por que algumas pessoas são mais competitivas do que outras, não vamos mergulhar no passado de Molly para descobrir as razões pelas quais aprendeu a depender tanto desse tipo de atenção para preservar a auto-estima. O importante aqui é compreender que essa tendência surgiu de uma espécie de necessidade. É a razão pela qual sempre que outra mulher recebia atenção de um homem Molly começava a duvidar de si mesma e a ficar insegura. Em momentos como esse, ela ficava ansiosa a respeito de seu valor pessoal. Mas, como ainda não tinha assumido a responsabilidade por esses sentimentos, agia automaticamente em função deles. Para se sentir menos ansiosa e preservar sua auto-estima, Molly tentava redirecionar o foco da atenção masculina para si. Queria o que a outra pessoa tinha — no caso, a atenção que Don estava dando a Lisa —, e essa era a essência da competição. Embora Molly não tenha passado por cima de Lisa e Don para competir com a amiga, quando Don parou de dar atenção a Lisa e começou a se voltar para Molly, a competição começou. E a atenção de Don era o prêmio. O fato de ela não ter consciência do que estava fazendo não muda o fato de que a competição era parte do quadro.

Por outro lado, Lisa não estava sendo suficientemente honesta consigo mesma a respeito do quanto as atitudes de Molly em casos como esse a aborreciam. Mas o fato de não querer que Molly conheça seu namorado atual por temer que ela comece a flertar com ele revela a profundidade de sua mágoa e desconfiança. Perguntamo-nos, como você pode estar fazendo agora, por que Lisa não deixou claro de antemão que Don estaria na festa e que Molly devia considerá-lo "território proibido". E por que ela não se meteu na conversa entre Molly e Don, em vez de ficar quieta e sair fora? Finalmente, por que não admitiu a Molly o que estava sentindo? Podemos nos concentrar em muitos aspectos da experiência de Lisa para chegar a certas conclusões, mas a faceta mais importante de nossa experiência foi que ela não sabia como começar a falar de seus sentimentos.

As pessoas podem servir de espelho umas para as outras. Podem ajudar você a ver coisas suas que de outra forma nunca veria. Foi incrível a facilidade com que Molly e Lisa nos revelaram coisas que não conseguiam falar uma a outra. Se cada uma tivesse conseguido ser mais honesta sobre o que estava sentindo em relação à outra, ambas teriam tido oportunidade de ver um aspecto seu que de outro modo não teriam como enxergar.

Lisa nunca contou a Molly o quanto não confiava nela. Molly sentia, mas não tinha certeza. Como Lisa estava relutante em expor suas mágoas, Molly teve poucas oportunidades de ver o que seus atos faziam Lisa sentir. Se tivesse visto, poderia ter tido mais clareza sobre o quanto e de que forma estava sendo competitiva.

Por outro lado, Molly não se sentia à vontade para revelar o quanto ficava magoada com a aparente desconfiança de Lisa, que ficou surpresa quando lhe dissemos que Molly sabia de sua relutância em lhe apresentar Peter e que tinha ficado triste com isso. Se Lisa tivesse sabido o quanto sua forma de lidar com a raiva e a desconfiança magoavam Molly, talvez tivesse reconsiderado a maneira pela qual estava administrando esses sentimentos. Além disso, se tivesse conseguido falar com Molly sobre esses sentimentos difíceis enquanto eles estavam acontecendo, teria dado à amiga uma chance de se perceber segundo a perspectiva de Lisa.

Nem Lisa nem Molly são nossas clientes, portanto houve poucas oportunidades de as ajudarmos com seu problema. Mas conversamos com ambas sobre a distinção entre pensamentos e sentimentos, sobre a qual discutimos bastante neste livro. Encorajamos ambas a considerar a possibilidade de *serem amigas muito íntimas e, ao mesmo tempo, competirem uma com a outra*. Essas duas coisas não são mutuamente exclusivas. Os sentimentos têm vida própria e, se elas conseguirem aceitar que os sentimentos de inveja ou ciúme podem existir entre elas e que isso não precisa significar que há algo de errado em sua amizade, então terão dado o primeiro passo para fazer algo a respeito da forma pela qual a competição estava afetando sua amizade.

Ambas as amigas disseram que o simples fato de conversar conosco e de pensar no problema levou-as a conversar uma com a outra sobre o assunto. Molly e Lisa chegaram à conclusão de que não importava qual das duas estava certa e qual estava errada. O que importava para elas era ter respeito pelos sentimentos uma da outra. Lisa conseguiu fazer Molly concordar com a proposta de que manteriam a competição num nível mínimo: se conhecessem um homem pelo qual ambas se interessassem, a que tivesse mostrado o maior interesse iria em frente. Se isso não fosse óbvio, deviam pedir licença e ir ao banheiro juntas (desde que houvesse algum) para discutir a questão. Molly achou aquilo "um exagero", principalmente porque ainda não estava convencida de que fosse tão competitiva assim, mas, se aquilo fizesse Lisa sentir mais confiança em sua amizade, ela estava disposta a tentar.

Mas a última notícia que tivemos delas foi que tinham caído numa das armadilhas mais comuns que existem quando se tenta lidar abertamente com o problema pela primeira vez. Como você pode imaginar, a "solução" proposta talvez tenha criado ainda mais problemas. Vamos lhe contar em seguida como dois irmãos cometeram o mesmo erro e mais alguns outros que Lisa e Molly não cometeram, e como encontraram a saída usando as diretrizes sobre as quais já falamos e algumas estratégias que criamos para a competição saudável.

Enfrentar o problema juntos

Você talvez esteja se perguntando o que aconteceu com Patrick, o policial de 27 anos sobre o qual falamos nos capítulos 3 e 4. Resolvemos contar sua história aqui porque tem muita relevância para o assunto que estamos tratando agora. Quando conhecemos Patrick, ele não saía com ninguém havia mais de seis meses; mas, no decorrer da terapia, ele aprendeu a parar de se acusar e de acusar as mulheres pelos intensos sentimentos de alienação que estava tendo e descobriu qual era seu roteiro oculto de casamento. No caso de Patrick, era o roteiro "não existe lugar nenhum como a minha casa", do qual falamos no capítulo 8. À medida que ele foi passando pelos estágios de alienação, avaliação, aceitação e, finalmente, assimilação, aprendeu a assumir a responsabilidade pelos sentimentos gerados por esse roteiro e, por fim, conseguiu tirar sua vida do atoleiro. Uma das formas de conseguir isso foi começando a namorar outra vez. Também parou de se isolar da família. Como você deve se lembrar, ele estava evitando as reuniões familiares, principalmente com as irmãs, por causa de seu sentimento de alienação — elas eram casadas e respeitáveis, e ele não.

Patrick e Bill

Foi durante essa época que Patrick e Bill, seu irmão mais velho, começaram a passar mais tempo juntos. Bill havia ficado solteiro recentemente e os dois irmãos, que só tinham um ano de diferença de idade, saíam por aí paquerando algumas noites por semana. Foi nesse contexto que eles começaram, segundo as palavras de Patrick, "a bater de frente".

— Às vezes, Billy é um jumento. Estávamos no Coogan's (um bar das redondezas) de novo a noite passada. Eu estava conversando com a garçonete de que lhe falei e ele se meteu outra vez na conversa.

Algumas semanas antes Patrick tinha contado que estava flertando com Fancha, a garçonete do Coogan's. Estava muito interessado nela e achava que estava fazendo progressos. Ainda não a tinha convidado para sair com ele porque queria ter mais certeza do interesse dela antes de fazer isso. E continuou:

— Billy estava conversando com a moça que estava sentada ao lado dele, mas quando o namorado dela chegou ele girou o banco e começou a falar comigo. Eu estava conversando com Fancha, mas ela se virou na mesma hora, porque tinha de anotar o pedido de bebida do cara. Nada de importante, ele não estava se intrometendo como antes porque ela nem estava conversando comigo — estava ocupadíssima. Pelo menos no começo. Mas toda hora que ela se virava para conversar comigo, ele não me deixava dizer uma palavra. Ele sabe que gosto dela. Qual é o problema dele?

— Já falou com ele a respeito disso? — perguntei*, sabendo que Patrick havia relutado em tratar do assunto antes.

— Já. Talvez eu devesse ter esperado até estar menos chateado. Ele me disse que eu estava delirando, que ela não estava interessada em mim, que estava flertando só para ganhar uma gorjeta maior. E depois disse que ela olha para ele também e que não sou dono de todas as mulheres que vejo por aí!

---

* X. A.

— Parece que não foi uma conversa muito boa.

— Não foi. Tentei explicar que tenho conversado muito com Fancha ultimamente e que com ela era diferente. Mas ele riu de mim e falou que eu tinha de crescer e aparecer. Ele me deixou irritadíssimo. Simplesmente não entende o que se passa.

— O que é que ele não entende?

Que ela está mais interessada em mim — aquele papo de negação!

Bill não negava que estivesse competindo com o irmão pela atenção de Fancha. Estava e, além disso, não ia pedir desculpas por isso. Mas será que estava negando o interesse de Fancha por Patrick como este sugeriu? Estava mesmo mais interessada em Patrick? Nunca saberemos ao certo, nem Patrick ou Bill, a não ser que perguntemos à própria Fancha. Mas, a esta altura da discussão sobre a maneira de lidar com sua competição, a resposta é inteiramente irrelevante. O argumento "ela está mais interessada em mim" é uma das armadilhas mais irresistíveis que existem para pessoas que se gostam e competem por um par amoroso. Põe o controle sobre sua forma de lidar com a competição nas mãos de alguém que acabaram de conhecer, em vez de procurar resolver o problema entre os dois, onde o problema realmente está.

O que deu a Patrick o "direito" de dizer que Fancha lhe pertencia e de transformá-la em território proibido? Sua reivindicação baseou-se no argumento de que ela tinha flertado com ele. Billy contra-atacou imediatamente observando que ela tinha flertado com ele também e que sua motivação para fazer isso com ambos era puramente profissional. Como você pode imaginar, ou talvez lembrar em função de sua própria experiência, essa tática leva somente a mais frustração e ressentimento. A mensagem implícita é: "Já ganhei a parada, de modo que o melhor a fazer é você ir para casa lamber as feridas". Patrick não estava sendo mesquinho, nem manipulador. Acreditava realmente, e tanto quanto sabemos pode ter tido motivos para isso, que Fancha estava interessada nele e não em Billy. Mas pedir a Billy que confie nessa afirmação de Patrick sobre os sentimentos de Fancha já é pedir muito. Patrick não precisava ter adotado essa tática se tivesse exercido os direitos que tinha de fato. Tinha o direito de esperar que o irmão, a quem considerava também um amigo, tivesse cuidado com seus sentimentos e procurasse ser receptivo.

Os irmãos já estavam um passo à frente de Molly e Lisa, pois reconheciam a competição. Mas estavam com grande dificuldade para resolver o que fazer a respeito, porque "competição" era um nome feio no dicionário de Patrick. Embora reconhecesse a competição, achava que já devia estar resolvida antes mesmo de começar. Billy devia ter recuado, como Patrick achava que teria feito se os papéis estivessem trocados. Como Lisa, ele estava entrando no terreno moral e sugerindo que teria sido mais receptivo às pistas do que seu irmão estava sendo. Nesse caso, Billy estava sendo injusto, na opinião de Patrick, e não tinha o direito de competir com ele. De uma forma indireta, Patrick estava dizendo que assim que você percebe que está competindo, deve parar. A estratégia de Patrick para enfrentar esse tipo de situação na qual se encontrava com o irmão indica uma crença subjacente de que a competição é uma coisa ruim e sempre deve ser evitada.

Como manter a competição saudável

Mas essa crença estava impedindo Patrick de assumir responsabilidade por seus sentimentos e de fazer algo mais construtivo e satisfatório com eles. Enquanto não aceitasse seus próprios sentimentos competitivos tais como são — uma parte inevitável da paquera e do namoro —, continuaria "batendo de frente" com o irmão. Pior: nunca aprenderia que seus sentimentos são a única coisa que ele precisa evocar para convencer Billy, ou qualquer amigo solteiro, a ser receptivo a seus desejos.

Pergunte a si mesmo se acha que a competição é necessariamente uma coisa ruim em situações como essa. Se acha que sim, provavelmente tem tendência a reagir aos sentimentos competitivos de uma maneira nociva e não de uma maneira saudável. Patrick respondeu essa pergunta dizendo que "Sempre chama encrenca. Não vejo como a competição possa ser uma coisa boa num caso desse".

— Quando então a competição é uma coisa boa? — perguntei ao ouvir a expressão "num caso desse".

— No futebol, nos esportes, coisas assim.

— Qual é a diferença entre competir nos esportes e competir em situações como a que você e Billy entraram?

— Há regras, é organizado... — Ele fez uma pausa e depois acrescentou: — Não é pessoal.

— O que há de pessoal na forma de você e Billy competirem?

— Acho que ele faz isso porque tem ciúme de mim. Sempre teve ciúme de mim.

— E o que tem de pessoal para você?

— Para mim? Acho que... não sei se é pessoal para mim. Ele ficava uma fera comigo antes, se estávamos atrás da mesma garota, mas agora eu recuo quando ele me pede.

— Lembra-se de algum exemplo concreto?

— Lógico. Uma vez, estávamos na Jones Beach conversando com duas moças que conhecemos na lanchonete, mas os dois estavam interessados na mesma, acho que o nome dela era Nancy. Fiquei com pena da outra...

— Ficou com pena da outra? — interrompi.

— Lógico. Era difícil um cara não se sentir mais atraído pela Nancy, e sua amiga parecia meio sem graça por causa do tanto de atenção que Billy e eu estávamos dando a Nancy. Lembro que ela fez uma cara de quem não gostou uma hora que Nancy disse uma coisa engraçada. Nós três rimos, mas ela não riu. Parecia aborrecida. Estava um pouco tensa. Pensei que devia ser muito chato para ela e por isso fiz questão de tentar incluí-la. Bem, onde é que eu estava? Ah! Certo! Estava bem claro que elas iam sair com a gente, mas acho que antes precisavam falar a respeito, porque a moça com quem eu estava preocupado disse que ia ao banheiro e Nancy disse "Vou com você". Depois que elas saíram, Billy me disse que estava muito a fim da Nancy e perguntou se não era problema para mim. Eu disse que não, lógico, e fiquei fora do caminho dele depois que elas voltaram.

— Por que você disse que não era problema para você?

— Porque não era. Billy estava falando com ela mais do que eu.

— Por que você acha que ele estava? Ela estava mais interessada nele?

— Naquele momento, devo dizer que ela estava interessada nos dois. Acho que ela gostava do fato de eu ser tira. Algumas mulheres gostam.

Mas eu continuava tentando incluir a amiga dela — eu me sentia mal quando ela ficava de fora da conversa. Ela estava passando por maus bocados ali e, como eu disse, Billy e eu estávamos muito mais interessados na outra. Acho que fiquei um pouco preocupado com a possibilidade de magoá-la.

Devido a seu desconforto com a competição, Patrick parecia ter encerrado a corrida antes mesmo de começá-la. Sentia-se mal competindo com o irmão e vendo duas amigas competirem uma com a outra. Você deve estar pensando que ele é um "cara legal" e que estava tendo sensibilidade com a amiga que estava recebendo menos atenção. Ele é um cara decente. É gentil e preocupa-se com os sentimentos dos outros. Lembra-se do que ele disse no seu primeiro dia de terapia? Que tinha orgulho de ser um policial da cidade de Nova York contra o qual nunca um civil apresentara queixa. Patrick achava que todos merecem ser tratados com respeito e bondade enquanto não lhe derem bons motivos para agir de outra forma. Estava sendo simpático e carinhoso com a amiga tímida que estava perdendo a competição com Nancy pela atenção masculina. Mas será que a sensibilidade de Patrick precisava impedi-lo de tentar conquistar Nancy? Será que ele foi mesmo "legal" na combinação que fez com o irmão?

Como vamos ver, ele não se sentia tão à vontade com essa decisão quanto deu a entender. Na verdade, continuou com a competição, mas de forma menos consciente e óbvia depois que se separaram de Nancy e de sua amiga. Patrick revelou que, ao voltar da praia, Billy e ele começaram a discutir sobre o que transpirou na lanchonete. Patrick acusou o irmão de insensível por ter ignorado a amiga de Nancy. Chegou a fazer Billy admitir que havia sido grosseiro. No fim da conversa, Patrick achou que tinha tomado o caminho elevado da moral, enquanto o irmão fora egoísta e indelicado. Ele ainda estava competindo por Nancy. Já que não podia ficar com ela, então ia jogar água fria na fervura de Billy. Por não estar consciente de que a competição não terminara na lanchonete tal como ele se convencera, agiu em função dela de maneira mais nociva do que saudável.

— Eu me senti bem com o que tinha feito. Há outras mulheres por aí.

— Parece que você se saiu melhor na situação que seu irmão.

— Com certeza. Ao contrário de Billy, minha maior preocupação era o quanto a outra moça estava se sentindo pouco à vontade, e não como conquistar Nancy.

— Esta pergunta que vou lhe fazer pode parecer meio provocadora, mas acompanhe o meu raciocínio: se a sua maior preocupação era com o constrangimento da amiga de Nancy, por que não falou nada com Billy quando as duas foram ao banheiro?

— Eu falei! — replicou Patrick, parecendo frustrado por eu não me lembrar.

— Desculpe, mas acho que eu não estava prestando toda a atenção que devia. O que foi que você disse?

— Já lhe contei. Eu disse que ia sair fora, que ele podia ficar com ela — respondeu na defensiva.

— Não tenho certeza se entendi bem. Como é que o fato de você sair fora ia ajudar Billy a perceber o quanto a amiga de Nancy estava se sentindo constrangida? Porque parece que você resolveu lidar com a situação em seus próprios termos.

— Entendo o que quer dizer. Acho que eu estava decidindo resolver a parada sozinho.

— Não sei se eu estava tentando dizer alguma coisa; acho que estava querendo entender quais os seus motivos para abrir mão de sua possibilidade de conquistar Nancy.

— Simplesmente a situação toda parecia muito embaraçosa. Estava me deixando nervoso, e Billy estava falando como uma metralhadora. Às vezes é difícil eu entrar na conversa quando ele está nervoso e excitado. Não sei. Acho que, na verdade, eu só não estava querendo bater de frente com ele por causa dessa moça.

O que Patrick acabou descobrindo foi que sua ansiedade dizia respeito a seus próprios sentimentos competitivos. Ele não abriu mão de Nancy tão prontamente quanto havia pensado. Por isso quando deixou o caminho livre para Billy poder flertar com Nancy sem empecilhos, fez isso de modo a parecer moralmente superior. Sua saída da competição pode ter sido tudo, menos encorajadora. Queria que Billy se sentisse culpado por estar flertando com Nancy e por dar pouca atenção à amiga dela. Não fosse isso, teria aproveitado a oportunidade de alertar Billy sobre o quanto a amiga de Nancy parecia estar se sentindo excluída e diminuída. A competição pela atenção de Nancy era uma questão tão pessoal para Patrick quanto para seu irmão.

No início ele se sentiu um pouco envergonhado ao perceber que quis que o irmão se sentisse culpado. Segundo Patrick, "Billy é um cara legal. Não faria nada intencionalmente para machucar ninguém. Sei que ele ficou mal por causa da amiga de Nancy depois do sermão que lhe passei. Ele estava louco pela Nancy, não estava sensível como em geral está, não foi exatamente um crime premeditado". Com o tempo, Patrick descobriu as origens dessa atitude negativa em relação à competição com o irmão e conseguiu ver que parecia mais pessoal, para ambos, do que deveria.

Enquanto cresciam, os dois meninos aprenderam que sempre deviam ser unidos. "Os amigos vêm e vão, mas a família é para sempre" era a regra de ouro do pai. A competição entre os meninos foi desencorajada. Por causa disso, tiveram poucas oportunidades de aprender a competir um com o outro e, ainda assim, sentir que formavam uma parceria. cômoda mesma forma que dois lançadores do mesmo time de beisebol fazem o possível para derrotar o adversário ao mesmo tempo que procuram superar o outro para determinar quem vai ocupar que posição no próximo tempo, Patrick e Billy podiam ser unidos e, ainda assim, competir um com o outro.

Quando parou de culpar o irmão e a si mesmo por serem competitivos, Patrick começou a examinar os fatos com honestidade e abriu a porta para vivenciar a competição sob outra luz. Descobriu que se sentia mais competitivo do que julgara. No exemplo de Nancy, ele não tinha "recuado", como pensava. Mais consciente de seus sentimentos nessa esfera da vida, ele agora tinha condições de assumir responsabilidade por eles. Acabou aceitando seus sentimentos competitivos como um indício de saúde emocional, em vez de considerá-los sintomas de doença. Patrick estava preparado para conversar sobre o problema com o irmão. Usou os princípios mais importantes das cinco diretrizes apresentadas abaixo para conversar com Billy sobre a melhor forma de enfrentarem sua competição.

Diretrizes para conversar sobre competição

1. *Exerça seus direitos.* O que você sente lhe dá todo o direito de levar o tópico "competição" para a mesa de discussões. Você não precisa da opinião de mais ninguém para reforçar a sua própria evidência "objetiva", nem de mais nada para pedir a seu ente querido que discuta seus sentimentos com você. Você sente o que sente, e esse é o único fato necessário. O objetivo deve ser expressar o que vocês dois estão sentindo, sem correr para julgar quem tem o direito — ou não — de sentir o que sente.
2. *Não leve a questão para o lado pessoal.* Não transforme a competição com seu ente querido numa questão pessoal. Isso não significa que você não deve reagir a ela, ou que não possa pedir a ele que pare ou que esteja impedido de sentir coisas a respeito dessa competição. Mas conseguir enxergar a competição como uma parte natural e saudável da paquera vai fazer você sofrer menos, e os dois conseguirão fazer mais coisas juntos para enfrentá-la construtivamente.
3. *Pese as provas.* Trabalhando juntos, procurem descobrir de quem são os sentimentos mais intensos. Ouçam um ao outro com atenção. Procurem não adotar uma atitude defensiva. Ponham-se na pele de seu ente querido o mais que puderem. Vocês vão precisar se distanciar do calor do momento e analisar os sentimentos de forma correta. Por exemplo: vocês podem se sentir muito atraídos por alguém que acabaram de conhecer, mas talvez você já esteja saindo com alguém que está curtindo, enquanto esse ente querido com quem você está deliberando tenha andado deprimido porque não sai com ninguém há mais de um mês. O que queremos dizer não é que algo do gênero deva necessariamente ter um peso maior que seus desejos num caso desses, e sim que vocês dois podem se sentir melhor sobre o acordo que fizerem, seja ele qual for, se o quadro completo for reconhecido e levado em conta em suas deliberações.

4. *Tome uma decisão.* Veja quais sentimentos são mais importantes nesse caso. Se não conseguirem chegar a um acordo, considerem a possibilidade de decidir no cara ou coroa. Num impasse, se um de vocês estiver disposto a decidir na moeda, mas o outro não, está claro que a pessoa relutante em resolver a questão dessa forma tem sentimentos mais intensos e deve receber o sinal verde. Nunca deixe a decisão ser tomada pela pessoa na qual ambos estão interessados, pois essa é uma receita para mais conflitos e mais ressentimentos.
5. *Crie um plano.* Conversem sobre a maneira pela qual vocês vão resolver a situação. Procurem prever como lidarão com os problemas que surgirem, como quando a pessoa que saiu da situação é paquerada. Além disso, tracem um plano geral sobre a maneira de conversar sobre essas situações quando elas surgirem no futuro. Por exemplo: Lisa e Molly combinaram que, se uma delas sentisse a necessidade de conversar sobre uma crescente competição, tudo o que teria de fazer seria anunciar que ia ao toalete e a outra a acompanharia. Patrick e Billy estabeleceram uma regra semelhante, mais a cláusula de que nenhum dos dois suporia que o caminho estava livre para flertar com alguém que ambos tivessem acabado de conhecer enquanto não tivessem discutido a questão, enquanto não tivessem feito "a discussão ao banheiro dos homens", como diziam.

Depois de discutirem a questão, Patrick e Billy concluíram que algum tipo de plano para o futuro ajudaria. O primeiro foi aquele em que Molly e Lisa também tinham pensado. Quando conhecessem uma mulher e ambos se interessassem por ela, aquele por quem ela mostrasse mais interesse teria o sinal verde. Na primeira vez que tentaram pôr esse plano em prática, eles passaram tanto tempo no banheiro discutindo a questão que, quando voltaram, a moça já tinha ido embora. Tinham se esquecido de pesar as provas. Ou, mais precisamente, tentaram levar em conta a prova errada, que era muito menos confiável do que a questão que deviam avaliar. Quando se concentraram no que cada um achava que essa mulher estava sentindo, e não no que eles estavam sentindo, enfiaram os pés pelas mãos. Foi uma primeira tentativa corajosa de trabalho em equipe, mas era preciso uma sintonia final. Seguem-se algumas regras básicas para a competição saudável que Patrick e outros solteiros com quem trabalhamos acharam muito eficazes.

As regras básicas da competição saudável

Deve	Conversar sobre a questão
	Usar o humor
	Lembrar que vocês são uma dupla
Não deve	Ignorar o problema quando ele ocorre
	Levar a questão para o lado pessoal
	Deixar a decisão nas mãos da terceira pessoa

Seguindo essas regras básicas e as diretrizes apresentadas acima, você pode transformar penosas interações competitivas como aquelas vividas por Patrick, Bill, Molly e Lisa em algo muito positivo para sua relação afetiva. Lembra-se do que Patrick disse sobre a diferença entre o futebol, o beisebol e o tipo de competição que tinha com o irmão? A principal diferença é que os esportes competitivos têm regras, e elas não são pessoais. Se você criar algumas regras com as quais ambos concordem e não levar a questão para o lado pessoal, pode até se descobrir gostando de competir com seu ente querido! Talvez soe estranho, mas a experiência pode se parecer mais com a de membros de uma equipe que de adversários. Às vezes, seu ente querido é quem está em campo e você na reserva. Outras vezes você joga e seu ente querido é quem lhe dá apoio moral.

É muito freqüente solteiros se afastarem um do outro por um grande número de motivos, e a competição não é o menos importante deles. Aprendendo a reconhecer o que está acontecendo, você vai ficar em condições muito melhores de assumir a responsabilidade por sua participação no problema, em vez de deixar que o roteiro cultural os afaste. Quando faz isso, você assume o controle da forma pela qual a competitividade afeta suas relações e até mesmo sua experiência com o sexo oposto. Tanto Lisa quanto Patrick afirmaram que seus interesses afetivos não eram fortes o bastante para fazer a competição "valer a pena" Desvalorizaram Don e Nancy com suas tentativas de sair da competição. Se você faz esse tipo de comentário, considere a possibilidade de que eles sejam produtos do ressentimento gerado pelo controle que vocês passaram para os Dons e Nancys de sua vida, deixando-os decidir como vocês vão enfrentar os sentimentos competitivos de sua relação. Em vez disso, assuma a responsabilidade por esses sentimentos e transforme-os num ingrediente saudável de sua relação com um ente querido e num aspecto prazeroso da vida de solteiro.

12
Capítulo

SENTIR-SE INVISÍVEL

Nós conversávamos todos os dias e nos encontrávamos algumas vezes por semana. Mas desde que Sallie começou a sair com Tom é como se eu tivesse me transformado na mulher invisível. No melhor dos casos, conversávamos uma vez por semana e passei a vê-la raramente. E quando nos encontrávamos a conversa sempre girava em torno dos compromissos dos dois, ou do apartamento deles, nunca falávamos de mim. Mesmo quando ela não insistia em trazer o Tom, ele estava presente em espírito. Os horários dele determinavam quando Sallie podia se encontrar comigo e ele influencia até o que fazemos quando finalmente nos vemos. Sallie e eu íamos muito ao cinema juntas, mas agora, toda vez que a convido, ela diz: "Não posso, prometi a Tom que ia ver esse filme com ele". Sei que as coisas mudam sempre que uma amiga se envolve com alguém, e eu gosto muito do Tom, mas não tenho como evitar me sentir abandonada. Ela era minha melhor amiga! É como se minha vida inteira tivesse sido reconfigurada e eu não pudesse sentir nada em relação a isso! A mensagem que recebo é de que só tenho de estar feliz por ela, que não posso sentir raiva também.

***LIZ**, caixa de banco, 26 anos*

Sei que Terri se sente sobrando. Ela me disse que não considero as necessidades dela e que está magoada. Sei que as necessidades dela contam! Mas e as minhas? Tenho marido e uma filha em quem pensar. Eles têm de vir primeiro. Francamente, estou exausta no fim do dia. Tenho muito mais coisas que ela para fazer. Gostaria de ter a vida de Terri! Ela não é responsável por mais ninguém além de si própria. O resultado é que... se ela não vem a minha casa, em geral não nos vemos. Gostaria que ela não levasse isso para o lado pessoal!

***JENNY** falando de sua amiga Terri, uma assistente social de 33 anos*

Desde o meu divórcio sinto-me sobrando quando saio com Jack e Cathy. Quando eu era casado, nós quatro costumávamos sair juntos e eu curtia muito. Ainda saio com eles, mas agora é diferente. Sinto que tudo o que fazemos é nos termos deles, não nos meus. Minhas necessidades não contam tanto quanto as deles. Estou começando a me sentir mais como um filho adotivo do que como um amigo.

***ADAM**, gerente de uma loja esportiva, 41 anos*

Uma experiência comum que anda de mãos dadas com a vida de solteiro num mundo de casais é sentir-se invisível. Muitos solteiros já nos disseram que se sentem como Liz. Embora compreendam que uma amiga recém-casada — oficialmente ou não — tenha menos tempo para passar com eles do que antes, a mudança de foco parece extrema e o(a) amigo(a) solteiro(a) sente-se abandonado(a).

A experiência de invisibilidade de solteiros como Terri e Adam assume uma forma diferente. Nesse caso, a experiência é sentir que suas necessidades não contam tanto quanto a dos casais dos quais você gosta. Em sua manifestação extrema, a experiência é como a manifestada por muitos nova-iorquinos quando um pedestre se choca com outro na rua e continua correndo inocentemente calçada abaixo. "Ei! Está pensando que sou invisível?" Outras vezes, o sentimento é mais sutil: suas necessidades podem ser levadas em conta, mas não têm tanto peso quanto a do casal. Essa sensação de invisibilidade corrói o tecido das relações afetivas dos solteiros com amigos e familiares, assim como sua auto-estima.

Mas e o que Jenny e outros casados como ela têm a dizer? Não têm um ponto de vista válido? Ou será que todos foram corrompidos pelo imperativo do casamento? Será que depois de casados soltam um suspiro de alívio e dizem a si mesmos "Graças a Deus que não sou mais solteiro", e então fazem o possível para se distanciar do passado? Para algumas pessoas que se sentem péssimas por estar solteiras, não há dúvida de que é assim mesmo. Se sucumbiram ao estigma criado pelo imperativo de se casar quando estavam solteiros, estão fadados a promovê-lo sempre que estiverem casados. Mas o fato é que toda relação íntima requer tempo, energia e emoção tirados de outras relações afetivas. Acrescente filhos à equação e você vai estar falando de alguém com recursos emocionais e logísticos muito limitados para os amigos fora da unidade familiar. Talvez os solteiros devessem simplesmente "superar" o problema e parar de ser tão egoístas!

Este capítulo foi escrito tanto para os solteiros quanto para seus amigos e familiares. Se você é solteiro, vai aprender a comunicar suas necessidades de maneira mais eficiente, a não levar as coisas para o lado pessoal quando um amigo casado estiver ocupado com a própria vida e a se sentir mais visível em suas relações com amigos e familiares casados.

Se você é casado e um amigo ou parente solteiro lhe deu este capítulo para ler, pode ficar descansado que não se trata de uma caça às bruxas: também levamos em conta suas necessidades. Ambos fomos solteiros e casados e estamos familiarizados com ambos os lados do problema. Em nosso trabalho de terapeuta, descobrimos que o problema não é que você e outras pessoas casadas como você não se importam com seus entes queridos solteiros. O problema é a adesão cega ao imperativo do casamento e à falta de comunicação a respeito das necessidades de cada um. O objetivo deste capítulo é ajudar você a melhorar a qualidade da relação afetiva com seu ente querido. Quer você seja solteiro ou casado, a meta é fácil de alcançar com um pouco de instrução e esforço.

Seja você solteiro ou casado, achamos que deve ler esta seção e o capítulo inteiro. Os conselhos são úteis tanto para os entes queridos solteiros quanto para os casados. Vamos começar com algumas diretrizes para o leitor solteiro. Depois discutiremos duas experiências típicas dos solteiros — o abandono e a sensação de que suas necessidades não contam — e mostraremos como nossas diretrizes podem ser usadas. Depois vamos discutir o que os casais podem fazer para melhorar a qualidade de sua relação afetiva com um ente querido solteiro, assegurando que suas necessidades também sejam atendidas. Nesta seção, também apresentamos algumas coisas que os casados devem e não devem fazer.

Conselhos para os solteiros

Você conhece o problema. Se seu melhor amigo acabou de se casar e você se sente esquecido, ou o tempo que passa com seus amigos e familiares casados deixa você se sentindo um intruso, não tem como evitar sentir-se invisível. Por mais que tente, apesar de ter lido os capítulos anteriores e feito progressos, sempre que interage com certos casais de seu círculo mais íntimo você se sente empurrado de volta para o estágio de alienação por ser solteiro num mundo de casais.

Além de universal, o problema é quase sempre inevitável. O imperativo de se casar e a mecânica da intimidade criam um fosso entre os solteiros e seus amigos e familiares casados. Mas isso não significa que a situação não tem remédio. Você não precisa renunciar à proximidade de que desfrutou um dia. As diretrizes apresentadas abaixo podem ser usadas para melhorar suas relações com os casados, independentemente da situação na qual você se encontra. Quer um amigo anteriormente solteiro tenha engrossado as fileiras dos casais e você tenha ficado de fora, sentindo-se abandonado, quer o tempo que você gasta com amigos e familiares casados deixe você se sentindo alienado, os conselhos dados aqui podem ajudar.

Quando você se sente invisível

Aqui estão quatro diretrizes para você conseguir se tornar visível. O objetivo é ajudá-lo a: identificar as necessidades e desejos que você pode ver realisticamente satisfeitos em suas relações com casais de quem gosta; ficar mais receptivo à maneira pela qual os outros vivem o problema; expressar suas necessidades de modo construtivo; aprender quando e como fazer concessões. Depois de lhe apresentar essas quatro possibilidades de lidar com o problema, vamos dar exemplos de como cada uma delas foi usada com êxito na vida de outros solteiros que estavam se sentindo invisíveis.

Os quatro passos para você se tornar visível

IDENTIFIQUE SUAS NECESSIDADES. Parece uma tarefa óbvia, mas não é tanto quanto você está pensando. O que está em jogo aqui é identificar as necessidades que você tem em suas relações afetivas que possam ser realisticamente satisfeitas. Se seu ente querido casou-se há pouco tempo ou tem um bebê recém-nascido, e você acha que precisa do mesmo tempo que tinha antes dessa pessoa, vai se decepcionar. O importante é começar com o possível, não com o impossível.

TESTE DE EMPATIA. O teste de empatia que abordamos no capítulo 10, quando discutimos o tiroteio bem-intencionado, também é uma chave aqui. Antes de expor o que você quer de seu amigo ou parente casado e sobre o que está sentindo, certifique-se de que sabe o que ele sente. Será que seu ente querido está se sentindo culpado por deixar você na mão? Ou estará irritado por perceber a pressão que você está fazendo? Estará, ainda, na defensiva por saber que você o está criticando? Ou sobrecarregado com as demandas emocionais que surgem pelo simples fato de viver agora uma relação íntima? Se quiser que seu ente querido o compreenda e dê ouvidos à sua experiência, certifique-se antes de que você o compreende e dá ouvidos a ele.

EXPRESSE SUAS NECESSIDADES. Espere um momento em que nenhum dos dois esteja estressado e escolha apenas uma coisa para abordar. Comece falando de seu desejo de ter uma relação afetiva melhor. Depois fale sobre o que descobriu em seu teste de empatia. Certifique-se de que seu ente querido sabe que você compreende as demandas que ele (ou ela) tem em sua vida pessoal. Depois de fazer essas duas coisas, diga-lhe como se sente e o que deseja que ele faça de diferente.

CONTE COM A NECESSIDADE DE FAZER CONCESSÕES. À medida que vocês começarem a conversar, logo vão descobrir que, para melhorar a relação, vocês têm de fazer concessões sobre o que esperam um do outro. Como a primeira diretriz acima, esta pode parecer gritantemente óbvia, no entanto é mais difícil pô-la em prática do que falar a respeito dela. Para chegarem a um acordo, vocês terão de articular uma visão clara do tipo de relação que desejam ter e trabalhar nesse sentido. Depois siga o conselho contido nos versos dos Rolling Stones: "Nem sempre você pode ter o que quer, mas se um dia tentar pode acabar descobrindo que tem o que precisa". Mantenha-se aberto para o que lhe está sendo oferecido, mesmo que isso signifique você fazer concessões ao que originalmente pretendia.

Quando se sente abandonado

A experiência descrita por Liz no começo deste capítulo também é muito, muito comum, e inevitável sempre que um amigo íntimo que era solteiro se envolve seriamente com uma pessoa nova. Liz procurou a terapia por outras razões, mas seus sentimentos em relação ao que estava acontecendo com sua amizade com Sallie foram o tópico de mais de uma sessão. Liz estava magoada por quanto a relação de Sallie com Tom estava interferindo na amizade das duas. Sentia-se até um pouco usada.

— Quando Sallie era solteira, éramos muito próximas, conversávamos todo dia por telefone. Na verdade, depois da última vez que ela ficou muito mal, conversávamos umas duas ou três vezes por dia! Eu tinha alguém nessa época, mas não desapareci como ela fez. Não entendo como ela pode fazer isso. Sei como é quando você começa uma transa nova, requer tempo e energia, mas eu nunca a cortei de minha vida desse jeito. Agora, quando muito, converso com ela uma vez por semana! E, quando chegamos a conversar, sinto que ela não está muito interessada no que tenho a dizer. Honestamente, estou ficando cada vez menos interessada no que ela tem a dizer. É Tom pra lá, Tom pra cá, Tom e eu fomos... blá, blá, blá. Eu curto o cara, mas estou começando a desejar que nunca tivessem se encontrado!

— Agora que ela está com o Tom, me jogou de lado como se eu fosse uma batata quente. Era a minha melhor amiga e eu me achava a melhor amiga dela. Mas estou começando a me perguntar se ela não estava apenas me usando porque se sentia sozinha, e que nunca fomos amigas de verdade.

— Você já falou com ela sobre o que está sentindo? — perguntei.*

— Já... Cara, que fiasco! Ela ficou irritadíssima e me mandou crescer.

— E como você reagiu?

— Não da melhor maneira possível, eu sei. Deixe eu lhe dar uma idéia dos antecedentes: liguei para ela na segunda-feira passada, depois de chegar do trabalho. Ela tinha acabado de chegar em casa e por isso me perguntou se podia me ligar dali a pouquinho, e eu disse "Claro". Uma hora depois ela ainda não tinha telefonado. Eu estava sentindo a maior raiva, porque precisava muito falar com ela e estava tendo um dia horroroso. Lembra-se do que aconteceu na segunda-feira?

— Claro que sim — tranqüilizei-a, lembrando o quanto ela se sentira mal naquele dia. Bob, seu namorado, tinha ligado para o trabalho dela para cancelar o encontro deles no sábado; sem explicação, apenas deixou uma mensagem na secretária eletrônica. Encontrei-me com ela na manhã seguinte. Estava se sentindo muito sozinha e confusa sobre o motivo pelo qual Bob a tinha "dispensado", como disse.

Liz continuou falando:

— Bem, como ela não ligava, eu disse "Dane-se" e saí para alugar um filme na locadora. Quando voltei, ela ainda não tinha telefonado. Mal consegui assistir o filme, de tão magoada e furiosa que estava. Não foi a primeira vez que ela se esqueceu de me retornar uma ligação desde que estava namorando o Tom, mas eu estava louca da vida e me sentindo um pouco patética, como se estivesse mendigando atenção. Por isso não liguei. Em vez disso, tentei assistir o filme. Quer saber o nome? *Sexta-feira 13*. Eu não o tinha revisto desde que foi lançado anos atrás. Mas senti uma verdadeira fissura para alugá-lo quando entrei na locadora.

Lembrando-me de que muitos casais jovens eram assassinados nesse filme, não tive saída a não ser aproveitar a deixa:

* X. A.

— E por que acha que sentiu essa fissura?

— Tinha certeza de que você ia me fazer essa pergunta! Eu soube por que tinha alugado aquela fita quando o casal que estava fazendo sexo no beliche foi morto. Explodi numa gargalhada! Sempre posso sonhar, né?

— Com toda a certeza — respondi sorrindo. — Mas parece que, além de raiva, você também se sentiu muito magoada pela falta de sensibilidade de Sallie em relação às suas necessidades.

— É, me senti, sim. Magoadíssima. Eu devia ter esperado para conversar com ela. Depois que saí daqui na semana passada, ela me ligou no trabalho. Acho que foi na quarta-feira. Fez de conta que não tinha acontecido nada e por isso lhe perguntei o que tinha acontecido na segunda à noite. Por que não tinha me ligado de volta? Sabe o que ela disse? Que Tom tinha ligado e a convidara para jantar com ele. Foi de repente, e ela se esqueceu que eu havia ligado. Aquilo já era bem ruim, mas o que realmente me fez sair do sério foi ela dizer: "Desculpe eu demorar tanto para ligar de volta, mas não me lembro de ter dito que eu ia ligar naquela mesma noite". Perdi a cabeça. Disse-lhe que a achava muito egoísta e que ela não se importava com ninguém além de si mesma.

— E o que ela respondeu?

— Nada no começo, eu tinha muita coisa a dizer. Falei que achava que a nossa amizade não significava nada para ela e que me sentia usada por ela.

— E como foi que a história acabou?

— Ela me disse que crescesse e aparecesse, e acusou-me de ser ciumenta. Disse que eu devia estar feliz por ela e que, se eu não conseguia, então não era mais amiga dela. Aí eu precisei desligar, meu chefe tinha acabado de entrar na sala. Sallie me ligou em casa naquela noite e deixou-me uma mensagem na secretária eletrônica. Nenhum pedido de desculpas, só "Me liga". Mas ainda não liguei. É muito triste; talvez eu a esteja testando, mas simplesmente não consigo pegar o telefone e ligar para ela. É humilhante demais.

A amizade de Liz e Sallie estava correndo perigo. Liz sentia que tal vez nunca tivessem sido amigas de verdade. Estava começando a pensar que Sallie nunca havia gostado dela e achava humilhante demais dar um passo em sua direção. Perguntava-se como tinham chegado a esse ponto e o que devia fazer para recuperar a amizade, se é que havia algo a ser feito.

A primeira pergunta que ela precisava responder era o que desejava daquela amizade. Tinha de se distanciar de seus sentimentos e examinar suas necessidades. Quando a questão lhe foi apresentada, ela respondeu:

— Eu gostaria que as coisas fossem como antes.

— Como? Especifique — eu disse.

— Eu gostaria que conversássemos como antes. Ela era a única pessoa com quem eu falava todo dia, e sinto muita falta disso. Também gostaria de passar algum tempo só com ela. Há algumas semanas, fomos jantar juntas e ela perguntou se Tom não poderia nos acompanhar na sobremesa. Eu disse que, por mim, tudo bem. Mas ele apareceu antes mesmo das entradas chegarem à mesa. Não tive a menor chance de falar sobre as coisas que eu queria falar. E, quando ele não está conosco, influencia o que fazemos juntas. Minhas últimas três sugestões de filme foram vetadas porque ela prometera a Tom ver esses filmes com ele. Continuo?

— Por favor.

— Estou cansada de ouvi-la dizer o quanto ele é maravilhoso. Eu gostaria, só para variar, que conversássemos como antes sobre outro assunto, ou que ao menos ela falasse comigo como costumava falar.

— E como é que ela falava com você?

— Costumava falar sobre como se sentia nas relações amorosas. O último cara com quem ela estava saindo, antes de Tom, deixava-a muito insegura. Ela era muito aberta mesmo sobre o que sentia por ele. Eu era um ombro para ela chorar, alguém em quem podia confiar; agora acho que talvez ela não confie em mim o bastante para me contar essas coisas. Sempre conversamos francamente, sobre coisas que tinham importância para nós, e não sobre as bobagens superficiais que ela fala agora.

Embora Liz reconhecesse que, agora que Tom entrara na história, sua amizade não podia ser exatamente como era antes, provavelmente estava pedindo mais do que Sallie podia dar. O que ela queria da amiga? Mais tempo a sós com Sallie. Queria que Sallie assistisse aos filmes que Liz queria ver, mesmo que fossem aqueles que Tom pedira a Sallie que reservasse para ele. Também queria que Sallie demonstrasse mais interesse pelo que estava acontecendo na vida dela, Liz. E queria que Sallie se abrisse mais sobre o que sentia no relacionamento com Tom. De muitas formas, Liz queria o mesmo grau de intimidade que tivera com a amiga antes de ela se envolver com Tom.

Nesse caso, o que era razoável pedir e o que não era? No início, Liz achava que tudo que ela queria era razoável de se esperar de uma amiga de verdade. Mas depois que começou a examinar mais de perto sua "lista de desejos", Liz descobriu que estava trabalhando no escuro. Não tinha uma idéia muito clara do que se passava na cabeça de Sallie. Precisava fazer o teste da empatia antes de saber o que Sallie poderia ou não lhe dar. Eis o que Liz descobriu com o teste da empatia:

— Liguei para Sallie, como combinamos. Comecei pedindo desculpas por ter sido tão malcriada ao telefone. Disse-lhe que estava ligando porque valorizava nossa amizade e porque achava que nossa relação andava muito tensa ultimamente. Falei que não tinha certeza do que ela estava sentindo em relação a mim e à nossa amizade, e que queria saber. — Liz fez uma pausa, esperando uma reação minha.

— E o que aconteceu?

— Deu certo. Ela não passou para a defensiva. Começou pedindo muitas desculpas e depois me perguntou o que eu estava fazendo, mas eu a interrompi. Você teria tido orgulho de mim. Disse que tinha ligado porque queria entender o que ela estava sentindo em relação a nossa amizade. Acho que ela ficou com medo de eu lhe pular na garganta de novo, mas a convenci de que só queria entender como é que as coisas tinham chegado a ficar tão tensas entre nós e que gostaria de saber o que ela estava sentindo a respeito.

— Ela disse que se sentia culpada em relação a mim boa parte do tempo. Sabia que não estava passando tanto tempo comigo nem me ligando com a freqüência de antes, e isso a deixava mal. Mas também achava que eu a estava pressionando e tentando fazê-la sentir-se culpada, e isso a deixava louca da vida. Eu que não tinha percebido o quanto ela estava se sentindo "por baixo". Ela conversa com Tom todas as noites, mesmo que já tenham estado juntos. E, para coroar a situação, eles se encontram quatro vezes por semana. Disse que, quando sai com ele, ou quando chega em casa depois de passarem a noite juntos, a última coisa que ela quer fazer é conversar com alguém. Entendo isso e meio que já tinha previsto, mas ouvi-la dizer me fez sentir um pouco melhor, não sei bem por quê.

— Deu a impressão de ser menos pessoal?

— Exatamente. Depois ela me falou que às vezes tem vontade de me ligar só para dizer oi e que está com saudade de mim, mas não faz isso porque as coisas estão muito tensas entre nós. Preocupa-se com a possibilidade de eu ficar magoada porque ela só quer falar uns minutinhos, ou então está com muita raiva de mim e não quer arranjar mais sarna para se coçar.

— Você disse várias vezes que ela está com raiva de você. Sabe por quê?

— Ela acha que estou com inveja porque ela está numa transa legal. Acha que eu devia estar feliz por ela e fazendo de tudo para ela dar certo com o Tom. É uma grande ironia, mas ela acha que não a estou apoiando. Sente em relação a mim a mesma coisa que sinto em relação a ela! Mas eu lhe dou apoio, sim, ao menos tento dar. Acho que Tom faz muito bem a ela e já lhe disse isso. Mas ela acha que estou com inveja e que, se realmente gostasse dela, não sentiria essas coisas; simplesmente deveria estar feliz por ela.

— Acha que pode estar com inveja?

— Pelo fato de ela estar numa transa legal? Não. Não acho. — Liz parecia pensativa, como se estivesse refletindo cuidadosamente sobre a questão. — Sinto-me feliz por ela. Sallie merece alguém que a trate bem e que a ame de verdade. Tom é um cara legal. Mas... não acredito que estou dizendo isso... acho que sinto inveja, mas de Tom! Sinto como se ele tivesse me roubado a melhor amiga. Sallie não confia mais em mim. Eu não saberia dizer exatamente o que está diferente nas conversas com ela nesses últimos meses, mas há alguma coisa diferente, sim. Ela ainda fala de Tom e do que vão fazer, mas não sei mais dos detalhes. Ela não está contando comigo como antes. Conversávamos muito sobre os caras que ela estava namorando, sobre problemas no trabalho, sobre o que a irmã faz que a deixa louca da vida, e agora não conversamos mais sobre essas coisas. Não tenho como evitar pensar que agora ela conversa sobre essas coisas com Tom. Sinto-me uma boba por me importar com isso, mas me importo. Ela está ficando mais íntima dele do que de mim, e estou com inveja!

— Você lhe disse isso?

— Não, não exatamente. Mas disse que queria entender o que ela sente e que fiquei feliz por ela ter-me dito tudo o que disse. Mesmo que uma parte tenha sido difícil de ouvir. Ela me perguntou como eu me sentia em relação a essa história toda e eu lhe disse que preferia esperar um pouco antes de falar, porque precisava de um tempo para pensar. Mas disse que achava que íamos resolver aquele problema e que eu ligaria para ela dali a um ou dois dias.

Agora Liz estava em condições muito melhores de expressar suas necessidades. Tinha uma compreensão muito maior do que Sallie estava sentindo e de suas motivações para estar se afastando dela. O teste da empatia também fez Sallie sentir menos raiva e mais interesse pelo que Liz estava sentindo. Liz fez uma revisão na "lista de desejos" que montara em relação ao que desejava de Sallie, mas fez essa revisão com as informações obtidas dessa última conversa.

Restavam quatro itens em sua lista: mais tempo juntas a sós, ver os filmes que Liz queria assistir, Sallie mostrar mais interesse pelo que acontecia na vida de Liz e estar mais aberta para o que sentia em sua relação com Tom. Pelo que Sallie tinha dito em sua última conversa, Liz agora duvidava que a amiga teria mais tempo livre para ela. Mas, apesar disso, achou razoável pedir que, quando estivessem juntas, pudessem dispor de mais tempo a sós. Também achou razoável, de vez em quando, verem um filme que ela quisesse assistir, mesmo que Tom ficasse chateado. Liz achava que nem devia fazer o terceiro pedido da lista, pois acreditava que Sallie mostraria naturalmente mais interesse por sua vida se conseguissem resolver a tensão que havia entre elas. Mas provavelmente não seria razoável esperar que o último pedido fosse atendido.

Liz ficou triste ao reconhecer o fato, mas Sallie estava se afastando dela e se aproximando de outra pessoa. Tom se transformara no novo confidente de Sallie. Liz precisava admitir que Sallie não só tinha menos tempo que antes para conversar com ela como também provavelmente não precisava mais conversar sobre as mesmas coisas. Não necessitava mais dela como antes. Tom já estava dando a Sallie o apoio de que ela precisava. Além disso, pelo fato de sua relação amorosa estar indo de vento em popa, Sallie se sentia menos insegura e, por isso mesmo, com menos necessidade de falar de suas inseguranças. Não era razoável, portanto, Liz esperar o mesmo tipo de intimidade de antes.

Mas isso não significava que Sallie e Liz não fossem mais grandes amigas. Na verdade, quando Liz contou a Sallie o que sentia e o que queria dela, encerrou a conversa sentindo-se mais próxima dela do que nunca. Liz só teve essa conversa uma semana depois de fazer seu teste da empatia, pois queria conversar cara a cara com Sallie.

— Bem, finalmente tive minha conversa com Sallie — começou Liz em nossa sessão seguinte. — Almoçamos juntas no domingo passado. Comecei dizendo que tinha pensado muito nos problemas que estávamos tendo e que valorizava nossa amizade. Pedi a ela que tentasse não ficar na defensiva e então lhe disse o que estava sentindo. Contei que me sentia como se ela simplesmente tivesse me descartado depois que conheceu Tom, e que me sentia abandonada. Ela ficou na defensiva assim que eu disse isso e falou que não tinha me descartado. Sallie me disse que achava que eu estava hipersensível.

Liz cometeu o erro que muita gente comete ao conversar com outra pessoa sobre sentimentos complicados. Concentrou-se no que Sallie tinha feito e rotulou os atos da amiga, em vez de focalizar o que ela própria sentia. O truque é usar frases com "eu", que girem em torno do que você sente e não em torno do que o outro fez e do que você acha que foram suas intenções. Em vez de falar sobre seus próprios sentimentos, Liz deixou a conversa deteriorar rapidamente para uma discussão sobre as motivações de Sallie para deixar a amizade esfriar. Sallie estava respondendo à acusação implícita de Liz de que ela tinha "descartado" a amiga por não precisar mais dela. Felizmente, Liz percebeu o erro e logo recuperou o terreno perdido.

— Meu coração parou. Pensei: "Ah, meu Deus, aqui estamos nós outra vez, de volta à arena". Percebi o que tinha feito. Tinha acusado Sallie de não ser uma boa amiga, de não me dar valor e de me usar para atender a suas próprias necessidades. Pedi a ela que parasse e me deixasse explicar. Pedi desculpas pelo que tinha dito. Disse-lhe que não pensava que ela não gostasse de mim; se pensasse, não estaria ali conversando com ela. Achava que ela gostava, sim, e o que eu queria era conversar sobre o que eu sentia. Disse-lhe que tinha me sentido abandonada, mas que não achava que ela tivesse me abandonado realmente. Era apenas o que eu sentia. Disse-lhe que achava que a gente tinha perdido a sintonia e que agora eu tinha uma idéia melhor do que ela havia sentido e queria que ela ficasse sabendo do meu lado, do que eu estava sentindo.

— E como ela reagiu? — perguntei.

— Ficou escutando. Acalmou-se. Aí eu lhe disse o que sentia. Comecei falando que sentia falta dela e que queria passar mais tempo com ela. E que, quando estivéssemos juntas, pudéssemos ficar a sós mais vezes do que nos últimos tempos. Não que eu não quisesse ver Tom de vez em quando. Quero, e disse-lhe isso. Mas deixei claro que precisava de algum tempo só com ela.

— Depois levantei a questão do cinema. Sabe o que ela fez? Quase começou a chorar! Disse que não tinha percebido que estava fazendo aquilo e que entendia o quanto doía. Íamos muito ao cinema juntas, principalmente para ver filmes estrangeiros, e ela sabia como eu adorava ir ao cinema com ela. Às vezes passávamos horas, sem exagero, conversando sobre um filme de que tínhamos gostado muito, ou discutindo se tinha ou não sido bem dirigido. Ela entendeu na hora, foi um alívio tremendo. Pediu desculpas, dizendo que agora estava vendo o mal que aquilo devia estar me fazendo. Quando ela disse isso, percebi que eu tinha deixado de fora o item mais importante da minha lista. Eu só queria ter certeza de que ela me via, de que sabia o que era estar na minha pele. Senti que sabia.

— Quando estávamos saindo do restaurante, ela me perguntou se eu não queria ver *O carteiro e o poeta* com ela. Aí foi minha vez de tentar segurar as lágrimas! Eu a tinha convidado para ver esse filme um mês antes, mas ela disse que não ia porque Tom queria vê-lo com ela. Foi um gesto adorável.

Liz tinha se sentido descartada antes de conversar com a amiga. Sentiu-se usada e como se Sallie não compreendesse e não se importasse a mínima com os sentimentos dela. Mas conseguiu se sentir vista na amizade seguindo as três primeiras diretrizes apresentadas. E muito naturalmente implementou por conta própria a quarta diretriz: contar com a necessidade de fazer concessões. Vários meses depois dessa conversa inicial sobre as mudanças na amizade, Liz teve uma conversa penosa com Sallie. Tinha lhe pedido para ir a um concerto com ela e, embora Sallie tivesse concordado na hora e as entradas já estivessem compradas há algum tempo, Sallie cancelou o programa apenas três dias antes. A razão, como você deve ter adivinhado, estava relacionada a Tom. O chefe dele tinha convidado Tom e Sallie para jantarem com ele, sua mulher e uma de suas clientes com o marido. Tom ligou imediatamente para Sallie para lhe perguntar se ela estava livre, pois se tratava de uma grande oportunidade para ele em vários aspectos. Quando ela o lembrou de que já tinha um programa combinado com Liz, ele lhe disse que fosse e que haveria outras oportunidades como essa. Mas Sallie sabia, pelo ano que já estavam juntos, que essa era a primeira vez que o chefe de Tom o incluía em algo do gênero e então lhe telefonou para perguntar se ele realmente queria ir. Ele admitiu que esse jantar era muito importante para ele, mas que os sentimentos de Liz e a amizade de Sallie com ela também eram. Conhecendo bem a tensão que tinham vivido antes, ele não queria fazer nada que magoasse Liz. Queria apoiar a amizade das duas. Discutiram todos prós e contras durante algum tempo, pesando a oportunidade contra o que achavam que Liz fosse sentir. Por fim, Sallie concluiu que era uma oportunidade boa demais para Tom perder e aceitou o convite para jantar, apesar das ressalvas de Tom. Ela garantiu que ia resolver a parada com Liz.

Quando ouviu falar da mudança de planos, Liz ficou frustrada e com raiva. Disse a Sallie que achava que iria ao concerto de qualquer maneira. O

— Não é justo — disse. — Planejamos ir a esse concerto há um mês e não sei se vou conseguir encontrar outra pessoa que possa aproveitar sua entrada, pois está muito em cima da hora! Será que esse jantar não pode ficar para uma outra noite?

Mas Sallie defendeu sua posição:

— Tom e eu conversamos sobre isso, e não há como adiar. Essa é uma chance que ele nunca teve antes e ele não tem certeza de que vai tê-la de novo algum dia. Sinto muitíssimo, mas Tom precisa de minha companhia nesse jantar. Sei que não é justo, mas desta vez ele tem de vir em primeiro lugar.

Depois Sallie descreveu a conversa que tinha tido com Tom e falou do quanto ele estava preocupado com os sentimentos dela. Contou que tinham conversado muito, pesando cuidadosamente a importância desse jantar e o que Liz sentiria a respeito. Sallie pediu a Liz que compreendesse que essa era uma oportunidade de ouro para Tom e que Liz bem que poderia apoiá-lo também.

Durante a sessão em que Liz contou essa história, revelou o que lhe passara pela cabeça naquele momento.

— De repente percebi que os dois tinham realmente pensado no assunto. Tinham considerado meus sentimentos; Sallie não estava sendo insensível. Eu estava decepcionada e frustrada, mas não me senti invisível. Percebi que tinha de fazer uma concessão. Tom é mais importante para ela agora e, do jeito que as coisas estavam indo entre eles, ele provavelmente manteria essa posição para sempre. Percebi que o melhor era eu ir me acostumando com a idéia, se quisesse manter a amizade de Sallie. Ela estava sendo receptiva às minhas necessidades, mas simplesmente não podia me dar o que eu queria dessa vez. As coisas nunca voltarão a ser exatamente como antes, mas dou muito valor ao que tenho agora.

A conversa terminou com Liz dizendo a Sallie que, embora fosse frustrante, ela compreendia. Disse a Sallie que desejava boa sorte a Tom.

Como Liz contara com a necessidade de fazer concessões em relação ao que queria da amiga, não ficou arrasada quando Sallie lhe disse que Tom tinha de vir em primeiro lugar. Ao se concentrar no que havia para usufruir em sua amizade, em vez de só lembrar do que não poderia ter, Liz encerrou a conversa sentindo-se valorizada pela amiga. Como avaliara realisticamente o que Sallie tinha a dar e parara de levar para o lado pessoal a nova distância que havia entre elas, Liz conseguiu lamentar a perda da velha amizade e dar boas-vindas à nova. Além disso, conseguiu ajudar a amiga a não sucumbir à armadilha comum de ignorar as necessidades dos entes queridos solteiros sempre que se entra numa nova relação amorosa.

Quando suas necessidades não contam muito

A história de Liz e sua amiga Sallie é uma das situações mais óbvias em que o solteiro se torna invisível para entes queridos casados. Mas muitas outras interações sutis mais até comuns do que essa entre casados e solteiros resultam também em experiências de invisibilidade. Aqui estão seis das piores coisas que amigos e familiares casados podem fazer para levar seus entes queridos solteiros a se sentir invisíveis:

1. *Ir raramente a sua casa.* Quando você olha para a sua sala de visitas, é difícil imaginar seu(s) ente(s) querido(s) sentado(s) no seu sofá, porque vocês só se encontram na casa deles. Se você sugere um jantar em sua casa, ou simplesmente se encontrarem aqui antes de sair, a resposta quase sempre é negativa. A mensagem implícita — e, às vezes, explícita — é: "Nossa casa dá mais a impressão de um lar do que a sua e, além disso, é mais fácil para você vir à nossa casa do que o contrário".
2. *Tomar decisões unilaterais.* Eles consultam um ao outro, mas não você, ao decidir o que vão fazer quando se encontrarem com você e quando vai ser. A data e a duração do programa quase sempre são ditadas pelos compromissos do casal e não pelos seus, ficando implícito que a vida deles é mais ocupada e menos flexível que a sua. Do ponto de vista deles, as necessidades de casal são maiores que as suas de solteiro e, por isso, pressupõem que você não vai se importar se tomarem a decisão sem consultar você.
3. *Mudam facilmente os programas combinados com você.* Sua amiga ou familiar casada cancela no último instante programas combinados com você porque o companheiro dela ficou livre e ela prefere sair com ele. Ou então o casal de quem você é amigo muda de planos porque outro casal amigo deles só pode se encontrar com eles no mesmo dia e hora que combinaram sair com você. Mais uma vez, fica implícito que seus horários são mais flexíveis que os deles e que suas necessidades não têm tanta importância assim.

4. *Ficarem se abraçando e se beijando na sua frente.* Eles ficam namorando na sua frente. Ela se senta no colo dele, dão beijos apaixonados ou simplesmente elogiam um ao outro o tempo todo quando vocês estão juntos.

5. *Dividem as despesas como se você fosse dois.* Ao dividir as despesas com um ou mais casais, sua parte é igual à de duas pessoas. Esse é um exemplo particularmente bom da dificuldade dos casais em compreender a situação de alguém solteiro.

6. *Pressupõem saber como você se sente.* Você não é convidado para jantar com seus entes queridos porque eles concluíram que você vai se sentir deslocado por ser o único solteiro no meio de três casais. Ou então convidam alguém desconhecido para lhe fazer companhia, mesmo que você não lhes tenha pedido nada do gênero. Embora seja claro que estão tentando ser receptivos a seus sentimentos, erram o alvo porque nunca lhe perguntam como você se sentiria.

Quando você está solteiro, sempre corre o perigo de se tornar invisível para os entes queridos em situações como as que acabamos de descrever. Não é que seus amigos e familiares não o amem; é que estão usando os antolhos fornecidos pelo imperativo cultural do casamento. Adam, sobre quem você vai ler em seguida, passou por praticamente todas as situações dessa lista; mas, apesar disso, conseguiu se tornar visível para os amigos depois de perceber o que estava se passando.

Adam

Antes de seu divórcio, Adam e a ex-mulher passavam toda véspera de Ano-Novo com mais dois casais com quem tinham muita intimidade. Foi assim durante anos. Ele descreveu o primeiro Ano-Novo depois do rompimento como "um pesadelo". Adam e a ex-mulher sempre convidavam os amigos para irem a uma cabana nas montanhas que alugavam todo mês de dezembro. Os três casais passavam vários dias esquiando, ficavam acordados até tarde da noite conversando e preparando jantares juntos. Para manter a tradição, Adam convidou Jack, sua mulher,

Cathy, Dara e seu marido, Leo, para passarem uma semana com ele, como faziam antes. Os dois casais continuaram amigos de Adam depois de seu divórcio e adoraram o convite. Concordaram em dividir o aluguel daquele fim de semana como sempre tinham feito.

Adam tinha ido esquiar no fim de semana antes da reunião do Ano-Novo, como sempre fizera, e, embora o lugar despertasse algumas lembranças dolorosas, estava satisfeito por ter resolvido alugar a cabana outra vez e manter viva a tradição da véspera de Ano-Novo. Quando veio o fim de semana, ele foi o último a chegar à cabana, porque não pôde sair do trabalho tão cedo quanto os amigos.

Uma viagem que normalmente levava duas horas tinha se transformado em uma exasperante viagem de quatro horas, porque estava nevando muito. Mas quando entrou na garagem os faróis de seu carro iluminaram uma cálida cena invernal que lhe abriu um sorriso de satisfação no rosto. A neve rodopiava em volta de Jack e Leo enquanto eles limpavam os degraus que levavam à cabana e, lá dentro, o fogo da lareira lançava centelhas de luz vermelha e amarela que cintilavam através da vidraça coberta de gelo. Sentiu o cheiro de lenha queimando quando baixou o vidro da janela e gritou saudações a Jack e Leo. Estava feliz por estar ali e sentiu que era o seu lugar.

Os amigos ajudaram Adam a descarregar o automóvel e fizeram-no entrar antes de voltarem ao trabalho de limpeza. Lá dentro houve abraços, beijos e cumprimentos calorosos entre Adam, Cathy e Dara. Ao dar um abraço em Cathy, percebeu que sua roupa, que ele havia deixado no quarto de casal no fim de semana anterior, agora estava cuidadosamente empilhada num canto da sala. Nos anos anteriores, Adam e a mulher tinham ocupado o quarto de casal principal, com um dos casais ficando no quarto de hóspedes e o outro na sala de visitas, no sofá-cama. Adam perguntou sobre sua roupa e Cathy revelou que como ela e Jack tinham sido os primeiros a chegar acharam que, como Adam estava sozinho, não ia precisar de um quarto de casal e que poderia dormir na sala. Isso daria mais privacidade aos dois casais.

Adam ficou péssimo. Sentiu-se invisível e que seus sentimentos e necessidades não eram considerados simplesmente porque ele estava "sozinho". Ao entrar na garagem ele se sentira feliz, achou que fizesse parte do grupo. Sentiu tudo, menos que estava sozinho. Mas agora sentia raiva e como se estivesse "sobrando". Corria o risco de regredir ao estágio de alienação por ser solteiro num mundo de casais.

Felizmente para Adam e seus amigos, ele não era daqueles que caíam facilmente no ciclo de acusações. Logo entendeu o que estava sentindo e, como tinha uma relação aberta e honesta com Jack e Cathy, percebeu que poderia lidar de maneira construtiva com seus sentimentos. A primeira coisa que fez foi voltar ao carro e descer os esquis, procurando acalmar-se. Quando Jack chegou para ajudá-lo, Adam aproveitou a oportunidade para lhe dizer o que tinha acabado de saber pela mulher de Jack e como estava se sentindo.

— Cathy me disse que vocês dois fizeram a distribuição dos quartos de dormir e que eu vou ficar na sala.

— É, achamos que você não ia se importar, uma vez que está sozinho. Você se importa?

— Na verdade, eu me importo, sim. Qual é, cara? Eu entro e encontro minhas roupas fora do meu quarto, sem ninguém me falar nada? Entendo seu ponto de vista e, aliás, posso até concordar com ele, mas fiquei louco da vida porque vocês decidiram isso sem nem falar comigo. Tem alguma idéia do que isso me faz sentir?

— Nada bem, pelo jeito. Não queríamos magoá-lo Acho que simplesmente não pensamos direito. Sinto muito, vou lá falar com a Cathy, vamos pôr suas coisas de volta no quarto.

— Espera aí! — disse Adam. — Você está fazendo a mesma coisa de novo!

— Fazendo o quê?

— Decidindo por mim. Está supondo que sabe o que estou sentindo.

— Não estou supondo coisa nenhuma. Você está obviamente magoado e se sentindo excluído — contra-atacou Jack, ele próprio já um pouco irritado.

— Não foi isso o que eu quis dizer. Você está supondo o que é que eu quero fazer em relação ao problema do quarto.

Jack fechou os olhos e fez uma careta de constrangimento, dizendo:

— Entendi... Agora entendi. Desculpa aí, cara. O que você quer fazer?

— Obrigado... Ainda não sei. Deixe-me pensar alguns minutos, descarregar o carro, tomar um copo de vinho, e aí a gente decide junto.

Quando conversaram, Cathy pediu desculpas ao saber o que Adam estava sentindo em relação ao que ela fizera. Explicou que só estava tentando ser eficiente e que, sinceramente, não achou que Adam fosse se importar. Na verdade, embora ele pudesse ter preferido ficar no quarto de casal como sempre, ela estava certa ao supor que Adam estaria disposto a abrir mão dele para que seus amigos se sentissem mais à vontade. Mas foi a suposição deles em relação ao que Adam sentiria, tomando a decisão unilateralmente e colocando as necessidades deles na frente da de Adam, que o magoou. Eles não perceberam na hora, mas Cathy e Jack eram seguidores involuntários do imperativo do casamento. Como agora seu amigo estava solteiro, suas necessidades eram naturalmente menos importantes que as deles. Felizmente para todos os envolvidos, Adam ajudou-os a enxergar não só a ele, mas também as tendências do roteiro cultural em relação à vida de solteiro que eles tinham adotado.

No fim, Adam ofereceu-se para dormir na sala. Embora nunca tenha dito isso aos amigos, abrir mão de "seu quarto", como ele o chamava, foi um sacrifício muito maior do que deu a entender. O divórcio era recente e muitas das feridas ainda estavam abertas. Ele estava lutando com o sentimento de fracasso e sentia que estava sendo rebaixado da posição de "dono" da casa para a de hóspede em seu próprio lar. Mas pensou que fazia sentido abrir uma concessão nesse caso. Compreendeu o que seus amigos sentiam em relação a dormir na sala. A falta de privacidade tornava praticamente impossível uma transa sexual, se eles quisessem tê-la, e, afinal de contas, era véspera de Ano-Novo. Quando Adam sentiu que seus amigos estavam receptivos a seus reais sentimentos, e não àqueles que imaginavam que ele tinha, ficou mais fácil fazer a concessão.

É preciso acrescentar que Adam deve ter feito um trabalho excepcionalmente bom no sentido de ser visto. Quando o fim de semana terminou, os casais procuraram Adam para lhe dizer que achavam que a divisão das despesas da cabana não era justa. Até então tinham aceitado sua proposta de dividir os custos por três, como sempre haviam feito nos anos anteriores. Até a conversa sobre a distribuição dos quartos de dormir, não lhes ocorreu, no entanto, que isso também não era justo com Adam. A ironia é que o próprio Adam não tinha percebido a injustiça! Surpreenderam-no ainda mais perguntando-lhe se não aceitaria uma divisão por cinco, em vez de simplesmente lhes darem um cheque. Em outras palavras, incluíram-no no processo de tomada de decisões. Adam concordou alegremente com a nova divisão. Quando nos contou sobre como o fim de semana terminara, Adam sorriu e disse:

— Isso é que são amigos!

A seguir, reunimos alguns conselhos específicos para casais como Jack e Cathy, que são amigos íntimos de um solteiro. Se você é solteiro, leia estes conselhos. Vão ajudá-lo a mostrar a seus amigos e familiares o que eles podem fazer para evitar aumentar o estigma dos solteiros e melhorar o relacionamento que têm com você.

Conselhos para casais amigos

Se você chegou até aqui, então já conhece muita coisa do que vamos dizer, e nós já sabemos que você tem em sua vida um solteiro com quem se importa muito. Se não se importasse, não se daria ao trabalho de descobrir formas de acertar a sintonia do amor que sente por ele. E é disso realmente que se trata, de pequenos ajustes nas formas de expressar seu amor. Aqui apresentamos coisas que você deve e que não deve fazer que o ajudarão a sensibilizá-lo para as necessidades de seus entes queridos solteiros. Ao ler a lista "Não deve", tente imaginar como se sentiria se estivesse na pele desse solteiro. Mas não se deixe cair na tentação do ciclo de acusações. Você não deve se acusar por essas insensibilidades sancionadas culturalmente. No entanto, pode assumir responsabilidade por continuar ou não assinando embaixo delas.

O que os casais devem e não devem fazer

Devem Ter vida social na casa dos solteiros
Incluí-los em suas decisões
Respeitar seus desejos
Fazer o teste

O primeiro item da lista refere-se à tendência de os casais e seus entes queridos solteiros se encontrarem exclusivamente na residência dos casais. Às vezes, o solteiro nem sequer percebe o quanto isso intensifica seu sentimento de alienação. Mas, quando você é solteiro e seus entes queridos nunca vêm a sua casa, a mensagem implícita é que sua vida, de certo modo, tem menos importância. Uma solteira chamada Terri descreveu a situação da seguinte forma: "Sempre tenho de ir à montanha, mas a montanha nunca vem a mim!". O lado dos casais nessa questão é ilustrado por uma citação das palavras de Jenny, amiga de Terri, no início deste capítulo: "Tenho marido e uma filha em quem pensar. Eles têm de vir primeiro. Francamente, estou exausta no fim do dia. Tenho muito mais coisas que ela para fazer. Gostaria de ter a vida de Terri! Ela não é responsável por mais ninguém além de si própria. O resultado é que... se ela não vem a minha casa, em geral não nos vemos". A vida de Jenny exige bastante dela, e seria muito mais fácil para ela que Terri sempre fosse a sua casa para se encontrarem. Mas, ao supor que a vida não exige muita coisa de Terri, Jenny está ignorando e desprezando os sentimentos da amiga. Tente passar algum tempo na casa de seu ente querido solteiro; não precisa ser uma divisão meio a meio para já fazer uma grande diferença.

O segundo item da lista, "Incluí-los em suas decisões", refere-se ao tipo de experiência que Adam teve com seus amigos Jack e Cathy. Se você está tomando uma decisão que afeta um solteiro, não deixe de convidá-lo a participar do processo. O terceiro item, "Respeite seus desejos", refere-se à tendência dos entes queridos de supor que sabem mais que o amigo ou parente solteiro, principalmente quando se trata de amor. Se seu solteiro lhe disse que não quer que resolvam a situação dele, não procure resolvê-la! Respeite seus desejos. Quando não respeita, você solapa a autoconfiança dele e transmite a mensagem de que você é quem sabe melhor do que ele precisa. O último item da lista, "Fazer o teste", refere-se ao agora familiar teste da empatia. Descubra o que seu ente querido está sentindo de fato, em vez de imaginar o que ele possa estar sentindo. Faça a pergunta e ouça a resposta antes de concluir que já sabe como ele se sente.

Não devem	Sempre se reunir em sua casa Tomar decisões por eles Supor que sabe mais das coisas deles que eles próprios Projetar o que você sente

O significado dos três primeiros "Não devem" tornou-se óbvio depois de termos detalhado os "Devem". Mas o último item, "Não projetem", requer uma explicação melhor e um exemplo. Para isso vamos voltar rapidamente a Sarah, a agente de viagens de 28 anos sobre a qual falamos antes. Uma conversa por telefone com a mãe, depois de sua volta da França, onde durante duas semanas ficara sozinha, ou "na maior solidão", segundo palavras da mãe, deixou-a sentindo-se completamente invisível.

— Paris é um dos lugares mais românticos que já vi. Tudo lá tem beleza: as artes plásticas, a arquitetura, a comida. Os franceses são muito mais cordiais do que a maioria das pessoas pensa. Foi maravilhoso!

— Tenho certeza que foi — respondeu a mãe de Sarah —, mas você não se sentiu sozinha? Deve ter sido duro estar na maior solidão num lugar tão romântico.

— Não, na verdade não. Além disso, eu não estava "na maior solidão"! Conheci outros americanos em Paris e passamos bastante tempo juntos. Na realidade, passamos três dias viajando juntos pelas terras do Chateau, no sul. Provamos vinhos, andamos de bicicleta e provamos mais vinho. Foi maravilhoso.

— Ah, que ótimo, meu bem. Por que não falou disso no cartão-postal? Então você conheceu alguém... Ele mora perto de você? O que ele faz?

— Ai, mamãe, pelo amor de Deus! Você só pensa nisso. Eu disse que conheci alguns americanos, no plural. Não disse que conheci um homem.

— Desculpe, não é da minha conta, se você não quer me dizer. Só estou satisfeita por você ter se divertido.

— Você ainda está achando que conheci alguém, não é? Foi um casal que eu conheci, e, sim, nós nos divertimos a valer. Eles moram perto de mim, e ela é enfermeira, e ele é engenheiro. Certo?

— Tudo bem, tudo bem, desculpe... Acho que não estava prestando muita atenção. Só quero que você seja feliz.

— Eu sou feliz. Pelo menos era, até essa conversa começar! — disse Sarah bruscamente.

— Já pedi desculpas, não precisa falar comigo nesse tom. Só quero que você... deixa pra lá, nada que eu digo está certo. Só pensei que deve ter sido duro você ficar lá na maior solidão.

A mãe de Sarah estava tão impregnada pelo roteiro cultural de casamento que para ela era praticamente impossível ouvir dizer — quanto mais acreditar — que Sarah tenha realmente curtido a França. Embora Sarah tivesse passado mesmo alguns momentos pensando no quanto seria bom partilhar o clima romântico de Paris com alguém especial, de forma geral sentiu-se muito feliz e realizada com sua viagem ao exterior. Como ela disse: "Às vezes você está louca por um filé, mas não é por não conseguir tê-lo que você não vai poder comer outras coisas, e também isso não quer dizer que não vai comê-lo futuramente". Tinha ficado entusiasmada e alegre com a viagem e queria dividir a experiência com a mãe. Mas a mãe não conseguia enxergar a verdade porque estava ocupada demais projetando o que achava que Sarah estava sentindo ou, mais precisamente, o que achava que Sarah devia sentir. A melhor forma de se proteger da projeção de tendências culturais na experiência de seu ente querido é fazer-lhe perguntas e ouvir as respostas com atenção.

Sarah perseverou e acabou conseguindo que a mãe percebesse que a tinha feito se fazer sentir invisível. Uma semana depois, as fotos de Paris já estavam reveladas e ela as mostrou à mãe. Sarah teve uma surpresa agradável quando a mãe se concentrou numa fotografia em particular e disse: "Esse deve ser o casal de quem me falou. Eles parecem estar se divertindo a valer. Do que vocês todos estavam rindo?". Seu interesse genuíno pelo casal que Sarah tinha curtido imensamente foi a centelha de uma conversa animada entre as duas, que deixou Sarah se sentindo vista, e também amada.

Se seguir esses "Deve" e "Não deve", você vai ajudar seu ente querido a se sentir menos alienado por ser solteiro num mundo de casais. E também evitará os erros comuns que amigos e familiares cometem em suas tentativas bem-intencionadas de apoiá-lo. Mas há algo talvez mais importante ainda: você vai melhorar a qualidade da relação afetiva com seu solteiro. Ele pode estar num mundo de casais, mas você aprender a dar ao seu solteiro o que ele realmente precisa, em vez daquilo que você acha que ele precisa, é a chave para fazê-lo sentir-se amado e parte do mundo em que vive.

Posfácio

Se você leu este livro e pôs em prática as diretrizes sugeridas, e se o deu para um ente querido casado ler, então não há dúvida de que você já assumiu suas responsabilidades. Agora que deixou de estar cego para as formas pelas quais o roteiro cultural de casamento mostra horror pela condição de solteiro, você pôs sua situação numa perspectiva mais realista. Você não é anormal, nem "um perdedor", nem "patético", e não vai acabar completamente sozinho só porque está solteiro agora!

Se seus entes queridos ainda estão seguindo o roteiro cultural, então você tem mais trabalho a fazer se quiser continuar ligado a eles. Se não enfrentar os conceitos equivocados que têm a respeito de sua vida de solteiro, esses pontos de vista levarão a tensões e você vai acabar evitando contato com eles. Não tenha medo de falar alto e bom som, de se fazer enxergar e compreender. E não escorregue para o jogo de acusações. Lembre-se: nossa cultura continua evoluindo a grande velocidade, e não é culpa de ninguém se os antigos roteiros de casamento não acompanharam a realidade que os solteiros vivem hoje. Mas cabe a nós fazer o possível para que sejam atualizados.

Em nossa vida pessoal e em nosso trabalho com os clientes, vimos a liberdade e o poder tremendos que surgem quando você descobre seu roteiro pessoal de casamento. A melhor forma de usar o conhecimento que obteve sobre si mesmo nas páginas anteriores é conversar com alguém de quem se sinta próximo. Quanto mais você fala de suas idéias a respeito do casamento, de sua experiência com as primeiras relações íntimas de sua vida, tanto mais será capaz de impedir que o roteiro governe sua vida.

Temos um último conselho a dar. Fique aberto para as possibilidades. Não é mais necessário persistir na crença de que só existe um modo de vida que vale a pena. Existem muitas outras opções às mulheres e aos homens solteiros de hoje que nossos pais nunca sonharam, nem poderiam sonhar. Se estiver disposto a correr o risco, pode criar um modo de vida que realize plenamente sua visão particular. E é disso que trata este livro: descobrir seu sonho e realizá-lo da forma que dá certo para você. Quer sua visão inclua um cônjuge, um companheiro ou uma comunidade de amigos, quando você compreender e aceitar mais plenamente a si mesmo, estará mais aberto para estabelecer ligações com os outros. Será mais feliz e mais aberto para o amor.

☑ **SIM.** **Gostaria de receber gratuitamente informações sobre os lançamentos da Editora Gente.**

Nome: ____________________

Endereço: ____________________

Cidade: ______ **UF:** ___ **Cep:** _____ - ___ Com.: ☐ Resid.: ☐

Tel.: ___ - ___ - ___ **Fax.:** ___ - ___ - ___ **Data Nasc.:** ___ (Dia) - ___ (Mês) - ___ (Ano)

E-mail: ____________________ **Sexo:** ☐ M ☐ F

Estado Civil: ☐ Solteiro ☐ Viúvo ☐ Casado ☐ Divorciado

Formação Escolar: ☐ 1° Grau ☐ Superior ☐ 2° Grau ☐ Pós-Graduado

---

Ocupação:

- ☐ Estudante
- ☐ Prendas Domésticas
- ☐ Empregado Setor Privado
- ☐ Empregado Setor Público
- ☐ Empresário
- ☐ Profissional Liberal
- ☐ Autônomo
- ☐ Aposentado

Áreas de Interesse:

- ☐ Marketing
- ☐ Tendências/Estratégia
- ☐ Recursos Humanos
- ☐ Finanças/Economia
- ☐ Psicologia
- ☐ Auto-Ajuda
- ☐ Religião
- ☐ Esotérico
- ☐ Outros: ____________

Onde você comprou este livro?

____

Aspecto mais interessante:

☐ Preço ☐ Autor
☐ Capa ☐ Editora
☐ Assunto

Nº livros comprados no último ano:

☐ Até 10 ☐ 11 - 20 ☐ + 20

☐ Não gostaria de receber promoções de outras empresas.

10558